ポスト・ヒューマニズムの政治

土佐 弘之
hiroyuki tosa

人文書院

ポスト・ヒューマニズムの政治　目次

第Ⅱ部　反ヒューマニズム（差別主義）の政治

ポスト・ヒューマニズムの政治

序論　ポスト・ヒューマニティをめぐる政治
――種を超える／類を分割する

約一三八億年、約四六億年、約四〇億年、そして約二〇万年。(1) それぞれ、宇宙の誕生、地球の誕生、生命の誕生、そして現生人類（ホモ・サピエンス）の誕生から経過したと推定される時間だ。四六億分の二〇万と考えれば、地球の歴史全体からすれば人類の歴史は極めて短いものといえよう。二〇万年の人間の歴史の中でも、文字が記され残されるようになった歴史が約三〇〇〇年とすれば、「ディープな歴史（deep history）」とも言われる、文字に記されることのなかった長い時代は人類史のほとんどを占めている。進化論との絡みで言えば、その長い「ディープな歴史」においてアフリカのサヴァンナ周辺の環境に適応しながら進化してきた人間の脳・身体を、現在も

（1）　サヘラントロプスなどの初期ホミニンからカウントすれば約七〇〇万年となる。ヒトの進化過程をどこまでさかのぼって、我々の祖先とするかといった線引きの問題も、ヒューマニティの構築と関わってくる。

我々は受け継いでいるわけだが、その脳・身体が、ここ最近約半世紀の「大加速」期に、自ら引き起こした急速な技術革新に伴う環境の激変に十分に対応できなくなっているのではないかと言われている（Smail 2008: 140）。

実際、人間活動によって引き起こされた地球温暖化などの地球システムの危機は、過去に五回あったとされる生物の大量絶滅と同じような破局的な現象、第六次大量絶滅を招くのではないかと言われはじめている（Kolbert 2014）。実際、気候変動（地球温暖化）、生物多様性の喪失、窒素・リンや人工的化学物質による汚染、成層圏オゾン層の破壊、海洋の酸性化などを通じてプラネタリー・バウンダリー（惑星的限界）が可視化されつつある（Rockström and Klum 2015）。もちろん人間活動がその限界を破り地球システムの危機を招来し自らの絶滅を引き起こしたとしても、耐性のある生物、少なくともバクテリアなどは生き残り、また、そこから新たな生命進化の歴史が刻まれる可能性はあるが、少なくとも、作家のアラン・ワイズマンが描いたような『人類が消えた世界（The World Without Us）』がリアリティを帯びつつあることは確かである。絶滅（extinction）というキーワードがアカデミズムの世界でも切実感をもったバズワードになりつつある一方で（Colebrook 2014; Rose et al. 2017）、その不安感を梃子に人々に強靱さ《レジリアンス》を求めながら、（炭素排出取引に見られるように）不安さえも利益に還元し資本蓄積に組み込もうとするネオリベラリズムの統治も見え隠れする（Evans and Reid 2014）。そうした文脈の中で、ポスト・ヒューマニティといったこともさかんに議論されるようになってきているが、ここでは、そうしたポスト・ヒューマニティをめぐる政治を中心に考えてみたいと思う。

まず、ポスト・ヒューマニティ(posthumanity)ないしはポスト・ヒューマニズム(posthumanism)という言葉だが、そこには、さまざまな含意があり、それ自体がかなり論争的な概念であるということは言っておいた方がよいだろう。ポスト・ヒューマニティについての議論を牽引している一人であるロージ・ブライドッティによれば、ポスト・ヒューマン的批判理論(posthuman critical theory)は、ポスト・ヒューマニズムとポスト人間中心主義(post-anthropocentrism)の交差するところで展開しているという(Braidotti 2016a, 2016b)。前者のポスト・ヒューマニズムは、一九六〇年代以降、ポスト・マルクス主義の新しい社会運動などとも連動しながら、健康な白人男性を範としてきた「普遍主義的な」西洋的ヒューマニズムに対して脱構築的批判を行ってきた思想の系譜(フェミニズム、ポスト構造主義、ポスト・コロニアリズムなど)である。「種を超えたコスモポリタニズム」としてのポスト・ヒューマニズムを提唱している英文学者のプラモッド・ナヤールは、この系譜を批判的ヒューマニズムと呼び、(1)宇宙の中心に人間を置く神話、(2)人間の自律的な理性、(3)歴史に影響を及ぼす個人の力、(4)表現手段としての言語の透明性に対する信仰、(5)人間という範疇からのある種の集団・人種の排除、といったことを問い直してきたとしている(Nayar 2014: 11)。

それに対して、後者のポスト人間中心主義は、人新世という危機的状況を契機に前面に出てきたもので、人間を特別な位置におく種差別主義・人間例外主義に対する批判に重きをおくものでである。それは人間以外のモノにも主体性を想定するような「動物論的転回（the animal turn）」（Weil 2010）さらには「人間ならざるものへの転回（the nonhuman turn）」（Grusin 2015）、つまり、モノ／意味、心／身、自然／文化といった二元論を批判するニュー・マテリアリズムなどの一元論的世界観とも交錯しながら展開してきている。

見方を変えると、前者のポスト・ヒューマニズムの思想は、言語論的転回（linguistic turn）を受けた形でラディカルな社会構築主義やテキスト重視の脱構築主義と親近性があったのに対して、後者のポスト人間中心主義は、ラディカルな社会構築主義に対する批判的反応、さらにはグローバル資本主義の複雑性や地球温暖化などの地球システムの全般的危機に対する対応としてのニュー・マテリアリズムの台頭、つまり唯物論的転回（materialist turn）と連関している（Coole and Frost 2012: 25-26）。こうした転回に次ぐ転回は、知的ファッションの移ろいにしかすぎないようにも見えるが、それはエピステーメーの大きな再編を必要とするような時代状況の大きな変化をあらわすものとも解釈できよう。加えて言うならば、さまざまな転回の動きはいずれも、ある種の権力的なバイアスや排他主義的性格を帯びた人間中心主義を乗り越えようとする思索の試みであるといった点では共通しており、ポスト・ヒューマン的転回（post-human turn）という形でラディカルなポスト・ヒューマニズムに収斂しつつあるともいえる。

確かに今振り返って見ても、フーコーやアルチュセールなどに代表されるポスト・ヒューマニズム（反ヒューマニズム）の思想は、〈人間〉の社会的構築過程の政治的意味を問い直すことで、西洋的なヒューマニズムの「普遍性」を根本から問い直す画期的な企みであった。中でもポスト・ヒューマニズム思想の代表例として、ヒューマニズムをイデオロギーとして位置づけ後期マルクスの理論的反ヒューマニズムを摘出しようとしたアルチュセールの『マルクスのために』に加えて、「〈人間〉の死」を宣告したフーコーの『言葉と物——人文科学の考古学』(一九六六年)がしばしば挙げられる。特にフーコーの『言葉と物』は現在のポスト・ヒューマニズム思想に大きな影響を与えている(Braidotti 2016a: 10; Wolf 2010: xii)。『言葉と物』において、フーコーは、重層化する地層を垂直的に探査していくような思想史とは一線を画した形でアルケー(起源)への遡行をあえてしない考古学、つまり語る主体への準拠を宙づりにしながら出来事としての言表そのものを精査するという「知の考古学」の手法で、一六世紀のルネッサンス期、一七〜一八世紀の古典主義期、一九世紀の近代期と、それぞれの時期のエピステーメー(メタレベルの認識枠組み)がパラダイム・チェンジをしていくさまを大胆に描いて見せた。そこで、フーコーは、認識と存在が分離した形で表象が形成する古典主義時代のエピステーメーから、人間が認識主体でもあると同時に知の客体でもあるような形で介在するようになる近代のエピステーメーへとシフトしていくにつれ、〈人間〉が誕生するとともに、その死も同時に織り込まれていたと主張したわけだが、特に最後の一節が喚起する「〈人間〉の死」というイメージが反ヒューマニズムというラベルとともに一世を風靡したのは既に半世紀以上前のことである。

「人間は、われわれの思考の考古学によってその日付けの新しさが容易に示されるような発明にすぎぬ。そしておそらくその終焉は間近なのだ。

もしもこうした配置が、あらわれた以上消えつつあるものだとすれば、(中略)、一八世紀の曲がり角で古典主義的思考の地盤がそうなったように、人間は波打ちぎわの砂の表情のように消滅するであろう、と賭けてもよい。」(Foucault 1966: 409)

そうした「〈人間〉の死」ということが意識されてから半世紀以上が経ち、人工知能(AI)や遺伝子工学などの技術革新に伴うトランス・ヒューマン的状況の出現、また気候変動などの人為的自然による破局といった人新世問題を背景に、ポスト・ヒューマニズムという後期近代ないしはポスト近代のエピステーメーが鮮明に立ち現れて来ているとも言えるであろう。「我々は近代であったことなどなかった」と喝破した科学社会学者のブリュノ・ラトゥールによる指摘がある通り、〈主体/客体〉、〈文化(社会)/自然〉といった近代的二分法の神話が構成、維持されてきたものの、科学技術の進展とともに、(もともと綺麗には分かれていなかった)両者の混淆化、ハイブリッド化はさらに進み、もはや純粋な社会、純粋な自然といったものはありえなくなってきている(Latour: 2013: 9)。それに応じる形で、〈主体(人間)/客体(自然)〉といった分節化は脱構築され、人間と人間ならざるものが同格的位置におかれて、両者をアクター・ネットワークとして捉えていく方向でのエピステーメーに再編されつつあるということであろうか。

しかし、人間中心主義的パラダイムはことのほか強靱であり、そう簡単に変わるものではない。技術革新に伴うポスト・ヒューマニティ的状況の出現ということと関連して言えば、最近だと、コンピュータなどのテクノロジーが幾何級数的に発展し機械と人間の統合により従来の生物学的限界を突破するシンギュラリティ（特異点）を迎えつつあるといったような、レイ・カーツワイルに代表される議論は（Kurzweil 2006）、人間中心主義の強化版と言ってよいだろう。トランス・ヒューマン的状況については、既に一九六〇年代から、サイバネティックス論の隆盛と絡みながら、サイボーグ論などのように、人間と機械の融合による人間能力の飛躍的拡大（human enhancement）が語られるようになっていた。さらには遺伝子工学などを介したリベラル優生学（人間の品種改良）が真顔で語られるようにもなっている。この種のトランス・ヒューマン（ポスト・ヒューマン論）は、ＡＩなどの技術革新を追い風に隆盛になっているが、人間の能力の果てしない拡張を信じるという意味で、人間中心主義の延長線上に位置づけられるもので（Wolf 2010: xv）、人間中心主義の克服を目指す批判的ポスト・ヒューマニズムとは真逆の方向を目指しているといってよいだろう。

（2）　トランス・ヒューマニズムは人間中心主義の延長線上に位置付けられるのに対して批判的ポスト・ヒューマニズムは人間の脱中心化をはかるもので対極にある。Francesca Ferrando, "Transhumanism/posthumanism," in *Posthuman Glossary* edited by Rosi Braidotti and Maria Hlavajova (London: Bloomsbury Academic, 2018), pp. 438–439.

そうした技術楽観論的なトランス・ヒューマン論に交錯する形で、技術悲観論的なトランス・ヒューマン論も散見される。たとえば、フランシス・フクヤマの『ポスト・ヒューマン的未来(日本語訳書のタイトルは「人間の終わり」)』などが代表的な例だが、フクヤマは、バイオテクノロジーの革新によって人間性そのものが根本から変えられるとし、本来的な「人間性」を守るために国家による規制強化などを主張した(Fukuyama 1999)。ユルゲン・ハーバーマスもまた『人間性の将来』の中で、バイオテクノロジーを介した優生学的操作が「人間性」そのものを改変するようなポスト・ヒューマニティ的状況、特に道徳的基礎の崩壊や自らではもはや制御できない帰結などに対する懸念を表明している(Habermas 2003)。これらの議論は、技術悲観論ということで、技術楽観論と一見すると対極的なものに見えるが、人間中心主義という点では両者は共通している。フクヤマの議論は、その保守主義的な思想的立場から、ハーバーマスの議論は、そのカント的系譜のリベラリズムの立場から、「理性的な人間性」を守ることを主張し、トランス・ヒューマン的状況への推移に対して警鐘を鳴らしているわけであるが、両者ともに、守るべき「人間性」とか「人間の本質」といったものがアプリオリにあるものとしている点で、前時代的な人間中心主義の色合いが強い議論となっているといってよいであろう(Herbrechter 2013: 165)。

以上のような人間中心主義の延長線上にある議論とは別に、技術革新が、人間中心主義的思想に裏打ちされた〈文化/自然〉、〈人間/環境〉といった分節化形式の根本的再編、さらには無効化を推し進めている状況について冷静に精査をするアプローチを、ここでは批判的ポスト・

ヒューマニズムと呼ぶ（Herbrechter 2013: 20）。その先駆的なものとしては、情報技術革新が、〈物質／情報〉の分節化の再編ということを通じて、いかにしてポスト・ヒューマニティ的状況をもたらしているかについて論じたキャサリン・ヘイルズの著作（Hayles 1999）が挙げられる。加えて、人間と機械との境界の問い直しを行ったサイボーグ論から始まり、人間と人間以外の動物（コンパニオン・アニマル）との関係の見直しから脱人間中心主義の方向へと向かうポスト・ヒューマニティの議論を牽引してきたダナ・ハラウェイの一連の著作（Haraway 1991, 2008）が先駆的代表例であろう。その後、地球温暖化などの果てに待っている絶滅の危機、「人類なき世界」の可能性が現実味を帯びるにつれ、批判的ポスト・ヒューマニズムの議論は、人間中心主義の克服といったことを中核的な課題として据える必要性にさらに迫られているといってよいであろう。

再帰的批判を通じて人間中心主義を克服しようとする批判的ポスト・ヒューマニズムの考え方（Herbrechter 2018）、それを下支えするようなエピステーメーの変化の兆候が、二一世紀に入ってからアカデミズムの片隅でも起きていることについて簡潔に触れておく必要があろう。（ただし、少し流行遅れの思想のファッション解説に興味がない人は、以下、二〇頁の＊まで三パラグラフほどスキップされてもよいかと思う。）それは、ポスト・ヒューマニズム論と相即する形で立ち現れて来た思弁的実在論（Speculative Realism）ないしはオブジェクト指向存在論（Object-Oriented Ontology）の流れである（Barad 2007; Bogost 2012; Bryant 2011; Bryant et al. 2011; Harman 2003; Morton 2013）。さらにオブジェクト指向存在論のように関係のない全体という視点がなく関係中心主義ではある

もの の、ブリュノ・ラトゥールのアクター・ネットワーク論もまた、そうした非人間（actant）を視野に入れたフラットな存在論の流れの先駆けとして位置づけられることもある（Harman 2009: 99）。

特に人間中心主義ということと深く関連する問題は、相関主義（correlationism）といわれるものである。カンタン・メイヤスーらの思弁的実在論の立場からすると、カントに代表されるような相関主義の考え方、つまり「世界および対象・事物は思考およびその主体との関係の外において思惟することができない」といった考え方は、その〈主体／客体〉の二元論とともに、そこに内在する人間中心主義が批判されることになる（Grusin 2015a: xii; Meillassoux 2006: 15–16）。そこでの問題意識は、メイヤスー自身が明示的に述べているように、「相関主義は、宇宙の年齢や星や地球の形成といった、人類という種の出現に先立つ祖先以前的言明（énoncé ancestral）に対して、どのような解釈を与える可能性があるのか」ということである。それは、ある意味で、未来のないポスト・ヒューマン的状況を目の前にしているからこそ、「人類がいなかった世界（祖先以前性）」または「人類がいなくなった世界」というものを念頭に、「「思考なしの世界」についての思考」を試みざるをえなくなっているとも言えよう。

オブジェクト指向存在論を人間中心主義の超克という目的に明確に結びつけて議論を展開している論者の一人にティモシー・モートンがいるが、彼によれば、モノとモノを示すデータとの超越的なギャップを通じて（無限といってよい時空間に撒き散らされた）ハイパー・オブジェクト

(hyper-objects) が発見されるようになってきたという (Morton 2018: 22)。換言すれば、オブジェクト指向存在論の考えが台頭してきたのは、存在の根本的な揺らぎの兆候である (Morton 2013)。また、オブジェクト指向存在論は、エコロジーについて深く知りつつある時代において大変有用であり、人類中心主義を克服しようとしているとのことである (Morton 2018: 33-34)。相関主義、人間中心主義を克服したフラットな存在論は、従来の〈自然/文化〉の二元論的世界観から一元的世界観への変換を促す。またエコロジー的意識は、倫理的にも政治的にも、〈人間の尺度だけではない〉さまざまな尺度で考え行動することを意味し、時間軸においても、全てのものがそれぞれの時間性をもっていることを理解しなければならない (Morton 2013; 2018: 63-64)。

ただ特別なトレーニングなしでは、人間の日常的尺度を遙かに超えた何億年といった地質学的スケールで考えるようなことは普通の人間にはなかなかできることではないであろう (Morton 2018: 64)。しかし、そうした困難にも関わらず、モートンが指摘している通り、ヴィクトリア時代にダーウィンによって生物の進化過程が発見されフロイトによって無意識が発見されたように、二一世紀の今、人新世という概念に代表されるような大きなエピステーメーの変化が否応なしに起こっているのかもしれない。それは、まさにハイパー・オブジェクトといったものが否応なしに我々の前に前景化しはじめているような事態であり、それに呼応する形で、ポスト・ヒューマニズムといった「種としての人間を超える思想・政治」が出現しているのであろう。

こうしたオブジェクト指向存在論、そしてポスト・ヒューマニズムという思想は、政治学、特に国際関係論（中でも批判的安全保障研究）にも影響を与えるようになっている（Cudworth and Hobden 2011, 2018; Cudworth et al. 2018; Eroukhmanoff and Harker 2017; Mitchell 2016）。例えば、（しばしば気候変動といったオブラートに包んだ言い方をされる）地球温暖化の事例が示しているように（Morton 2018: 44）、従来の人間中心主義的パラダイムに固執することが結果的に人間を含む地球環境システムそのものの破局をもたらすことになっている事態を目の前にして、（ディシプリンの消滅はもとより人間の絶滅を避けるためにも）政治学・国際関係論もまた人間以外の生物やモノをカウントする形で再編せざるをえなくなっているからである（Mitchell 2017a; 2017b: 12）。自然／文化（人間社会）といった分節化を当然として、社会科学は後者だけを対象に分析を行うということでは済まなくなってきている。それに伴って、線形モデルを前提にした因果分析の限界性をますます認識せざるをえなくなり、必然的に非線形の複雑系についての理解を深める必要に迫られるようになってきている（Cudworth and Hobden 2011, 2015; Kavalski 2015）。つまりポスト・ヒューマニティ時代の政治学は、人間を脱中心化させながら、地球システムという複雑系全体を包括的に考察しなくてはならなくなっている。

＊

だが、そもそも自分自身を人類と自己規定しているものが、人間中心主義を脱することができるのか、という根本的な問題がある。その解決の糸口として、アニミズムなどの非西洋的コスモロジーは一つのヒントになろう。例えば、人類学者デスコラは、著作『自然と文化を超えて』の中で、近代的な文化／自然の二元的世界は例外的なコスモロジーであるとして、そうした（近代科学的）自然主義（naturalism）とは対極的なところに、アニミズムのコスモロジーを位置づけている（Descola 2013）。つまり自然主義のコスモロジーにおいては、人間以外のモノは心をもたず、この世界においてエージェントとしての能力はないものとみなされているのに対して、アニミズムのコスモロジーにおいては、人間以外のモノにもまた人間と同様のもの（心、能力、魂など）を認める。ある意味で、アニミズムのコスモロジーにおいては、擬人法的なアプローチを通じて、人間と人間以外のモノとの関係は対等なもの（時には後者が優位なもの）として捉えられていると言ってよいであろう。日本語が読めるものであれば、たとえば、石牟礼道子が水俣病という苦海を介する形で不知火海で培ったコスモロジーにも、その典型を認めることができよう。

「この世は生命あるものたちで成り立っている。この生命たちは有形にも無形にも、すべてつながりあって存在していた。赤んぼうというものはまず、言葉を知る前に、視覚と聴覚と、それから、見えない触覚のように満を持しているおどろくべき全感覚で、他の存在について知覚しながら育つのである。ものごとを在るがままに理解し、肯定するということならば、この世と幼児とは、出遭いの最初からその縁を完了させてもいたのである。陽の色がうつろい、風

がそよぎ渡り、銀杏などが実を結ぶあいだに、そのような出遭いは幾度終わることであったろう。（中略）
　木とか岩とかというものは、どのような木といえども、石といえども、人間よりは、そのいとなみが完成へ完成へとととのってゆくように見える。」（石牟礼 2013：230-231）

ここに垣間見ることができる、人間と人間以外のモノとの対等な関係性を前提としたコスモロジーは、ジェーン・ベネットの生気的マテリアリズム論（Bennett 2010）を彷彿とさせるものでもある。人類学者コーンがエクアドル・アマゾン川上流域の熱帯雨林で暮らすルナ人たちに見て取ったコスモロジーをも想起させる（Kohn 2013）。コーンは、『森は考える』という刺激的なタイトルのモノグラフの中で、次のように記している。

「『森は考える』は根本的には、思考についての書である。ヴィヴェイロス・デ・カストロを引用すれば、人類学を「思考の恒久的な脱植民地化」のための実践にしようという呼びかけなのである。要点は、私たちは関係性について考えるある特定のやり方によって植民地化されているということになる。私たちはもっぱら、人間の言語を構造化する連合の形式についての想定を通じて、諸々の自己と諸々の思考が連合を形成する仕方を想像しているだけである。そのために、たいてい意識されることなく、このような仮説は非人間に投影される。（中略）そこで、私たちはいかに森とともに考えるべきなのだろうか。非人間的世界から生じた非人間的世界の中にある思考が、私たちの思考を解放できるようにするには、私たちはいかにすべきなのだろうか。森は考えるには良い素材である。なぜなら、森はそれ自体で思考するからである。森は考える。」(Kohn 2013: 42-43)

非人間それぞれの世界があり、それらが人間の世界とともにある森。そこには非象徴的な記号過程の流れがあり、それが生ある世界に浸透し、それぞれの世界を構成しているという。その記号過程の流れが互いにぶつかる瞬間を捉えたエピソードを、コーンは、冒頭部分で、ジャガーの接近に際して先住民の一人が筆者に発した注意の言葉をまじえつつ紹介している。

「ファニクが言っていたのは、もしジャガーがあなたのことを振り返ることができる者——ジャガーのような自己、つまりひとりの「あなた」——だと見るならば、ジャガーは、あなたを放っておくだろう。しかし、もしジャガーが〈あなた〉を餌食——ひとつの〈それ〉——と見るようになれば、あなたは死んだ肉となるのも当然のことであるということだ。いかに他なるたぐいの存在が私たちのことを見るのか、このことが重要である。他なるたぐいの存在が私たちをみるということが、物事を変えるのだ。」(Kohn 2013: 7-8)

非人間（たとえばジャガー）自体の世界を想像する、ということは、生物学者のJ・フォン・ユクスキュル＝日高敏隆が言うような環世界（Umwelt）論（日高 1988）、つまり「異なる生物がそれぞれの受容器を通してそれぞれの世界を構築している」という考え方ともオーバーラップしていることも指摘しておきたい。非人間にも人間と同様にそれぞれの世界があるという見方は、『形而上学の根本諸概念』で提示されたハイデガーの有名なテーゼ「石は無世界的である」、「動物は世界貧乏的である」そして「人間は世界形成的である」に表される世界観(3)と対極にあるといえるが、簡潔に言えば、前者は、人間と非人間の間に内面性における類似性を認めるアニミズム的世界観、そして後者は、人間と非人間の間に内面性における類似性を認めず文化／自然の分節化を前提とする（近代科学的）自然主義の世界観ということになろう。

コーンらは、後者から前者への再転換を呼びかけているわけだが、しかし、アマゾンのヤノマミやルナ、オーストラリアのアボリジニなどの先住民が近代化の波に飲み込まれ、アニミズムのコスモロジーをもった文化が、それが依存してきた生物多様性とともに絶滅の淵にある時、近代文明の恩恵を受けた我々がその近代を超克するための鍵を、そうした先住民のアニミズムのコスモロジーに求めるという矛盾を、どう捉えたらよいのであろうか。近代科学的自然主義の世界観が圧倒的なヘゲモニーを獲得している現在、率直に言って、アニミズムのコスモロジーに巻き戻すことなど、現実的にほぼ不可能であろう。アニミズムに対する憧憬は、ちょうど宮崎駿監督のアニメ映画『もののけ姫』等に対する思い入れと同様に、単なるノスタルジーに過ぎないのだろうか。そのことと関連して、人類学者のデスコラは、『自然と文化を超えて』の中で、「(改革が必要だとしても)アマゾンの先住民、オーストラリアのアボリジニ、またはチベットの僧が、後期近代の揺らいでいる(内面性において人間と非人間性との類似性を認めない)自然主義に代わる、現代のための深い智恵をもたらしてくれると考えるのは間違いである」と言っているし(Descola 2013: 405)、人新世についての鋭い論評を展開しているクライブ・ハミルトンは、「(アニミズムのような)前近代的存在論は我々を救うことができない(Hamilton 2017: 105-06)」とまで言い切っている。

確かに歴史的経路依存の問題を考えれば今まで積み重ねられてきたことを全てデフォルトにしてアニミズムのコスモロジーに立ち戻ることは難しいであろう。かと言って、このまま排他的で強硬な人間中心主義のパラダイムのままで突き進めば破局に至ることは必定である。「前近代的な」アニミズムのコスモロジーへ巻き戻すことが出来ないとしても、より包摂的な脱人間中心主

(3) ハイデガーは、人間を理性的動物と捉えるような形而上学的ヒューマニズムを批判しポスト・ヒューマニズム思想の露払いをしていたようにみえるが、結局のところ、「存在へと身を開き、そこへと出で立つあり方に本質を見出すヒューマニズムを提唱するだけで、「人間の身体は、動物的な有機体とは本質的に異なるものである」と断言してしまうなど、やはり人間中心主義的世界観をもった哲学者の典型と言えよう。マルティン・ハイデッガー(渡邊二郎訳)『「ヒューマニズム」について――パリのジャン・ボーフレに宛てた書簡』ちくま学芸文庫、一九九七年、四〇-四二頁。

義的なコスモロジーへの転換・変容は、人間中心主義的な中核的価値である人類の生存確保という観点からも、必要不可欠になりつつあるのではなかろうか。その意味でも、人間以外の生物、モノといったものに対する見方を、オブジェクト指向存在論に近づけていく必要がある。しかし、哲学的議論にとどまるならまだしも、政治的な実現可能性という点では、かなり至難の業である。換言すれば、オブジェクト指向存在論などは、まさに机上の空論で終わり、現実の政治にほとんど影響も与えず、やがて流行の波の一抹の泡として消えていく可能性は高い。

そういう意味では、ジェーン・ベネットやウィリアム・コノリーなどのドゥルーズ的な生気的唯物論をベースにした政治学での仕事についても同じようなことが言えるかもしれない（Bennett 2010; Connolly 2011）。ベネットやコノリー以外にも、先にも触れたように、少なからぬ若手研究者によるポスト・ヒューマニズム的視点からの政治研究の模索が始まっている。ブライドッティが、新しい人文学研究は従来の人文主義の枠を超えてポスト・ヒューマニズム的視点からの再編が必要であると主張しているのと同様に（Braidotti 2013）、政治学を含めた社会科学研究もまた社会中心主義、その根幹にある人間中心主義を超えて、本当の意味での文理融合的研究に再編する必要があるし、その作業は少しずつではあるが始められている。しかし、主流派の政治学・国際関係論においては人間以外の生物やモノに人間と同格の位置を与えることなど依然として一顧だにされない状況が、一方では続いている。

加えて言えば、現在、我々が直面している問題の一つは、オブジェクト指向存在論などの「思弁」と排他的な人間中心主義の政治という「現実」の間のギャップが、ますます広がっていることである。とくに最近の現実政治の状況をみる限り、たとえば差別主義的な右翼ポピュリズムの台頭に代表されるような、人間中心主義どころか自国中心主義や自民族中心主義の方向、つまり「類としての人間を分断する思想・政治」の方向へと急速に後退している感がある。こうしたコスモポリタニズムとは真逆の方向の「類としての人間を（種へと）分断する思想・政治」を、ここではネガティブなポスト・ヒューマニズムとして位置づけている。

こうした「類としての人間を分断する思想・政治」が台頭してきた背景の一つは、やはりネオリベラル・ガバナンスの矛盾の深まり、それと共に顕在化するリベラルなレトリック（建前としての自由）と非民主的な現実（不平等な自由）の間のギャップの問題がある。東西冷戦終焉後、ネオリベラル・ガバナンスが全面的な展開を遂げる中、社会経済的不平等は年々と悪化の一途を辿っているのは多くの論者が指摘している通りであるが、その一方で、その矛盾を覆い隠すかのように、さまざまなレトリックが案出されてきた。たとえば、グローバル政治関連で言えば、「人間の安全保障（Human Security）」などは、その代表格であろうが、その問題点については別に論じたので（土佐 2003：109–138）、ここでは詳細は省略するが、たとえば、単に人間中心主義にとどまっているというだけではなく、普遍的価値を謳いながらグローバル・ノースの個別的利益を覆い隠すレトリックになってしまっているということなどが挙げられる。つまりグローバル・ノースからグローバル・サウスへの介入のための政策概念に堕してしまっているということであるが、その人間の安全保障の延長線上には「保護する責任（Responsibility to Protect）」なども登場したが、それが結果的にはリビアに対する軍事介入などに濫用された後、シリア内戦に対しては有効な手立てをうてない状況が続き、その政策的概念としての信頼性は地に落ちた感がある（土佐 2007）。

ＭＤＧｓ（Millennium Development Goals）、その後継のＳＤＧｓ（Sustainable Development Goals）といった国連が掲げている政策目標も同様で、貧困の撲滅や不平等の縮減といった目標が設定されながら、配分的正義の問題や再配分の必要性には触れられないままであり、結局のところ発展途上国ではネオリベラルな経済政策を選択するしかない状況が続いていて、レトリックと現実とのギャップは拡大の一途を辿っているという批判がある（Kumi et al. 2014）。ついでに指摘するならば、ＳＤＧｓでは、「持続的発展（sustainable development）」という標語をトップに掲げている関係で、「気候変動及びその影響を軽減するための緊急対策（目標13）」、「持続的発展のための海洋・海洋資源の保全と持続可能な形での利用（目標14）」、「陸域生態系の保護、回復、持続可能な利用の推進、持続可能な森林管理、砂漠化への対処、土壌劣化の阻止・回復、そして生物多様性の喪失阻止（目標15）」といった目標を掲げているが、そこには、自然／社会のデカルト的二元論は当然の前提として自然を人間が利用する資源としてしかみない世界観、人間中心主義のパラダイムが透けて見えるだけではなく、惑星的限界の問題を直視した根本的変革の必要性が軽視されたまま、依然として経済成長主義に囚われたままになっているなどの批判がされることが多い

(Adelman 2017; Washington 2015)。そもそも消費生活パターンや資本主義のあり方を変えずに全ての人間が同じような消費水準を享受しながら、エコロジカルな惑星的限界を越えることがないように環境的ダメージを抑えるということが不可能なように、持続的発展という用語そのものが自家撞着に陥っているといえよう(Redclift 2005)。それは、ちょうど再分配の問題に触れずに経済成長に伴うトリクルダウン効果によって貧困の問題が解決できるかのような幻想を振りまいているのと同じ構図と言ってよいであろう。いずれも実質的にはネオリベラル資本主義という本質には手をつけないまま、「人間の顔」や「グリーン」といったイメージを想起させるレトリックを塗しただけといってよいだろう。

国内政治レベルにおいても同様で、「より包括的」、「(ジェンダー平等を含めた)より平等」、「多様性」、「参加型」、「エンパワーメント」といったレトリックが本音の経済成長至上主義に粉飾される一方で、状況はより不平等、より環境破壊的になっていくといった現実が変わらないため、レトリックは単なる建前にしかすぎないということが露呈し、その信頼性・正統性は失われていくことになる。そこで、ネオリベラル・ガバナンスにおけるリベラルなレトリックと不平等な現実とのギャップに対する不満から、平等の回復を求める左翼ポピュリズムと同時に、「建前(たとえば平等主義)そのものが虚構にすぎないのならば、自分達の生活を守るために異質な他者を排除して、なぜ悪いのか」といった発想の反移民運動、さらには差別主義へと舵を切る思想・政治、排他的右翼ポピュリズムが立ち現れてくることになる。その典型的な例としては、たとえばニック・ランドやカーティス・ヤーヴィンに代表されるような、オルタナ右翼（alt-right）に理論的基礎を与えるような新反動主義（NRx）、「闇の啓蒙（the Dark Enlightenment）」思想であろうが、それは、人種差別主義を擁護するとともに遺伝子工学的操作による優生学的な人間の選別を称揚する一方で、左翼的ポスト・ヒューマニズムの論法を一部借用しながら大学での左翼的リベラル・ヒューマニズムのヘゲモニー（ポリティカル・コレクトネス）を攻撃するなどして、ちょっとした話題を提供するに至っている（Hawley 2017: 45-49; Jones 2019）。この流れで注目すべき点は、ヒューマニズムやそれを支える「真実のレジーム」を批判してきた左翼的な脱構築主義的手法を領有する形で、オルタナ右翼の流れが、差別主義的な反ヒューマニズムや権力者にとっての都合の悪い事実をフェイクとして否認し「現実」を作りかえてしまうような「ポスト真実の政治」を先導するようになってきていることであろう（Mcintyre 2018: 123-50）。

以上の議論をまとめると、ポスト・ヒューマニズムとは、「イデオロギーとしてのヒューマニズム」がネオリベラル資本主義の矛盾の累積とともに一層の行き詰まり状態に追い込まれていく中で立ち現れてきた思想・政治で、一つは、批判的ポスト・ヒューマニズムといわれるもので、「種としての人間を超える思想・政治」である。その一方で、「類としての人間を分割する政治・思想」、つまり差別主義をあえて前面に押し出すネガティブなポスト・ヒューマニズム（反ヒューマニズム）が右翼ポピュリズムの隆盛と連動する形で勢いを増してきている。現実の政治においては、後者のネガティブなポスト・ヒューマニズムが次第にヘゲモニーをもちつつあるようにさえみえる。しかし、前者の批判的ポスト・ヒューマニズムが後者に押し切られた時、本当の意味でのカタストロフが到来することになるのは言うまでもないであろう。それを避けるためにも、種としての人間を超える思想・政治の方向性、少なくとも人間以外のモノを人間にとっての道具としてしか見ない「頑なな人間中心主義」から人間以外のモノに内在的価値を認める「弱い人間中心主義」(Hargrove 1992)への転換の道筋を探るとともに、それを阻む「強硬で排他的な人間中心主義」とその亜種である「類としての人間を分割する政治」を精査し、それを克服する端緒を摑む必要があるであろう。本書では、そうした問題意識から次のような順番で議論を進めていく。

＊

第1章では、人新世という危機においてポスト・ヒューマニズムの政治が直面している問題点について、チャクラバルティの論攷を叩き台にしながら、類としての人間にこだわることの罠について、エコ・マルクス主義の知見を補助線にしながら考察していく。第2章では、人間中心主義ということがいかに暴力の問題と連関しているかということを検討しながら、動物論的転回ということと絡めながら人間中心主義の相対化をはかる契機について考察する。第3章では、食という、人間の生のフローを支える重要な問題における物質代謝のあり方が、グローバリゼーションの波に洗われる形で、どのように変容してきているか、また、そこにおける遺伝子操作などの介入がどのような問題を孕んでいるのかなどについても含めて、食料主権とフード・デモクラシーということについて考察する。第4章では、自然と文化（科学技術）が混淆して生じたハイブリッド・モンスターというべき福島第一原子力発電事故を反面教師として捉えながら、そこにおける不確実性／リスクの政治という問題を再考する。

そして第5章では、人間を奴隷、非人間的な動物のように扱う負債の政治経済について、ネオリベラル資本主義の金融化局面への突入ということと絡めて、異端派の貨幣論を参考にしながら論じる。第6章では、ネガティブなポスト・ヒューマニズムとも連関する自国中心主義的発想の典型である地政学的言説の興隆について、批判的地政学や認知心理学などの知見をまじえながら批判的に検討する。そして、第7章では、「類としての人間を分割する政治」の担い手である右翼ポピュリズムの背景、その構造的要因について、リベラル・デモクラシーの根本的問題と絡めながら論じていく。最後に、第8章では、対テロ戦争／ジハード主義といった対立をジェンダー問題と絡めつつメタ・ヒストリーをめぐる信仰について批判的に考察する。そこでは、再帰的批判が困難な宗教的問題、つまり信仰ということをめぐる政治がバックラッシュ的な形で我々を襲ってきていることについての状況的困難性が再確認されることになろう。それは、不確実性が極めて高く同時に未知の問題であるがため、つまり過去の有効なデータがなく科学的検証のチェックが困難であるため、ますます「信じるか否か」といった宗教的論争と化している、地球システムの危機をめぐる対立と似たような様相を呈していると言ってよいであろう。

いずれにせよ、人間中心主義的パラダイムを疑いなき正しい信条体系として突き進めば、カタストロフを招くことになるかもしれないというシナリオが現実味を帯びている今、われわれは、どのような対応をとるべきか。結局のところ、ポスト・ヒューマニズムという転回を経た後も、ヒューマニズムの欺瞞性を承知の上で、人間として生きていく以上、世代間正義、環境的正義といったものを含め、開かれたヒューマニズムの倫理的要請、つまり他者への責任という問題を正面から受け止めざるをえない、ということだろう。

参考文献

石牟礼道子（2013）『椿の海の記』河出文庫

土佐弘之（2003）『安全保障という逆説』青土社

土佐弘之（2007）「R2Pのメルトダウン——UNSC1973前後の「責任のあり方」をめぐる政治」『国際協力論集』二四巻（二二号）、一一五－一二九頁

日高敏隆（1988）『動物という文化』講談社学術文庫

Adelman, Sam (2017), 'The Sustainable Development Goals, Anthropocentrism and Neoliberalism,' in Duncan French and Louis Kotzé (eds.), *Global Goals: Law, Theory and Implementation* (Chltenham: Edward Elgar), 15-40.

Barad, Karen (2007), *Meeting the Universe Halfway: Quantum Physics and the Entaglement of Matter and*

Meaning (Durham: Duke University Press).
Bennett, Jane (2010), *Vibrant Matter: A Political Ecology of Things* (Durham: Duke University Press).
Bogost, Ian (2012), *Alien phenomenology, or what it's like to be a thing* (Minneapolis: University of Minnesota Press).
Braidotti, Rosi (2013), *The Posthuman* (Cambridge: Polity (門林岳史監訳『ポストヒューマン――新しい人文学』フィルムアート社、二〇一九年)).
―― (2016a), 'The Contested Posthumanities', in Rosi Braidotti and Paul Gilroy (eds.), *Conflicting Humanities* (London: Blumsbury), 9-45.
―― (2016b), 'Posthuman Critical Theory', in Debashish Baneriji and Makarand R. Paranjape (eds.), *Critical Posthumanism and Planetary Futures* (New Delhi: Springer India), 13-32.
Bryant, Levi (2011), *The democracy of objects* (Ann Arbor: Open Humanities Press).
Bryant, Levi, Srnicek, Nick, and Harman, Graham (eds.) (2011), *The Speculative Turn: Continental Materialism and Realism* (Melbourne: re.press).
Colebrook, Claire (2014), *Death of the PostHuman: Essays on Extinction, Vol. 1* (Michigan: Open Humanities Press).
Connolly, William E. (2011), *A World of Becoming* (Durham: Duke University Press).
Coole, Diana and Frost, Samanthe (2012), 'Introducing the New Materialisms', in Diana Coole and Samantha Frost (eds.), *New Materialsms: Ontology, Agency, and Politics* (Durham: Duke University Press), 1-43.
Cudworth, Erika and Hobden, Stephen (2011), *Posthuman International Relations: Complexity, Ecologism and Global Politics* (London Zed Books).
―― (2015), 'Coplexifying International Relations for a Posthumanism World', in Emilian Kavalski (ed.), *World*

Politics ad the Edge of Chaos: Reflections on Complextiy and Global Life (Albany, NY: State University of New York Press), 169–88.

—— (2018), *The Emancipatroy Project of Posthumanism* (London Routledge).

Cudworth, Erika, Hobden, Stephen, and Kavalski, Emiliam (eds.) (2018), *Posthuman Dialogues in International Relations* (London: Routledge).

Descola, Philippe (2013), *Beyond Nature and Culture*, trans. Janet Lloyd (Chicago: The University of Chicago Press).

Eroukhmanoff, Clara and Harker, Matt (eds.) (2017), *Reflections on the Posthuman in International Relations: The Anthropocene, Security and Ecology* (Bristol: E-International Relations Publishing).

Evans, Brad and Reid, Juian (2014), *Resilient Life: The Art of Living Dangerously* (Cambridge: Polity).

Foucault, Michel (1966), *Les mots et les choses: Une archéologie des sciences humaines* (Paris: Gallimard (渡辺一民、佐々木明訳『言葉の物——人文科学の考古学』新潮社、一九七四年)).

Fukuyama, Francis (1999), *On Posthuman Future: Consequences of the Biotechnoloigy Revolution* (London: Profile Books (鈴木淑美訳『人間の終わり——バイオテクノロジーはなぜ危険か』ダイヤモンド社、二〇〇二年)).

Grusin, Richard (2015), 'Introduction', in Richard Grusin (ed.), *The Nonhuman Turn* (Minneapolis: University of Minneaposota Press), vii–xxix.

Habermas, Jürgen (2003), *The Future of Human Nature* (Cambridge: Polity Press).

Hamilton, Clive (2017), *Defiant Earth: The Fate of Humans in the Anthropocene* (Cambridge: Polity).

Haraway, Donna (1991), *Simians, Cyborgs and Women: The Reinvention of Nature* (London: Routledge (巽孝之、小谷真理訳『サイボーグ・フェミニズム』水声社、二〇〇一年)).

—— (2008), *When Species Meet* (Minneapolis: University of Minnesota Press (高橋さきの訳『犬と人が出会うとき——異種協働のポリティクス』青土社、二〇一三年)).

Hargrove, E. C. (1992), 'Weak Anthropocentric Intrinsic Value', *The Monist*, 75(2), 183–207.

Harman, Graham (2003), *Guerrilla metaphysics: phenomelogy anad the carpentry of things* (Chicago: Open Court).

—— (2009), *Prince of Networks: Bruno Latour and metaphysics* (Melbourne: re.press).

Hawley, George (2017), *Making Sense of the Alt-Right* (New York: Columbia University Press).

Hayles, N. Katherine (1999), *How We Became Posthuman: Virtual Bodies in Cybernetics, Literature, and Informatics* (Chicago: University of Chicago Press).

Herbrechter, Stefan (2013), *Posthumanism: A Critical Analysis* (London: Bloomsbury).

—— (2018), 'Critical Posthumanism', in Rosi Braidotti and Maria Hlavajova (eds.), *Posthuman Glossary* (London: Bloosbury Academic), 94–96.

Jones, Andrew (2019), 'From NeoReactionay Theory to the Alt-Right', in Christine M. Battisa and Melissa R. Sande (eds.), *Critical Theory and the Humanities in the Age of the Alt-Right* (Gewerbestrasse, Switzerland: Palgrave Macmillan), 101–20.

Kavalski, Emilian (2015), 'Complexifying IR: Disturbing the "Deep Newtonian Slumber" of the Mainstream', in Emilian Kavalski (ed.), *World Politics and the Edge of Chaos: Reflections on Complextiy and Global Life* (Albany, NY: State University of New York Press).

Kohn, Eduardo (2013), *How Forests Think: Toward an Anthropology Beyond the Human* (Berkeley: University of California Press (奥野克巳、近藤宏監訳『森は考える』亜紀書房、二〇一六年)).

Kolbert, Elizabeth (2014), *The Sixth Extinction: An Unnatural History* (New York: Henry Holt and Co.).

Kumi, Emmauel, Arhin, Albert A., and Yeboah, Thomas (2014), 'Can post-2015 sustainable development goals survive neoliberalism? A critical examination of the sustainable development-neoliberalism nexus in developing countries', *Environmental Ddevelopment and Sustainability*, 16(3), 539–54.

Kurzweil, Ray (2006), *The Singularity Is Near: When Humans Transcend Biology* (London: Penguin Books (井上健訳『ポスト・ヒューマン誕生――コンピュータが人類の知性を超えるとき』NHK出版、二〇〇七年)).

Latour, Bruno (1997), *Nous n'avons jamais été modernes: essai d'anthropologie symétrique* (Paris: la Découverte (川村久美子訳『虚構の「近代」――科学人類学は警告する』新評論、二〇〇八年)).

—— (2013), *An Inquiry into Modes of Existence: An Anthoropology of the Moderns*, trans. Catherine Porter (Cambridge, Mass.: Harvard University Press).

Mcintyre, Lee (2018), *Post-Truth* (Cambridge, Mass.: The MIT Press).

Meillassoux, Quentin (2006), *Après la finitude: essai sur la nécessité de la contingence* (Paris: Seuil (千葉雅也、大橋完太郎、星野太訳『有限性の後で――偶然性の必然性についての試論』人文書院、二〇一六年)).

Mitchell, Audra (2016), 'Posthuman Security/ Ethics', in Anthony Burke and Jonna Nyman (eds.), *Ethical Security Studies* (London: Routledge), 60–72.

—— (2017a), 'Is IR going extinct?', *European Journal of International Relations*, 23(1), 3–25.

—— (2017b), "Posthuman Security': Reflections from an Open-ended Conversation', in Clara Eroukhmanoff and Matt Harker (eds.), *Reflections on the Posthuman in International Relations: The Anthropocene, Security and Ecology* (Bristol: E-International Relations Publishing), 10–18.

Morton, Timothy (2013), *Hyperobjects: Philosophy and Ecology after the End of the World* (Minneapolis: University of Minnesota Press).

—— (2018), *Being Ecological* (London: Penguin Ramdom House).

Nayar, Pramod K. (2014), *Posthumanism* (Cambridge: Polity).

Redclift, Michael (2005), 'Sustainable Development (1987-2005): An Oxymoron Comes of Age', *Sustainable Development*, 13(4), 212-27.

Rockström, Johan and Klum, Mattias (2015), *Big World Small Planet: Abundance within Planetary Boundaries* (New Haven: Yale University Press（谷淳也ほか訳『小さな地球の大きな世界』丸善出版、二〇一八年））.

Rose, Deborah Bird, Doren, Thom van, and Chrulew, Matthew (eds.) (2017), *Extinction Studies: Stories of Time, Death, and Generations* (New York: Columbia University Press).

Smail, Daniel Lord (2008), *On Deep History and the Brain* (Berkeley: University of California Press).

Washington, Haydn (2015), *Demystifiyng Sustainability: Towards Real Solutions* (London: Routledge).

Weil, Karl (2010), 'A Report on the Animal Turn', *Differences: A Journal of Feminist Cultural Studies*, 21(2), 1-23.

Wolf, Cary (2010), *What is posthumanism?* (Minneapolis: University of Minnesota Press).

第Ⅰ部　人間中心主義の隘路

第1章　人新世／資本新世の政治

二酸化炭素の大量排出による地球温暖化を含め、人類が不可逆的な地質学的影響力を行使するようになっている事態を受けて、ノーベル化学賞受賞者でもあるクルッツェンらが、新しい地質的年代を指す言葉として「人新世（anthropocene）」という用語をポピュラーにして以降（Crutzen 2002）、人新世概念に言及した書籍、論文は相当な数になる。[1] 人新世の孕む問題は、国際関係論、特に批判的安全保障研究においても途方もなく大きな安全保障の問題という側面も有しているため、さまざまな議論が展開されるようになっている（Chandler 2018; Hardt 2018; Harrington and

（1）　グーグル・スカラーによる検索だと、キーワードに人新世という語を含む論文数は四万五一〇〇件におよぶ（二〇一九年八月二九日時点）。翻訳を含めて日本語書籍でもタイトルに人新世という語を含むものは既に数冊出版されているし（篠原 2018：Bonneuil and Fressoz 2016）、雑誌『現代思想』（二〇一七年一二月号）でも特集が組まれたりしている。

Shearing 2017)。実際のところ、人新世という用語のインプリケーションをめぐっては、ジオ・エンジニアリング（科学技術による気候のコントロール）の可能性を含めた「良き人類の時代」と解釈する楽観論から、地球史上六回目の「大量絶滅の危機」をよみとる悲観論まで、さまざまな意見が飛び交い、百家争鳴の感がある。

地質学的「人新世」という危機的局面が突きつけている人為的気候変動問題は、「意地悪問題（wicked problems）」（Incropera 2016）の一つであるとも言われている。つまり、一見すると科学技術問題のようでいて、基本的には利害関係者が複雑に絡み合っている社会的な集合行為問題ということである。しかも、それは、集合行為問題の中でもとりわけ解決困難な「超意地悪問題（super wicked problems）」（Levin et al. 2012）である。「超意地悪問題」の特徴として、レヴィンらは四つ挙げている。第一に、タイムアウトが迫っていること、そして第二に、マッチポンプ的な構造、つまり問題を引き起こしている者が解決追求をしている構図があること。第三に、解決主体となるべき中心（解決・協力の制度的枠組み）が不在であること。さらに第四に、短期的視点ゆえに未来世代や人間以外の生物等への負担つけ回しがまかりとおってしまっていることである。

そうした困難な事態に直面しての反応は、概ね四つのパターンに分けられるであろう。まず一つ目は、人間社会は、地球温暖化阻止といった集合行為問題を結果として解決することができず、やがて大量絶滅という破局へと向かうという悲観論である。確かに冷静に考えると、約四六億年の地球の歴史からすれば（サヘラントロプスなどの初期ホミニンからカウントしたとしても）人類史はたかだか七〇〇万年で、約四四億一三〇〇万年の間は、「人類なき地球」が存在していたのであるから、たとえ人類が絶滅したとしても、それは地球史上六回目の生物大量絶滅ということで、人間中心主義思想から脱却した観点から見れば、それほど驚くようなことではないかもしれない。二つ目の反応としては、破局への道を想定した上で、人間中心主義思想から脱却し、社会・文化と自然の分節化を前提にした思考様式を組み替え、人間を自然の中に埋め直す形で変革していくことで、その道を回避することができるかもしれないといった見方である。そして三番目は、現行の社会システムのままでも、例えば、再生エネルギーに転換することで、技術的に二酸化炭素排出量を抑制することは可能であるという技術的楽観論に立った考え方である。そこには環境危機をビジネスチャンスとするグリーン・キャピタリズムの論理が透けて見える。その背後には人間と自然とに分節化し前者が後者を制御し続けるという世界観が旧態依然としてある。そこには、自己破壊的な再帰性の回路に対して一定程度配慮したエコ近代化論のようなものから、自己破壊的な再帰性の回路を無視した極端な技術的楽観論、例えば、大気圏に光線を遮断する気体を覆うことで温暖化を抑制することができるといったジオ・エンジニアリングのような考え方まである。こうした技術楽観論によれば、人間中心主義を修正する必要はなく、むしろ「良き人新世(Hamilton 2017: 23-26)」の時代が切り拓かれていくというシナリオが描かれることになる。そこには危機をビジネス・チャンスと読みかえる災害資本主義(disaster capitalism)の論理も看取できる。ただ、こうした考え方に対しては、自然を外部環境として制御可能なものとして見るデカルト的科学観に依然として立脚しており、複雑系のバタフライ効果のような意図せざるネガティブ・フィードバックによって、かえって制御不能な状態を引き起こす危険性があることなどの多数の批判がある。

さらに、第四の反応は、人間中心主義をさらに極度にしたもので、地球温暖化仮説そのものを否認するというものである。確かに、地球温暖化仮説とそれを裏付ける科学的データも、ラトゥールの説明枠組みを借用して言い換えると、冷戦期、核戦争による「核の冬」という事態を想定した地球規模での気象観測・予測のための科学者や観測機械などによって構成されたアクター・ネットワークによって構成されていったものといえよう。具体的には、一九五七年、ハワイ・マウナロア観測所で大気中の二酸化炭素の濃度増加を観測したことを根拠に、キーリングらが地球温暖化仮説を提示し、それ以降、それを裏付けるデータが多数出るようになり、有力な仮説となっていったと言えよう（Howe 2014）。そうした論法を逆手にとった形で、現在のカーボン・サイクルに大きく依存している利益団体（特に石油業界など）とその政治的エージェントは、地球温暖化は、一部の研究者によってでっち上げられたフェイクであるという主張を展開し、地球温暖化仮説の否認を続けている。興味深いのは、トランプ政権のパリ協定からの離脱に代表されるように、世界を席巻している右翼ポピュリズム勢力の多くが、気候変動という事実をフェイクであるとして否認している点である。

アカデミズム、特に、人文社会系の論文を見るかぎり、第二のタイプ、つまり人新世を人類およびそれを含む生物、地球環境危機の時代と捉え、その根幹的な問題として人間中心主義（anthropocentrism）（Braidotti 2013）、人間例外主義（human exceptionalism）（Haraway 2016）、ないしは社会中心主義（sociocentrism）（Connolly 2017）を見て取り、そうした人間中心主義を相対化し克服する道筋を模索するものが多い。その潮流の中で、自然史と（人文社会科学的な）歴史との統合的把握の必要性を捉えるなどの問題提起を行ったチャクラバルティによる一連の論攷（Chakrabarty 2009, 2012, 2014, 2015a, 2015b, 2018a, 2018b）は、特に人文社会科学において最初の重要な一石を投じる形になり、さまざまな応答を呼び起こすことになった（Emmett and Lekan 2016）。国際関係論の分野でも、チャクラバルティは、ＬＳＥの雑誌『ミレニアム（*Millennium*）』主催の二〇一七年のシンポジウムに招聘され人新世についての基調講演を行うなど（Chakrabarty 2018b）、彼の論攷には大きな関心が寄せられていた。ここでは、まず、そのチャクラバルティの論攷内容をめぐる論争を整理しながら人新世における地球システムの危機の全体的構図を捉える枠組みを再検討しつつ、人類を超えるという発想がなぜ政治的に力をもたないのか、特に第四のタイプ（極端な人間例外主義とその延長にある自己中心主義）の問題に着目する。なぜ第二の認識タイプと第四の認識タイプの間の深いギャップが生じるのかといったことを含めて、「なぜ人類社会は、地球温暖化などの地球システム危機に対して有効な対処ができていないのか」という問いを中心に考察をしていきたい。

1 〈文化（人間）の歴史／自然の歴史〉という分節化の問題

『ヨーロッパを辺境化［相対化］する（Provincializing Europe）』などの著作を通じてポスト・コロニアル研究、サバルタン研究を牽引してきたチャクラバルティが、人新世の議論に本格的にコミットし、その中で、自身の立場を修正するような見解を明らかにしたことは、人文社会科学の研究者には小さな衝撃を与えることになった。彼は、人新世に関する論攷をたくさん認めているが、例えば、その一つである「歴史の気候」という論攷の中では、以下の四テーゼを提示している（Chakrabarty 2009）。

（1）人為による気候変動という説明は、自然史と人類史といった長年の人間中心主義的区分の崩壊をもたらしている。
（2）人類が地質学的勢力として存在する新たな地質学的時代、つまり人新世という考え方により、近代／グローバリゼーションといった人間中心主義的歴史は厳しく制約されることになる。
（3）人新世に関する地質学的仮説により、我々は資本のグローバルな歴史と種としての人間の歴史とを関連づけていくことを迫られている。

（4）人類史と資本の歴史とが織りなす網目状の陰影は、歴史的理解の限界を探る過程でもある。

これらのテーゼを通じて、チャクラバルティが特に強調している点は、「人間社会の歴史」と人間以外の「自然史」とを統一的に捉える必要性で、この点については、「人新世における人間の条件」という論攷（Chakrabarty 2015b）などでも繰り返し述べられているところだ。人類の活動が不可逆的に地球環境に対して負の影響を与え、それがまた人類生存の危機をもらしつつある現状を目の前につきつけられ、われわれは、自身の人間中心主義（anthropocentrism）を脱却するかたちで、人間と人間以外の生物やモノとの関係を総体的に捉える必要性に迫られている。それは、歴史を考える際にも同様で、人間社会の歴史と地質学的な自然史とを一体として捉える必要があるということである。それは、当然、人文社会科学と自然科学とを分けて考えてきた従来のアカデミズムの思考様式そのものを根本から問い直すことにもつながり、危機における真の意味での文理融合の知の必要性を説いているともいえよう。そして同時に、危機を通じて、「人間の自由には大きな制約がある」ということを再認識する必要を迫られており、「人間社会の歴史は自然の制約から解き放れ、より多くの自由を実現する解放の歴史である」とするヘーゲル的歴史観はもはやありえず、自由をめぐるメタ・ヒストリーの発想転換が必要になっているというのもチャクラバルティの重要な主張であろう。

〈文化（人間）の歴史／自然の歴史〉といった従来の区分が崩れてきているというチャクラバルティの主張は妥当であるように思われるが、それに付随して、そもそも〈人間の歴史／自然の歴史〉という区分が現実に成り立ちえたことがあるのかといった疑問が必然的に出てくる（Meyor 2016）。文化（ないしは社会）と自然といった二項対立的図式の虚構性についての議論は、「自然と社会の断絶は存在しないという意味で我々は近代であったことはなかった」といった、ブリュノ・ラトゥールが繰り返してきたテーゼ（Latour 1997, 2004）の焼き直しにも見えるが、重要な点は、人類が直面している気候変動という大きな地球システムの危機を通じて、文化と自然とは切り分けることができないハイブリッドな関係にあることを認識せざるをえなくなってきたということであろう。

人類学者のフィリップ・デスコラも指摘しているように、自然は社会の産物であるが、自然という観念を通して人間と非人間との間に境界を画定し文化の領域の外に自然が実在すると想定する「自然主義（naturalism）」の考え方は西洋社会特有のものであり、文化と自然との関係性のパターンには、ほかにも（内面性において人間と人間以外の動物との間に類似性を認める）アニミズム的なもの、（内面性のみならず身体性においても両者の間に類似性を認める）トーテミズム的なものなどがあるということを忘れてはならないであろう（Descola 2013, 2014）。そもそも人間社会の歴史は当初から、文化と自然のハイブリッドな関係を緊密に絡み合わせながらダイナミックに展開してきたわけで、その複雑に絡み合った関係性を捉える必要があろう。例えば、人間は、狩猟採集社会から農業社会への移行を始め、小麦や米などの植物を改変し大量生産し、それを主食とするようになったが、その過程で森林破壊を行うなど生態系に大きな影響を与えてきたし[2]、また人間は、小麦などの穀物に大きく依存するようになるとともに、自らの身体性のマテリアリティそのものも改変されてきた（Harari 2014）。人間と動物、特に家畜との関係性も同様で、人間は動物を家畜化するとともに、人間は、その一部のコンパニオン・アニマルに依存しながら生きるようになっている（Haraway 2008）。ある推計によると、メガトン炭素換算量で、一九〇〇年時点で、人間が一三、牛を含む家畜が五八、野生の哺乳類動物が一〇であったのが、二〇〇〇年時点で、人間が五五、牛を含む家畜が二〇〇、野生の哺乳類動物が五ということで（Smil 2013: 227-28）、地表上には人間ないしは人間の活動の影響を受けている動物がほとんどで、逆に人間の影響を受けていない動物、自然は地表上にはほとんど消え去っている。その意味では、「自然の終焉」（McKibben 1989）を嘆くこと自体が、人間が勝手に作り上げた自然についてのロマンティシズムに満ちた幻想の発露でしかないのかもしれない。

このように、〈文化（人間）の歴史／自然の歴史〉という区分はそもそも現実には成り立っていないのに、虚構ながらも区分に実態があるかのようにみる「自然主義」的な世界観が支配的に

（2）この点に着目して人為起源の新しい地質革命は五千年以上前に始まったとする説もある。William F. Ruddiman, 'The Early Anthropogenic Hypothesis: Challenges and Responses,' *Reviews of Geophysics*, 45(2007), 1-37.

なっているのは、どうしてであろうか。やはり、世界観の基礎付けにおける意味秩序形成の過程において、宗教が果たした役割が見落とせない。アニミズムの意味世界においては、人間も自然の一部として、その中に埋め込まれている形で位置づけられていたわけだが、人間社会の中で、ユダヤ教、キリスト教、そしてイスラーム教といった一神教が成立すると、その信条体系の中で人間以外の動物に対して人間にだけ特権的地位を与えられることになる。一神教に基礎をおいた人間中心主義的な世界観（ある意味で種差別主義ともいえる世界観）は、世俗化を経て、（実質的に神の位置に人間をおく）科学主義万能の人間中心主義が、結果として、自然に対する支配・搾取・破壊へとつながっていったという見立ては、エコロジー思想の流れでしばしば提示されてきたところである（White 1968）。

文化と自然とのハイブリッドな関係が現実にあるにも関わらず、その二つが明確に分けられるという虚構を信じながら人間以外の（時には奴隷制に象徴されるように他者としての人間も含む）自然に対する支配・搾取・破壊を続けた結果、その度合いが持続可能性の限界を超えたところで、人新世という新たな時代認識が必要とされるとともに、自然と文化の人為的区分が維持できなくなった。具体的に、種としての人類が地質学的なアクターとして地球環境に対して不可逆的な大きな影響力をもつようになったのは、地下に一、二億年から少なくとも数百万年かけて形成されてきた化石燃料を百年程度の短期間のうちに採掘し燃やし続け大気中の二酸化炭素の量を急速に増大させることで従来のカーボン・サイクルを大きく変えることになったことが大きい（Archer

2010)。その意味では、人新世の始まりを、ワットの蒸気機関発明の頃、一八世紀後半あたりとする意見が多い(3)。いわゆるニュー・マテリアリズムの考えに準拠して言えば、一八世紀後半以降、石炭・石油といった物質に導かれる形で、人間社会は、化石燃料に過度に依存する「炭素新世(Carbocene)」の時代へと突入することになった、と言うことも出来る(LeCain 2015)。またティモシー・ミッチェルが指摘している通り、石炭から石油へのシフトといったカーボン・サイクルの変化が、例えば炭鉱労働者の活躍の盛衰などを通じてデモクラシーのありかたに大きく影響を与えてきたことも忘れてはならないのであろう(T. Mitchell 2011)。その意味では、依然として人間中心主義的な意味合いが強い人新世という名称そのものが批判に晒されるべきなのかもしれない。いずれにせよ、二酸化炭素の大気中濃度、北半球における地表の平均気温、種の絶滅数など、さまざまなデータが示す通り、一九四五年以降、「大加速」期へ入り、気候変動などを示す「事実」とともに(人間以外のモノの逆襲を受けるとともに)、〈文化(人間)/自然(環境)〉といった二項対立的図式の問題性が、ようやく認識されるようになってきたということは確かである(4)。それと同時に、「自然は社会的に構成されたものである」といった構築(構成)主義的見方から、モノ

(3) ラトゥールは、「新大陸」発見後、先住民の大量殺戮に伴う再森林化が始まる頃、そしてガリレオが『星からのメッセンジャー』という冊子を刊行した年(つまり宇宙から地球を見るという見方が出てきた年)である一六一〇年を、人新世の始まりとしている。Bruno Latour, *Facing Gaia: Eight Lectures on the New Climate Regime*, trans. Catherine Porter (Cambridge: Polity, 2017a) at 184-85.

の役割を見直す新唯物論的見方へと、人文系の流行が変わっていったことも、〈文化／自然〉の二項図式の見直しの背景にあることも付け足しておく必要があろうか。(5)

2　人の間における不平等の問題——人新世から資本新世への視座転換

人間の歴史と自然史との収斂を強調しすぎると逆に見えにくくなってくることの一つは、「炭素新世」とも言われる時代における人間社会の中における支配・被支配、搾取・被搾取といった関係と人間による人間以外の自然に対する支配関係との絡み合いとった側面であろう。チャクラバルティの議論にみられる問題点の一つは、まさにそこにあり、多くの論者が、その点をつきながら厳しい批判を加えている。それは、人新世という概念自体にまつわる問題でもあるが、人新世という概念が前提としている「種としての人類」という考え方を強調しすぎることで、人類を同質的集団とみなすことで、人類社会の中における不平等を見落とす本質主義の罠にはまるだけではなく、人間社会内における支配・被支配関係と、人間と人間以外の動物などの間の支配・被支配関係との連関性を結果として見落としているというものである。

例えば、「種としての人類の生存の問題は資本主義の問題とは別次元の問題」とするチャクラバルティに対して、コミュニズムの復権を唱えるラカン派哲学者のスラヴォイ・ジジェクは、「全体（生態系）が部分（資本主義）に支配されている」構図を見落としていると批判を加えている

(Žižek 2010: 333-34)。この批判に対しては、チャクラバルティ自身は、「むしろ逆で、人間特殊な歴史が、より長い時間スケールの地質学的歴史に飲み込まれている」と反論している(Chakrabarty 2016)。しかし批判が、「人新世」論における資本主義システム批判と関連して人類という類の中における差異(特に貧富の格差)を無視しているという点に及ぶと、チャクラバルティも防御しきれなくなる。「人類は気候変動の影響を同じようには受けていないが、全員が影響を受けており金持ちも逃げ道がないという意味で新しい事態なのだ」といったチャクラバルティの反論は(Chakrabarty 2016)[6]、気候変動の影響における不平等問題に関する幾多の文献を前にすると(Ciplet et al. 2015; Nixon 2011; Singer 2019)、いささか説得力を欠いている感が否めない。たとえば、二〇〇五年八月のハリケーン・カトリーナがニューオーリンズを襲った時に起きたようなこ

---

(4) 層位学(地質学)国際委員会は人新世を正式な地質学的区分として認めていないものの、その第四紀小委員会・人新世ワーキング・グループ内では、一九四五年以降の「大加速」以降を人新世とみなす案が多数に支持されていると報じられている。"Anthropocene now: influential panel votes to recognize Earth's new epoch," *Nature*, 21 May 2019, doi:10.1038/d41586-019-01641-5.

(5) ソーパーの著作は、「自然」に関する社会構成主義的な見方、そして素朴な唯物論的な見方、それぞれの問題点を指摘している。Kate Soper, *What Is Nature? Culture, Politics and the Non-Human* (Oxford: Blackwell, 1995)

(6) チャクラバルティの主張は、後期近代のリスク社会におけるリスク配分は、富の配分と異なり貧富の違いとは関係なく誰にも降りかかる問題と主張したベックの議論に類似している。

と、つまり富裕層は安全なところに避難できた一方で移動手段をもたない貧困者・高齢者が取り残され死亡するといった事態が示しているように、地球温暖化のダメージは明らかに貧困層にしわ寄せがいっている。科学哲学者のイザベル・スタンジェールが警告しているように、現在、グローバルなスケールで、カトリーナがニューオーリンズを襲った時に起きたような「野蛮な」事態が起きつつあると見た方が妥当であろう（Stengers 2015: 22）。

地球温暖化に伴うハザードの分配における不平等問題はやはり人新世の問題と資本主義の問題が深く結びついていることを示していると言ってよいであろう。今までサバルタン研究、ポスト・コロニアル研究を牽引してきたはずのチャクラバルティが、「（気候変動といった）全般的危機を資本主義の話に還元することはできない」（Chakrabarty 2009: 222）などと、「転向」とも受け取れかねない主張をしはじめたことに対して、ジジェクだけではなく、ジェイソン・ムーアらエコ・マルクス主義の論客をはじめ、ダナ・ハラウェイらエコ・フェミニストなど、多くのラディカルな思想家・研究者が厳しい批判を加えたことはむべなるかなである（Alaimo 2017; Haraway 2016: 30–57; Moore 2015: 169–92; 2016）。付言すれば、チャクラバルティが陥っている問題の一つは、一言で言えば、種本質主義に基づく「転倒した人間中心主義」であろう。地質学的エージェントとしての人類ということを強調すればするほど、結果として、人間社会内における環境正義、特に同時代における南北問題（貧困者が気候変動の負の影響をより大きく受けるといった問題）、および世代間正義の問題（未来の世代が気候変動の負の影響をより大きく受けるといった問題）、さらには、それらと密接に連関している人間中心主義（種差別）の問題が視野の外に追いやられることになってしまう。例えば、アマゾンの熱帯林の中で近代文明とは接触せずに今でも狩猟生活を続けている先住民を地質学的エージェントの構成員としてカウントした上、彼・彼女らに地球温暖化の責任を負わせることは、やはり妥当ではないだろう。また、一九世紀半ばから二一世紀初めにかけて排出された二酸化炭素総量の約三割については、シェブロン、エクソン・モビール、ＢＰなどのオイル・メジャーなど二〇社が排出したものとの推計があることが示している通り、類としての人間を強調することで、加害の構造を含めた環境的不正義について不問に付すことは許されないであろう（Heede 2014: 237）。端的に言えば、何人かの論者が批判している通り、チャクラバルティの議論の立て方、つまり類としての人類を前面に押し出す議論には環境的正義の問題を不可視化しかねないところがある（Alaimo 2017: 98; Malm 2018: 189）。

エコ・マルクス主義の論客からすれば、生態学的危機という文脈における人間社会内における（不）正義の問題に対しての思慮の足りなさは、当然、生態学的危機の根本的要因の一つである資本主義の問題に対する分析の欠如に通ずることになる。エコ・マルクス主義の観点からすれば、限りない資本蓄積という資本主義システムが延命する限りにおいて、地球環境問題における破局は不可避であり、この時代の危機の性質を正確に言い表すには、人新世よりも「資本新世（Capitalocene）」という言葉のほうがふさわしいということになる（Malm 2016: 391-6; Moore 2016: *passim*）[7]。その限りにおいて、人新世の生態学的危機は、資本主義とは違うタイム・スケールの問題であるとして、両者を切り離そうとするチャクラバルティの見解は的を外しているということになる。そのことと関連してだが、「資本主義の終焉を想像するよりも世界の終焉を想像する方がたやすい、と誰かが言っていたが、今や、我々は世界の終わりを想像することを通して資本主義を想像しようとしていると言えるかもしれない。」（Jameson 2003: 76）といった、マルクス主義文芸批評家フレドリック・ジェイムソンの文章を、人新世／資本新世という文脈で読み直すと、一層、説得力をもってくる。

3　物質代謝論の射程と限界——エコ・マルクス主義の論争（二元論／一元論）を超えて

エコ・マルクス主義を牽引しているジョン・ベラミー・フォスターらも、人新世を人類による地球（惑星）支配における危機と捉える（Foster et al. 2010: 49）。ただ、彼らのエコ・マルクス主義の見方に特徴的なのは、特にマルクスの『資本論』に出て来る物質的代謝（Stoffwechsel, metabolism）という分析概念に着目し、人間と自然の間における物質的代謝における修復不可能な亀裂（metabolic rift）が、現在の全般的な地球環境危機をもたらしているとみるところであろう（Brukett 2014; Foster 2000; Foster and Burkett 2016）。確かにフォスターらが指摘しているように、そもそもマルクスはエコロジー問題に全く関心がなかったといった批判はあたらず、彼は当時の化学者リーヴィッヒの研究などを通じて土壌劣化問題などに関心を寄せながらエコロジー問題に対しての独自のエントリー・ポイントを探っていたことは、『資本論』のテクストからもうかがい知ることができる。たとえば、マルクスが、環境破壊に関連して人間と自然（土地）の物質的代謝について言及するのは、『資本論』第一巻第四篇「相対的剰余価値の生産」第一三章「機械と大工業」の一節においてである。該当箇所を引用する。

　「資本主義的生産様式は、それが大中心地に堆積させる都市人口がますます優勢になるに従って、一方では、社会の歴史的原動力を蓄積するが、他方では、人間と土地とのあいだの物質的代謝を、すなわち、人間により食料および衣料の形態で消費された土地成分の土地への回帰を、したがって持続的な土地豊度の永久的自然条件を攪乱する。（中略）資本主義的農業のあ

（7）　同様の論争は、国際関係論においても見られる。人新世の危機に際してプラネット・ポリティクスを視野に入れた国際関係論に変革していく必要があるというダルビーらの主張に対して、「資本新世の側面を軽視したトップダウンのリベラル・コスモポリタニズムの焼き直しである」とチャンドラーらが批判している論争であるが、両者ともポスト・ヒューマニズムの視点を強調している点は同じで、いささか水掛け論の様相を呈しているものの、図式的には、チャクラバルティとそれを批判したエコ・マルクス主義者という構図と似ている。Stefanie Fishel et al., 'Defending Planet Politics,' *Millenium*, 46/2(2018), 209-19, David Chandler, Erika Cudworth, and Stephen Hobden, 'Anthropocene, Capitalocene and Liberal Cosmopolitan Ir: A Response to Burke Et Al.'S 'Planet Politics',' ibid.（190-208, Anthony Burke et al., 'Planet Politics: A Manifesto from the End of Ir,' ibid.44/3（2016), 499-523.

らゆる進歩は、単に労働者から略奪する技術における進歩であるだけでなく、同時に土地から略奪する技術における進歩でもあり、一定期間にわたって土地の豊度を増大させるためのあらゆる進歩は、同時に、この豊度の持続的源泉を破壊するための進歩である。」(Marx 1997 (original 1866): Ib 863-64)

同様の指摘は、『資本論』第三巻第六篇「超過利潤の地代への転化」第四七章「資本主義的地代の創生記」にも見られる。

「大土地所有は、社会的な、生命の自然諸法則に規定された物質代謝の連関のなかに取り返しのつかない裂け目を生じさせる諸条件を生み出すのであり、その結果、地力が浪費され、この浪費は商業を通して自国の国境を越えて遠くまで広められるのである。」(Marx 1997 (original 1866): IIIb 1426)

このように、土壌劣化という具体的な環境問題を検討するに際して、マルクスは、人間と自然との物質的代謝という概念を提示しているが、その物質的代謝という概念を、もう少し深く理解するためには、同じ『資本論』の第一巻第三篇「絶対的剰余価値の生産」第五章「労働過程と価値増殖」の一節を読む必要があろうか。

「労働は、まず第一に、人間と自然とのあいだの一過程、即ち人間が自然とのその物質代謝を彼自身の行為によって媒介し、規制し、管理する過程である。人間は自然素材そのものに一つの自然力として相対する。彼は、自然素材を自分自身の生活のために使用しうる形態で取得するために、自分の肉体に属している自然諸力、腕や足、頭や手を運動させる。人間は、この運動によって、自分の外部の自然に働きかけて、それを変化させることにより、同時に自分自身の自然を変化させる。」(Marx 1997 (original 1866): Ia 304)

マルクスによれば、人間自身が自然との物質代謝を行う媒介、調整、制御過程が、労働過程ということになる。問題は、交換価値を通じてさらなる剰余価値、限りない資本蓄積を推し進める資本主義体制のもとでは、そうした労働過程における疎外を通じて、人間の自然からの疎外も引き起こされるということにある。人間の自然からの疎外が進んでいくと、マルクスの時代であれば土壌劣化のような、さらに現在であれば地球温暖化のような、人間と自然の間における物質代謝における修復不可能な亀裂をもたらすことになる。資本は抽象的労働の対象化である価値増殖を通じて、その蓄積をより有利な条件で進められるように素材的次元(自然)を再編成していくが、資本が科学技術を用いて様々なその自然的制約を克服し操作しても結果的には物質代謝の亀裂をさらに深めることになる(斎藤 2019: 141-145)。なぜなら資本にとって自然は価値増殖過程において徹底的に無償で利用し尽くすものでしかないからである。人間と自然の疎外を通じた物質代謝の亀裂といった問題には、ちょうど社会学者ベックが指摘していたような、リスクをコントロールしようとして新たなリスクを作り出してしまうといった、後期近代のリスク社会の問題のプロト・タイプが見て取れよう（Beck 1986）。しかし、富の配分とリスクの配分とは異なる次元の問題としたベックの見解とは異なり、エコ・マルクス主義的観点から見れば、生態学的危機といった後期近代のリスクの問題は、資本主義の問題と切っても切り離すことができない関係にある。その観点からすれば、先のチャクラバルティの人新世論は、逆に、生態学的危機の問題と資本主義の問題とを別次元のものであると両者の関係を切り離してしまっている点において、大きな過ちを犯していると言えよう。

ただ、同じように地球環境危機の主要因として資本主義に焦点を当てるエコ・マルクス主義の系統の中でも、マルクスのテクスト（特に労働価値説）に忠実であろうとする「物質代謝亀裂（metabolic rift）」学派のフォスターらの議論と、ウォーラーステインの（流通主義的視角の）世界システム論の延長線上に「世界エコロジー（world ecology）」論を展開するムーアらの議論（Moore 2014）では、かなり大きな違いがあり、両者の間では激しい論争が起きている（Malm 2018: 177–79）。「人間と自然（humanity *and* nature）」という枠組みを乗り越えて「自然の中の人間（humanity-in-nature）」という捉え方、つまり自然と社会とが互いに相互作用をするという二元論を超えて生命の網における人間という見方を主張するムーアからすれば、フォスターらの議論は、依然として人間と自然といったデカルト的二項図式に陥っているということになる（Moore 2015: 75–76）。一方で、フォスターらによれば、ムーアは単に安価な自然の終焉という面だけ見て、地球システムの危機をサプライサイドの危機に矮小化しているだけではなく、自然一元論に回帰することでマルクスの革命的エッセンスを放棄して、ラトゥールらと同様、事実上、資本主義のイデオロギーに適応・同化してしまっているということになる（John Bellamy Foster and Angus 2016）。

マルクスのテクストにいかに忠実に沿って議論を展開しているかを基準にして論敵の議論が原テクストから逸脱しているとするフォスターらの教条主義的批判は全面的に支持し得るものとは言えない。しかし、同じくエコ・マルクス主義の立場から蒸気機関の発明に端を発するカーボン・サイクルが地球温暖化に与えた大きな影響をあらためて整理した大著『化石の資本（Fossil Capital）』などを公刊し、「資本新世」という造語を最初に使ったアンドレアス・マルムが、フォスターらの立場を擁護しながら、「ムーアの主張は、ラトゥールのアクター・ネットワーク論、ハラウェイのサイボーグ論、ブライドッティのニュー・マテリアリズム（新唯物論）論などに通じるハイブリッド主義で、結局のところ、分析を不可能にする解体主義（dissolutionism）に陥っている（Malm 2018: 186–87）」といった批判を展開しているのは、傾聴に値しよう。(8) 同様に、技術・機械に焦点を当てながら世界システム論と（人間・環境関係を含む）地球システム論の統合的分析を試みている人類学者のアルフ・ホルンボルグもまた、ムーアの著作に対して、「ハラウェイの著作（*Staying with the Trouble: Making Kin in the Chthulucene*）などと同様、地球環境についての危機感は表明しているものの、ポスト・ヒューマニズム思想のジャーゴンなどで煙に巻きながら単にデカルト的主客二元論や〈自然／文化〉二元論を批判するだけで、分析に必要な分節化とともに明晰な分析そのものを放棄してしまっている」といった趣旨の厳しい批判を加えている（Hornborg 2017）。

確かに、言語論的転回を受けて構成主義（構築主義）的見方が「自然を社会に還元する形で」唯名論的主張を展開してきたことに対する反動の形で台頭してきた新唯物論的見方は、「社会を自然に還元する形で」新しい議論を展開しているかのように見えて、実はモノに対するフェティシズムに陥り、モノの背後にあるヒトのヒトとの権力問題が見えにくくなっているといえるかもしれない（Malm 2018: 148–49）。また「モノに意思がないにも関わらず、モノに人間と同様のアクター的な役割を想定する一元論的新唯物論は、ネットワーク内における人間の特殊性（human-dinstinctiveness-within-networks）をあえて軽視しているため、新唯物論に立脚した反人間中心主義は、人間が引き起こしている環境破壊に対する我々の責任について真剣に検討することを妨げる形にもなっている」というのが、一元論的ポスト・ヒューマニズム論に対して違和感をもった人たちの意見が一致するところだ（Hamilton 2017: 98–99）。ラトゥールらの新唯物論的アプローチは、結局のところ、マイクロ・ポリティクスに注意を払うあまり、マクロ・ポリティクスの全体的構図、特にグローバル資本主義の問題を見えにくくさせているといった批判も、そうした問題の一断面を捉えたものと言えよう（Koddenbrock 2015）。

さらに言えば、自らが自らを人間であると認識する者である以上、人間中心主義から完全に脱却することは不可能であろう。それは、マルクスの分析についても言えることで、「マルクスは物質代謝という観点から自然環境に関心をもったが、結局のところ人間にとっての使用価値という観点からしか自然に興味を抱かなかった」というティモシー・モートンの批判はむべなるかなである（Morton 2016: 26）。確かにマルクスは人間中心主義についての問題意識をいささか欠いていたであろうが、問題は、人間中心主義の度合いであろう。人間中心主義という制約を完全に取り払うことができない以上、人間／（人間以外の）自然という分節化を脱構築することも至難であり、できうることは、他者としての人間以外の自然に対して暴力的、搾取的である「強硬な人間中心主義」を、自然の中に人間を特権的でない形で位置づける「穏健な人間中心主義」にしていくことであろうか。

（8）　確かに、構成主義（新唯名論）から新唯物論への振れという現象を見ていると、それは、ちょうど、ヘーゲルからフォイエルバッハを経てマルクスへという流れと類似しているように見える。背景には、資本主義の矛盾という現実の露出、顕在化があり、その現実への理論的応答として、唯物論的転回（material turn）が起きた、ないしは起きているということであろうか。しかし、新唯物論を展開している者の多くは、依然としてマルクス主義（史的唯物論）と距離を保ちグローバル資本主義の問題に正面から踏み込めていないようにみえる。例えば、ラトゥールは、不平等の高まり、反移民の右翼ポピュリズムの台頭、そして気候変動仮説の否認が三位一体の世界的現象であるとまで指摘しながら、その背後にあるグローバル資本主義の問題について、なぜ言及しないのかが不思議である。Bruno Latour, *Down to the Earth: Politics in the New Climatic Regime*, trans. Catherine Porter (Cambridge: Polity, 2017b).

くことであろう。それは、環境思想の流れで言えば、人間以外の自然を利用価値としてしか見ない功利主義的環境観や、その環境観を維持したままで自然の保全を技術的に追求しようとする環境主義（environmentalism）から、A・レオポルドの「土地倫理（the land ethic）」をプロト・タイプとするような、人間以外の自然に倫理的平等性を認めようとするディープ・エコロジー、ないしはエコロジー主義（ecologism）への転換とも言える（Dobson 2007）。

人間中心主義を超える批判的安全保障の可能性について考察した論攷の中で、国際関係論研究者のオードラ・ミッチェルは、強い人間中心主義を、人間以外のモノを人間にとっての利用価値でしかみない道具主義であるとし、それに対して、道徳的共同体を拡張し人間以外のモノに対する危害を人間に対する危害と同じようにみなすような考え方、または人間以外のモノに内在的価値を認めるような考え方を弱い人間中心主義として対比させている。その上で、彼女は、後者の弱い人間中心主義を、オブジェクト指向存在論のラディカルな脱人間中心主義と並ぶ、ないしは、それよりも現実的なオルタナティブの選択としてあげている（A. Mitchell 2014）。ここでいう「穏健な人間中心主義」とは、そうした弱い人間中心主義とほぼ同じものである。ウィリアム・コノリーが言うところの（人間と人間以外の生物・モノが）「絡み合ったヒューマニズム（entangled humanism）」というのも、それに近いと思われるが、オブジェクト指向存在論を前提に弱い人間中心主義を再構想したものと言ってよいだろうか（Connolly 2017: *passim*）。

いずれにせよ、ガイアの破局的危機を避けるためには、「強硬な人間中心主義」から「穏健な人間中心主義」へと切り替えていく必要があるが、そのためには、現状に関する正確な分析が必要であって、そのためにも、文化と自然といったカテゴリーの揺らぎは当然の前提としながら、その間の入れ子構造的な複雑な関係を腑分けしていく必要がある。マルムの言い方を借りるならば、二項図式は、分析のために有用で価値があり（Malm 2018: 185-885）、脱構築をしながらカテゴリーそのものを捨て去れば良いというものではないということになる。もちろん、論敵を単純な一元論と決めつけて自分自身の認識枠組みを旧態依然の〈人間／自然〉の二項図式に事実上退行させてしまうことにも注意が必要だが、特に人間と自然との関係を解き明かしていくということであれば、（アクター・ネットワーク論のような）脱構築的一元論に帰着させずに、二つの間の入れ子構造的な相互作用関係の背後にある資本主義の問題をきちんと見るべきであろう。

最後に、やはりマルクスの物質代謝論自体は一九世紀の学問的知見に基づくものであり時代的制約というものは考慮しなければならないし、その後の新しい科学的知見を取り込みながら議論を再構成していく必要があろう。現在、生命現象の特質としては、システムを構成する多数の分子素子がダイナミックな離合集散を通じて秩序構造を形成し外的環境との相互作用を行いつつ自律的に時間発展していくことなどが挙げられるが、その進化過程において生物体と環境因子の総和であるニッチ（nitche）との相互作用（選択圧／ニッチ構築）の果たす役割に注目されるようになっている（Odling-Smee et al. 2003）。人新世の絡みでも、人間が（N時限超空間の）環境因子に及ぼす（森林・草地の農地への転換、都市空間の構築や大量の廃棄物投棄などの）ニッチ構築活動が、生態系を大きく改変することにつながり、それが結果的に個々の生物の存続を危うくするような事態（生物多様性の危機）が招来されるなど、不可逆的な生態系全体の変容をもたらしたことなどが議論されている（Boivin et al. 2016）。その意味では、動植物の家畜化・栽培化が果たした役割・影響も無視できず、人新世の初期段階は、家畜化・栽培化が世界同時に行われるようになる紀元前一万年前後に始まっていたという意見もある（Smith and Zeder 2013）。

しかし、繰り返しになるが、気候変動に代表されるようなニッチ構築活動を通じた不可逆的な地球システムの破壊という問題の起点は、やはり一九世紀半ばの産業革命以降ということになろう。このニッチ構築活動を通じた不可逆的な地球システムの破壊、つまり、「物質代謝の深刻な亀裂」が地球規模で展開することまでは、マルクスも予見できなかったことである。ある意味で、人間と環境との間の物質代謝のやりとりが、共進化的に進行していくことで、人間による過剰なニッチ構築活動の副産物（二酸化炭素に限らず、核廃棄物を含む有害廃棄物、プラスチック・ゴミなど）が、人間自身に対する選択圧として作用し、種としての生存の危機さえもたらすようになったといえよう。換言すれば、人間を含む無数の生物によるニッチ構築活動によって形成されてきた、比喩的な意味での「地球生命体（ガイア）[9]」が、人間の過剰な構築活動によって、その定常的開放系（ホメオスタシス・システム）の均衡をもはや維持できなくなっているということである。そうした人間による過剰なニッチ構築活動の主たる駆動モーターが、グローバル資本主義であることは、先に述べた通りである。

4　反・再帰性の政治――右翼ポピュリズムと気候変動説否認の連動

生態学的危機が現代資本主義の問題と深く結びついていることに関連して見逃すことができないこととして、右翼ポピュリズム、新保守主義勢力による人為的気候変動説の否認の動きがある。実際、ブラジルで二〇一九年、右翼ポピュリズムを背景に誕生したボルソナーロ政権は、ボルソナーロ自身の「何の役にもたっていないアマゾンは外国に売り払えばいい」といった発言に象徴されるように、森林保護より開発を優先する政策を鮮明にし、アマゾンの乱開発に拍車がかかり森林の消失面積が八割増加するなど深刻な問題となっている。[10]

（9）　ここでは、論争的なラブロックの「ガイア仮説」を支持するというよりは、ガイアを擬似生命系ともいうべき自己組織的なシステムに近い定常的開放系を表す比喩的表現として使用している。ラブロックが、比較惑星学的な観点から地球システムの特異性をガイア（地球生命系）として捉えたことはいささか踏み込みすぎた観があり科学界は厳しい批判に晒されたが、無数の生物とそれらによるニッチ構築活動が織りなすシステムが全体として地球生命系であるかのように（エントロピーが一定の）ホメオスタシスを維持しているようにみえるという見方自体は少なくとも誤っていないであろう。J.E. Lovelock, *The Vanising Face of Gaia: A Final Warning* (New York: Basic Books, 2009). ガイア仮説に対する科学的批判の総括については次の文献を参照。T. Tyrell, *On Gaia: A Critical Investigation of the Relationship between Life and Earth* (NewJersey: Princeton University Press, 2013).

こうした事態を受けてか、エコ・マルクス主義の論客からは、「資本主義の問題から目を逸らし続け気候変動を引き起こしている社会経済的ダイナミクスを正しく理解していない」（Malm 2018: 147-49）と批判されるラトゥールでさえ、今や、規制緩和的グローバリゼーション、不平等の劇的悪化、そして気候変動の存在を否認する体系的動きが、お互いに深く関連しあいながら同時代的に起きている現象であることを指摘しているようになっている（Latour 2017b: 1）。それほどに、現在のネオリベラルな資本主義と気候変動とは密接不可分な問題になってきているともいえよう。ある意味で、反移民などを掲げる右翼ポピュリズムと気候変動説否認の体系的動きは、ネオリベラルな資本主義の矛盾の表出現象であろうが、特に、気候変動仮説否認の動きについては、例えばジャーナリストのナオミ・クラインなども指摘しているオイル・メジャーなどの既得権益集団による情報操作（シンク・タンクによる気候変動否定説の対抗運動）などの政治経済学的力学に加えて（Brulle 2014; Klein 2014）、その社会心理学的メカニズムについても注意を払う必要があろう。最近の認知心理学や行動経済学などにおける指摘にあるように、人間の合理性には限界があり、その認識、意思決定や行動選択に際しては、さまざまなバイアス性（ピア・プレッシャーによる同調圧力、自らの信条体系に合致しない事実を頑なに拒否するバックファイア効果、将来の期待利得のディスカウント率はより未来になればなるほど高くなるような短期的・近視眼的選好［別の見方をすると未来の世代への負の遺産を過小評価する傾向］等）があるという点は、あらためて確認しておくべきかと思われる。

人類は決して同質的な集団ではなく、それぞれの立場から異なる認知図式をもっており、それぞれの異なったヒューリスティックス[11]を通じて、気候変動に対しても大きく違った態度をとることになり、気候変動問題自体が、それぞれの信条をかけて争う場となっている（Hulme 2009）。特に、欧米先進諸国における保守主義的態度と気候変動についての懐疑ないし否認との連関については実証的研究で既に確認されているところである（Hornsey et al. 2016）。気候変動説の否認は、自身のアイデンティティを支えるところの信条・信念体系（イデオロギー的フィルター）に照らし合わし、それに合致しない場合に選択されるといった、一種の文化的バイアスがかかった認知心理の結果である（Hoffman 2015; Kahan 2012）。例えば、アメリカ政治の文脈で言えば、共和党支持者であれば、「環境保護主義者（緑）は政府の介入主義を推し進めるカモフラージュした社会主義者・共産主義者（赤）であり、彼ら彼女らの主張する地球温暖化説など信用できず、むしろ、地球温暖化を口実に彼ら彼女らは社会主義化を目論んでいるのだ」といった見解をとることが多い。それは、言い換えると、同じ政治的部族に属する者の言うことは信じることができるが、敵対する部族に属する者の言うことは信用できないという図式といってよい。

（10）「火災・伐採　縮むアマゾン　ブラジル政権は開発優先　消失面積8割増」『朝日新聞』二〇一九年八月二四日朝刊

（11）困難な質問に対して適切ではあるが往々にして不完全な答を見つけるための単純な手続き。「見つけた」を意味するユーレカを語源に持つ。

そうした排他的な右翼ポピュリズムの勢いが増すと、都合の悪い事実を無視ないし否認する傾向が一層強くなり、ウルリッヒ・ベックが指摘したようなリスク社会の側面（Beck 1986）、つまり自己加害的な「近代の再帰性」のメカニズムを否認する、反・再帰性（anti-reflexivity）の姿勢にまで至ることになる（McCright and Dunlap 2010）。反・再帰性の特徴は、自らの意思決定、行動に伴って引き起こされうるリスクを無視ないしは過小評価するところだろう。気候変動の否認といったリスクの過小評価を行う心理学的メカニズムとしては、自らのアイデンティティの一貫性を崩しかねない、つまり感情を掻き乱されるような事象は見たくないということもあろう（Norgaard 2011）。日々の目の前の変わらぬ日常生活と（地理的にも世代的にも）遠くの恐ろしいこととを分けて考えるような形で、つまりダブル・リアリティーを生きることで、地球温暖化を事実上、否認し続けるという場合もあろう。いずれにせよ、自らの存在論的セキュリティ（ないしは信条体系に根ざした安定的なアイデンティティ）を守るという心理的防御が働くことによって、都合の悪い真実に注意が振り向けられないといった側面は否定できないであろう。

加えて、反移民の右翼ポピュリズムと同様に、グローバリゼーションに対する反発としての再領土的な排除的アイデンティティ・ポリティクス特有の短期的、近視眼的な反応が、地球温暖化説否認の運動へともつながっていき、コスモポリタン的なエコロジカル・アイデンティティの実現に際しての大きな障壁になっているということもあろう。換言すれば、コスモポリタン的なエコロジカル・アイデンティティの政治の担い手は、排他的右翼ポピュリズムからすれば、ネオリベラルなグローバル・エリートと同様の敵として認知されているともいえよう。

ただ、そうした社会心理学的メカニズムの背後には、当然、抽象的なイデオロギー、信条体系の問題体系だけではなく、それとも密接な利害関心の問題があることは、繰り返し指摘しておく必要があるだろう。端的に言って、自らの既得権益を脅かす者こそ、気候変動説を支持し二酸化炭素削減を唱える環境保護論者たちであり、だからこそ、それに対抗して組織的な気候変動説否認の運動が展開されることになるのである（Dunlap and McCright 2011; Singer 2019: 94-129）。その際に、地球温暖化仮説を否認する側が、特に強調する点は、「不確実性」である。特に今まで起きたことがない事象についての不確実性の問題は、過去にデータが蓄積されていない以上、統計的手法によるリスク評価はできないため、利害関心が予測のバイアスに強く影響する結果となる。カーボン・サイクルを速く回すことで資本蓄積を押し進めることに既得権益を有するエリートたちは、気候変動といった地球的規模での「物質代謝の裂け目」のリスクを当然のように過小評価することになる。加えて、先にも触れた通り、ベックの見立てと違って、リスク（気候変動の被害）もまた、富と同じく不平等に配分される傾向にあり、そのことが、さらにエリートたちのリスク過小評価につながっていくことになる。

5　類としての人間を分割する資本の論理を超えて

現在、人間と人間以外の生物との関係性が、共倒れのような形で、生物多様性の危機を含め、地球システムがエネルギー／エントロピーのフローにおいて定常的安定性崩壊の方向へと向かっているとすれば、人間社会には、自らの責任において、その趨勢をくい止める必要があるだろう（Hamilton 2017: 98）。しかし、本論でも述べたように、人類という均質的なエージェンシーがあるわけではない。人間社会そのものが、さまざまなアクターから構成されており、その中の支配・権力関係が、人間／自然の支配・権力関係を規定している以上、（例えばチャクラバルティのように）類としての人類というレベルに目を奪われてしまっては、問題の本質を見失ってしまうことになる。特に気候変動といった「物質交換における裂け目」といった「近代の再帰性」の問題に向かいあわないといけない時、その再帰性そのものから目を逸らして、ひたすら強硬で排他的な人間中心主義を推し進める政治勢力に対抗して、再帰性の問題に対して注意を喚起しながら、生活様式から世界認識のあり方を変革する運動が必要とされている。貧富の格差が、環境問題のリスクに晒される危険性の大小と相関している傾向がある以上、なお一層、貧困層は、富裕層の「自然」保全主義とは異なる環境的正義の問題を視野に入れたエコロジー主義（ないしは環境主義）の立場にたたざるをえなくなる（Martinez-Alier 2002）。その意味で、環境運動のフロントは、資本主義との闘いの前線にもなっているのである。

結局のところ、人間は人間である以上、自らの人間中心主義を克服することはできない。しかし、人間以外の生物、モノなどによって構成されたアクター・ネットワークに埋め込まれた人間（human-in-nature）といった、自己相対化を通じた反省的考察をすることで、少なくとも、例えば人為的地球温暖化（近代の再帰性そのもの）を否認する右翼ポピュリズム政治のような、極度で強硬な人間中心主義（自己中心主義）を克服することはできるかもしれない。だが、問題の展開の行方は、やはり、人間社会の中における、そうした認識論的転回をめぐる、つまり〈人間／自然〉のあり方をめぐるヘゲモニー争いの帰趨にかかっている。それは、気候変動という地球規模での「物質的代謝の裂け目」を修復するための闘い、またはカーボン・サイクルを速く回し続けるグローバル資本主義というモーターを止めるための闘いでもあろう。その意味では、ナオミ・クラインが著作のサブ・タイトルを「資本主義 vs. 気候」としたのは、的を射たものといえよう。

エコ・マルクス主義の研究者らが指摘する通り、「共有地の悲劇（the tragedy of commons）」問題とされてきた環境問題は実のところ「［自然の］商品［化］の悲劇（the tragedy of commodity）」問題であるということなのであろう（Longo et al. 2015: 44-46）。「自然」の商品化に伴う生態系危機の回避如何は、反再帰的で排他的な人間中心主義と再帰的で包摂的な人間中心主義（コノリーの言う「絡み合ったヒューマニズム」）との間のヘゲモニー闘争の帰趨にかかっていると言ってよい。換言すれば、比喩としての地球生命体（ガイア）を維持できるか否かは、視野狭窄的で排他的な人間中心主義からの脱却を目指しつつ、類としての人間を分割する資本の論理、その矛盾の発露である「新しいファシズム」を超えていくような批判的ポスト・ヒューマニズムの思想・運動の成否にかかっているといって過言ではないだろう。

参考文献

斎藤幸平（2019）『大洪水の前に――マルクスと惑星の物質代謝』堀之内出版

篠原雅武（2018）『人新世の哲学――思弁的実在論以後の「人間の条件」』人文書院

Alaimo, Stacy（2017）, 'Your Shell on Acid: Material Immersion, Anthropocene Dissolves', in Richard Grusin（ed.）, *Anthropocene Feminism*（Minneapolis: University of Minnesota Press）, 89–120.

Archer, David（2010）, *The Global Carbon Cycle*（New Jersey: Princeton University Press）.

Beck, U.（1986）, *Risikogesellschaft*（Frankfurt am Main: Surhkamp（東廉、伊藤美登里訳『リスク社会――新しい近代への道』法政大学出版局、一九九八年））.

Boivin, Nicole L., et al.（2016）, 'Ecological consequences of human niche construction: examining long-term anthropogenic shaping of global species distributions', *Proceedings of the National Academy of Sciences of the United States of America*, 113(23), 6388–96.

Bonneuil, Christophe and Jean-Baptiste Fressoz（2016）*L'événement Anthropocéne: la tenne, l'histoire et nous*（Paris: Éditions du Seuil（野坂しおり訳『人新世とは何か――〈地球と人類の時代〉の思想史』青土社、二

〇一八年）
Braidotti, Rosi (2013), *The Posthuman* (Cambridge: Polity Press（門林岳史監訳『ポストヒューマン――新しい人文学に向けて』フィルムアート社、二〇一九年）).
Brukett, Pauk (2014), *Marx and Nature: A Red and Green Perspectives* (Chicago: Haymeket Books).
Brulle, Robert J. (2014), 'Institutionalizing delay: foundation funding and the creation of U.S. climate change counter-movement organizations', *Climate Change*, 122(4), 681-94.
Burke, Anthony, et al. (2016), 'Planet Politics: A Manifesto from the End of IR', *Millennium*, 44(3), 499-523.
Chakrabarty, Dipesh (2009), 'The Climate of History: Four Theses', *Critical Inquiry*, 35(2), 197-222.
―― (2012), 'Postcolonial Studies and Climate Change', *New Literary History*, 43(1), 1-18.
―― (2014), 'Climate and Capital: On Cojoined Histories', *Critical Inquiry*, 41(1), 1-23.（坂本邦暢訳「気候と資本――結合する複数の歴史」『思想』二〇一八年三月号）
―― (2015a), 'The Anthropocene and the convergence of histories', in Clive Hamilton, Christophe Bonneuil, and François Gemenne (eds.), *The Anthropocene and the Global Environmental Crisis* (London: Routledge), 44-56.
―― (2015b) *The Human Condition in the Anthropocene* [online text], Yale University 〈https://tannerlectures.utah.edu/Chakrabarty%20manuscript.pdf〉
―― (2016), 'Whose Anthropocene?　A Response', in Robert Emmett and Thomas Lekan (eds.), *Whose Anthropocene?　Revisiting Dipesh Chakrabarty's "Four Theses"* (München: Rachel Carson Center for Environment and Society), 103-13.
―― (2018a), *The Crises of Civilization: Exploring Global and Planetary Histories* (New Delhi: Oxford University Press).

—— (2018b), 'Planetary Crises and the Difficulty of Being Modern', *Millennium*, 46(3), 259–82.

Chandler, David (2018), *Ontopolitics in the Anthropocene: An Introduction to Mapping, Sensing, and Hacking* (London: Routledge).

Chandler, David, Cudworth, Erika, and Hobden, Stephen (2018), 'Anthropocene, Capitalocene and Liberal Cosmopolitan IR: A Response to Burke et al.'s 'Planet Politics'', *Millenium*, 46(2), 190–208.

Ciplet, David, Roberts, J. Timmons, and Khan, Mizan R. (2015), *Power in a Warming World: The New Global Politics of Climate Change and the Remaking of Environmental Inequality* (Cambridge, Mass.: The MIT Press).

Connolly, William E. (2017), *Facing the Planetary: Entangled Humanism and the Politics of Swarming* (Durham: Duke University Press).

Crutzen, Paul J. (2002), 'Geology of Mankind; The Anthropocene', *Nature*, 415, 23.

Descola, Philippe (2013), *The Ecology of Others*, trans. Geneviève Godbout and Benajamjin P. Luley (Chicago: Prickly Paradigm Press).

—— (2014), *Beyond Nature and Culture*, trans. Janet Lloyd (Chicago: The University of Chicago Press).

Dobson, Andrew (2007), *Green Political Thought* (Fourth edn.; London: Routledge).

Dunlap, Riley E. and McCright, Aaron M. (2011), 'Organized Climate Change Denial', in John S. Dryzek, RIchard B. Norgaard, and David Schlosberg (eds.), *The Oxford Handbook of Climate Change and Soceity* (Oxford: Oxford University Press), 144–59.

Emmett, Robert and Lekan, Thomas (eds.) (2016), *Whose Anthropocene? Revisiting Dipesh Chakrabarty's "Four Theses"* (RCC Perspectives, Munich: Rachel Carson Center).

Fishel, Stefanie, et al. (2018), 'Defending Planet Politics', *Millenium*, 46(2), 209–19.

Foster, John Bellamy (2000), *Marx's Ecology: Materialism and Nature* (New York: Monthly Review Press (渡辺景子訳『マルクスのエコロジー』こぶし書房、二〇〇四年)).

Foster, John Bellamy and Angus, Ian (2016), 'In Defense of Ecological Marxism: John Bellamy Foster responds to a critic', *Climate & Capitalism*. 〈https://climateandcapitalism.com/2016/06/06/in-defense-of-ecological-marxism-john-bellamy-foster-responds-to-a-critic/〉.

Foster, John Bellamy and Burkett, Paul (2016), *Marx and the Earth: An Anti-Critique* (Chicago: Haymarket Books).

Foster, John Bellamy, Clark, Brett, and York, Richard (2010), *The Ecological Rift: Capitalism's War on the Earth* (New York: Monthly Review Press).

Hamilton, Clive (2017), *Defiant Earth: The Fate of Humans in the Anthropocene* (Cambridge: Polity).

Harari, Yuval N. (2014), *Sapiens: a brief history of humankind* trans. John Purcell and Haim Watzman (London Vintage (柴田裕之訳『サピエンス全史（上下）』河出書房新社、二〇一六年)).

Haraway, Donna J. (2008), *When Species Meet* (Minneapolis: University of Minnesota Press (高橋さきの訳『犬と人が出会うとき——異種協働のポリティクス』青土社、二〇一三年)).

—— (2016), *Staying with the Trouble: Making Kin in the Chthulucene* (Durham: Duke University Press).

Hardt, Judith Nora (2018), *Environmental Security in the Anthropocene: Assessing Theory and Practice* (London: Routledge).

Harrington, Cameron and Shearing, Clifford (2017), *Security in the Anthropocene: Reflections on Safety and Care* (Bielefeld: transcript Verlag).

Heede, Richard (2014), 'Tracing anthropogenic carbon dioxide and methane emissions to fossil fuel and cement producers, 1854-2010', *Climate Change*, 122 (1-2), 229-41.

Hoffman, Andrew J. (2015), *How culture shapes the climate change debate* (Stanford: Stanford University Press).

Hornborg, Alf (2017), 'Dithering while the planet burns: Anthropologists' approaches to the Anthropocene', *Reviews in Anthropolocy*, 45 (2-3), 61-77.

Hornsey, Matthew J., et al. (2016), 'Meta-analyses of the determinants and outcomes of belief in climate change', *Nature Climate Change*, 6, 622-26.

Howe, Joshua P. (2014), *Behind the Curve: Science and the Politics of Global Warming* (Seattle: University of Washington Press).

Hulme, Mike (2009), *Why we disagree about climate change: Understanding controversy, inaction and opportunity* (Cambridge: Cambridge University Press).

Incropera, Frank P. (2016), *Climate Change: A Wicked Problem Complexity and Uncertainty at the Intersection of Sciences, Economics, Politics, and Human Behavior* (Cambridge: Cambridge University Press).

Jameson, Frederic (2003), 'Future City', *New Left Review*, 21, 65-79.

Kahan, Dan M. (2012), 'Cultural Cognition as a Conception of the Cultural Theory of Risk', in S. Roeser, et al. (eds.), *Handbook of Risk Theory* (2; New York: Springer Publishing), 725-59.

Klein, Naomi (2014), *This Changes Everything: Capitalism vs. The Climate* (New York: Simon & Schusterb (幾島幸子、荒井雅子訳『これがすべてを変える——資本主義 vs. 気候変動（上下）』岩波書店、二〇一七年)).

Koddenbrock, Kai Jonas (2015), 'Strategies of critique in International Relations: From Foucault and Latour towards Marx', *European Journal of International Relations*, 21(2), 243-66.

Latour, Bruno (1997), *Nous n'avons jamais été modernes: essai d'anthropologie symétrique* (Paris: Découverte

(川村久美子訳『虚構の「近代」――科学人類学は警告する』新評論、二〇〇八年)).
—— (2004), *Politics of Nature: How to Bring the Sciences into Democracy* (Cambridge, Mass.: Harvard University Press).
—— (2017a), *Facing Gaia: Eight Lectures on the New Climate Regime*, trans. Catherine Porter (Cambridge: Polity).
—— (2017b), *Down to the Earth: Politics in the New Climatic Regime*, trans. Catherine Porter (Cambridge: Polity).
LeCain, Timothy James (2015), 'Against the Anthropocene: A Neo-Materialist Perspective', *International Journal for History, Culture and Modernity*, 3(1), 1–28.
Levin, Kelly, et al. (2012), 'Overcoming the tragedy of super wiked problems: constraining our future selves to ameriolate global change', *Policy Sciences*, 45(2), 125–52.
Longo, Stefano B., Clausen, Rebecca, and Clark, Brett (2015), *The Tragedy of the Commodity: Oceans, Fisheries, and Acquaculture* (New Brunswick: Rutgers University Press).
Lovelock, J. E. (2009), *The Vanising Face of Gaia: A Final Warning* (New York: Basic Books).
Malm, Andreas (2016), *Fossil Capital: The Rise of Steam Power and the Roots of Global Warming* (London: Verso).
—— (2018), *The Progress of This Storm: Nature and Society in a Warming World* (London: Verso).
Martinez-Alier, Joan (2002), *the Environmentalism of the Poor: A Study of Ecological Conflicts and Valuation* (Northampton, MA: Edward Elgar).
Marx, Karl (1997 (original 1866)), *Das Kapital* (資本論翻訳委員会訳『資本論　第1巻～第三巻』新日本出版社).

McCright, Aaron M. and Dunlap, Riley E. (2010), 'Anti-reflexivity: The American Conservative Movement's Success in Undermining Climate Science and Policy', *Theory, Culture & Society*, 27 (2-3), 100-33.

McKibben, Bill (1989), *The End of Nature* (New York: Random House (鈴木主税訳『自然の終焉』河出書房新社、一九九〇年)).

Meyor, John M. (2016), 'Politics *in*--but not of--the Anthropocene', in Robert Emmett and Thomas Lekan (eds.), *Whose Anthropocene? Revisiting Dipesh Chakabarty's "Four Theses"* (München: Rachel Carson Center for Environment and Society), 47-54.

Mitchell, Audra (2014), 'Only human? A world approach to security', *Security Dialogue*, 45(1), 5-21.

Mitchell, Timothy (2011), *Carbon democracy: political power in the age of oil* (London: Verso).

Moore, Jason W. (2014), 'Introduction: World-Ecological Imaginations', *Review* (*Fernand Braudel Center*), 37 (3-4), 165-72.

—— (2015), *Capitalism in the Web of Life: Ecology and the Accumulation of Capital* (London: Verso).

—— (ed.), (2016), *Anthropocene or Capitalocene? Nature, History, and the Crisis of Capitalism* (Oakland, CA: PM Press).

Morton, Timothy (2016), *Dark Ecology: For a Logic of Future Coexistence* (New York: Columbia University Press).

Nixon, Rob (2011), *Slow Violence and the Environmentalism of the Poor* (Cambridge, Mass.: Harvard University Press).

Norgaard, K. N. (2011), *Living in denial: Climate Change, Emotions, and Everyday Life* (Cambridge, Mass.: The MIT Press).

Odling-Smee, F. John, Laland, Kevin N., and Feldman, Marcus W. (2003), *Niche Construction: The Neglected*

Process in Evolution (New Jersey: Princeton University Press (佐倉統、山下篤子、徳永幸彦訳『ニッチ構築――忘れられていた進化過程』共立出版、二〇〇七年)).
Ruddiman, William F. (2007), 'The Early Anthropogenic Hypothesis: Challenges and Responses', *Reviews of Geophysics*, 45, 1-37.
Ruse, Michael (2013), *The Gaia Hypothesis: Science on a pagan planet* (Chicago: The University of Chicago Press).
Singer, Merrill (2019), *Climate Change and Social Inequality: The Health and Social Costs of Global Warming* (London: Routledge).
Smil, Vaclav (2013), *Harvesting the Biosphere: What we have taken from Nature* (Cambridge, Mass.: MIT Press).
Smith, Bruce D. and Zeder, Melinda A. (2013), 'The Onset of the Anthropocene', *Anthropocene*, 4, 8-13.
Soper, Kate (1995), *What is nature? Culture, Politics and the non-Human* (Oxford: Blackwell).
Stengers, Isabelle (2015), *In Catastrophic Times: Resisting the Coming Barbarism*, trans. Andrew Goffey (Lüneburg: Open Humanities Press).
Tyrell, T. (2013), *On Gaia: A critical investigation of the relationship between life and earth* (NewJersey: Princeton University Press).
White, Lynn (1968), *Machina ex deo* (Cambridge, Mass.: The MIT Press (青木靖三訳『機械と神――生態学的危機の歴史的起源』みすず書房、一九九九年)).
Žižek, Slavoj (2010), *Living in the End Times* (London: Verso).

第2章　動物論的転回の倫理と政治

「私たちの倫理規範は人間と動物とは別のものだと見なしている。現代においてジェノサイドを引き起こした当事者は、殺戮を正当化するために被害者をいつも動物になぞらえようとする。ナチスはユダヤ人を人間以下の「シラミ」だと見なし、アルジェリアに入植したフランス人は地元のイスラム教徒を「ネズミ」と呼んだ。ボーア人（南アフリカに入植したオランダ人の子孫）はアフリカ人を「ヒヒ」と言っていた。アメリカ人はアメリカ・インディアンの扱いを正当化するために、こうした三つの言い訳のすべてを用いた。」（ジャレド・ダイアモンド『若い読者のための第三のチンパンジー――人間という動物の進化と未来』より）

二一世紀に入って、シンガーらの動物権利論やアガンベンやデリダらの人間‐動物政治論などにも触発される形で、動物問題（the animal question）が倫理学・哲学等で活発に議論されるようになるだけではなく（Cavalieri 2001）、動物福祉等の観点から具体的な公共政策論としての動物政策についても議論がされるようになってきている（Smith 2012）。そうした流れの中で、学際的な批判的動物研究（Critical Animal Studies、以下 CAS）という新たな研究フィールドが切り拓かれてきており（McCance 2013; Taylor and Twine 2014）、その動物論的転回（the animal turn）とも呼ばれる思潮は、政治学や批判的安全保障研究（Critical Security Studies）等にも波及し、特に対テロ戦争を含むグローバル内戦や中東・欧州などにおける難民危機といった文脈における動物化（animalization）[1] の生政治の問題などが議論されるようになってきている。グローバル内戦化に伴う絶対的敵対関係の前景化とそれに伴う敵の非人間化・動物化、またそこから派生している難民・移民の生政治における動物化といった現象は、グローバル・ガバナンスの基調となりつつあるレトリックでは包摂を唱えながら実質的には排除を推し進める「包摂的排除の政治」の矛盾が表出したものともいえよう。

本論攷では、そのような動物化の生政治の問題を念頭におきながら、批判的安全保障研究における「動物問題」のインプリケーションを探っていく。批判的安全保障研究は、ジェンダー、ポスト・コロニアリズム、ポスト構造主義などの角度から「誰のための誰の安全なのか」という問いを投げかけながら、国家安全保障というヘゲモニックな考え方が孕む問題を解き明かすとともに、人間の安全保障などの新しいコンセプトを批判的に導入することなどを通じて安全保障概念の深化ないしは脱構築を試みてきた。しかし、まさに「人間の安全保障」というコンセプトが示しているように、そこで議論される安全とか平和といった問題構成が、あくまで人間中心主義の視座に立ったものであった。地球環境問題などに見られるように、そうした人間中心主義の視座は大きな限界を抱えていることが自覚されるようになってきている。もちろん人間中心主義批判に対しては、人間社会の中においてさえ不平等、差別、抑圧、暴力などの問題が絶えないのに、人間以外の動物などに対して加えられる危害・暴力など考慮する余裕もないし、その必要性もないといったような反論は当然あるだろう。だが、人間の人間以外の動物に対する暴力、また、それを正当化する〈人間／動物〉の分節化の思惟そのものが、例えば、人間社会内の人種差別や暴力などの問題と根幹のところでつながっているとすれば、人間中心主義の問題を無視し続けることはできないであろう。以下、CASの台頭とその背景について概観した上で、そこにおける問題提起を整理しつつ、「境界と暴力の政治」の文脈における「動物問題」の意味について、特にデリダが主題化した動物政治における生殺与奪の優越的な力に基づく主権という問題と絡めながら検討、考察していく。

1　動物化のメタ・ポリティクス

まず、対テロ戦争という文脈において、人間が非人間化（de-humanize）され動物のように扱われ殺されるという事態が生じている、ということがある。アメリカのオバマ大統領（当時）が二

（1）　日本では、例えば、物語消費からデータ消費へと移行する過程での動物化といったように、サブカルチャー分析の文脈で動物化という言葉が使われることがあるが、本論での動物化は、そうした用語法とは関係ない。東浩紀（2001）『動物化するポストモダン――オタクから見た日本社会』講談社現代新書。

〇一六年八月初旬、「シリアやイラクにおけるＩＳの勢力は弱まってきているが、それに伴ってテロの脅威は世界中に拡散している」と述べたように（*Wall Street Journal*, August 4, 2014）、いわゆる対テロ戦争は、遂行すれば遂行するほど、その終わりは見えなくなり世界中に拡散するというパラドキシカルな状況になってきている。結果として、「あらゆるところが戦場（the everywhere war）」という状況になっており（Gregory 2011）、それと共に、その非対称的戦争の彼方（例えばＩＳ支配地域）では、ちょうど鳥インフルエンザに感染したおそれのある鳥を一斉に殺処分するように徹底的な空爆が行われた。一方で、ＩＳ支配地域では、それに応じるように、紛れ込んだ欧米人等を絶対的敵として捕らえ、あたかも生け贄の山羊を葬るように首をナイフで掻き切るようなことが行われた。さらに、そうした内戦状態から逃れた難民たちは、時には動物園内に設置された収容施設に入れられるなど、「動物」なみの扱いを受けている（Vaughan-Williams 2015）。このように、対テロ戦争という名のグローバル内戦の深まりとともに、生政治の一部において「動物化（animalization）」という現象が目立つようになってきている（土佐 2016, 1-15）。また対麻薬戦争の名の下で、フィリピンのドゥテルテ大統領が、「麻薬中毒者は人間ではない」と自らの政権が進める超法規的殺人を正当化する発言をしたように（AFP, August 28, 2016）、包摂的排除のポピュリズムと動物化の政治との共振も目立つようになってきている。

しかし、このような動物化の政治は、振り返って見ると、特に目新しいことではなく、実に様々な歴史的局面で嫌悪すべき暴力を伴って繰り返し立ち現れて来た（Roberts 2008: 61-72）。その極限的なケースはナチス・ドイツによるホロコーストであろうが、ホロコーストという名称自体がユダヤ教で全燔祭において神前に供える獣の丸焼きを意味していたことは、偶然ではなく、まさに動物に犠牲を強いる暴力と（人の）虐殺とが連関していることを暗示していると言ってよい。そのホロコーストという歴史的経験を原点としながら、チャールズ・パターソンという作家は、動物に対する加虐と人間に対する虐殺との連関性、または種差別主義（speciesism）と人種差別主義との類縁性を丁寧に指摘した書『永遠の絶滅収容所（*Eternal Treblinka*）』を著しているが（Patterson 2002）、その中にも引用されているアドルノのアフォリズムは、まさに動物化の政治とジェノサイドとの強い結びつきを鋭く突いている。

「アウシュビッツは、誰かが屠畜場を見て、あれは動物にすぎないと考えるところなら、どこでも始まる。」（Patterson 2002: 88）

関連して、アドルノは、ホルクハイマーとの共著『啓蒙の弁証法』の中における「人間と動物」という一節において、こうした動物化の政治の問題は、ヨーロッパ思想史に通底しているものであることを同時に指摘している。

「ヨーロッパ史の上では、人間の理念は、動物との区別のうちに表現されている。動物には理性がないということで、人間の尊厳が証明される。（中略）理性なき者は言葉を持たない。理性を所有する者は雄弁であり、公然たる歴史をくまなく支配する。地表のすべてのものが人間の栄光を証している。戦争と平和、闘技場と畜殺場とを問わず、原始人たちが初めて計画的に群れをなして徐々に象を死に追いつめることを覚えてから、今日見られるような動物界の完膚なき搾取に至るまで、理性なき生物は、つねに理性［の恐ろしさ］を身に染みて知らされてきた。」(Horkherimer and Adorno 1997 (orig. 1947): 506)

確かに、以下の引用の通り、政治学の原点とされるアリストテレスの『政治学（ポリティカ）』において既に、アドルノらが指摘する人間中心主義的論理の展開、その延長線上にある人種差別主義的論理の展開が明確にみてとれる。

「人間は全ての蜜蜂や全ての群居動物よりも一層政治的動物であるということも明らかである。なぜなら動物のうちで言葉をもっているのはただ人間だけだからである。（中略）言葉は有利なものや有害なもの、従ってまた正しいものや不正なものを明らかにするために存するのである。なぜならこのことが、すなわち独り善悪正邪等々について知覚をもっているということが、他の動物に比べて人間に固有なことであるからである。そして家や（都市）国家を作ることが出来るのは、この善悪等々の知覚を共通に有しているということによってである。」

（Aristotle 1984: 4）（第一巻二章、強調引用者）

「さらにこの（主人が奴隷に対してなすような支配）関係は人間とその他の動物との間においても同様である。なぜなら家畜はその自然が野獣より優れたものだが、しかしこれら家畜の全てにとっても、人間によって支配されることがより善いことだからである。そうされることによって彼らは救いを得るからである。そしてさらに、男性と女性との関係について見ると、前者は自然によって優れたもので、後者は劣ったものである。また前者は支配する者で、後者は支配される者である。そしてこのことは全ての人間においても同様でなければならない。だから、他の人々に比べて、肉体が魂に、また動物が人間に劣るのと同じほど劣る人々は誰でも皆自然によって奴隷であって、その人々にとっては、もし先に挙げた劣れるものにも支配されることの方が善いことなら、そのような支配を受けることの方が善いことなのである。」（Aristotle 1984: 8）（第一巻五章）

言葉・理性を有し魂のある人間とそれをもたない動物との区別を前提に前者が後者を支配するのは当然であるという、こうした論理は、人間社会の中にも導入され、より理知的な者とより動物的で野蛮な者との区別を導出するとともに、前者（すなわち主人）が後者（すなわち奴隷）を支配することが正当化される。問題は、アリストテレスのテキストに見られるような種差別主義と人種差別主義との強いつながりは、たとえ形式上、奴隷が禁止され人種差別主義がタブーとされても、簡単にはなくならないということであろう。先に触れたように、例えば、対テロ戦争という文脈においては、テロリストは非人間化（動物化）され、人間社会内に埋め込まれている種差別主義的な暴力が行使されることになる。逆説的であるが、危害を加える側は、自らを「理性」を有する者と思っているからこそ、動物ないし動物とみなした人間に対する暴力をエスカレートさせることになる。人間性を守るという名目で、たとえば「保護する責任」という名目で人道的軍事介入によって人を殺戮するということが行われるといったことは、その一つの事例であろう（土佐 2017）。つまり原理上、動物に対する種差別主義的な暴力がなくならない限り、それが人間社会内に逆流する危険性は常にあり、人種差別主義的な暴力を廃絶することは困難ということになる。

こうした人間中心主義的な種差別主義的暴力の問題に焦点を当てる見方は、従来の性悪説的なリアリズムないしは動物行動学的な「ベニア説」による暴力問題の捉え方とは着眼点が全く異なるという点は、一応指摘しておいた方がよいであろう。霊長類研究者のドゥ・ヴァールによれば、「ベニア説」とは、人間の道徳性とは、利己的な攻撃衝動を覆う薄いベニア板のようなものであるとする考え方である（de Waal 2013）。ベニア説の前提となっている、人間の本性は完全に利己的であり、正真正銘の思いやりは存在しないとする性悪説的な人間観は、ホッブズを引き合いに出すまでもなく、政治的リアリズムの中核をなすものでもある。その対極に位置するとされるカント的理想主義も、実はベニア板説の延長線上にある。人間の内にある動物性〈本能、感情、野蛮、暴力等〉という問題を「人間的」理性によって制御していくことが、まさに道徳的・歴史的進歩であるという啓蒙主義的考え方は、まさに〈人間／動物〉の分節化のうえになりたっているからである。フロイトの文明論も、文明を本能的なリビドーを抑圧するベニア板のようなものであるとみなしている点で、ほぼ、そうした見方の延長線上に位置づけることができよう。ホッブズをはじめとする政治的リアリズムとカント的理想主義との違いは、理性による制御可能性に対する「信仰」があるかないかの違いにすぎず、人間の内なる「野蛮な動物性」が問題であるとする点では一致していると言える。政治的リアリズムは、その問題をあえて動物的恐怖に訴えることにより力の問題を力で制御する方策を目指しているにすぎない。動物性の問題を動物性の力を借りることによって制御しようとする方策、つまり毒を以て毒を制する方策を目指している政治的リアリズムは、ベニア板の有効性、つまり理性・共感・利他主義というものに懐疑的で、自らの力に自信をあまりもてない人間中心主義の亜流と位置づけることもできよう。それに対してカント的理想主義は、人間に内在する動物性の問題を認めた上で、ベニア板の有効性をより信じる人間中心主義の本流と位置づけることができよう。

しかし、ドゥ・ヴァールは、ボノボ研究等から得た知見を生かし、「動物的＝利己的ないしは攻撃的」という見方は必ずしも正しくなく、人間を含む動物の中に共感、利他主義、社会的協調性や平和的解決志向といった特性を見いだすことができると指摘し、暴力の問題は必ずしも理性によってコントロールできない動物性に起因するものではないという問題提起をしてベニア説を棄却している。ドゥ・ヴァールの問題提起は、批判的動物研究においても、とても重要なインプリケーションをもつ。先に述べたように、アリストテレス以来、ヨーロッパ思想史において、本能的動物は常に理性的人間を構成するための排除項としてあったわけだが、霊長類研究からの知見は、特にデカルトが完成させ長い間支配的であった動物観、つまり動物は魂のない本能に任せた自動機械のようなものであるという考え方を否定するとともに、ネガティブなものとして排除されていた動物性ないしは本能には相互扶助など道徳的にポジティブなものも含まれていることを示唆している（Brentari 2016）。この示唆を敷衍していえば、政治的暴力の問題は、薄い道徳的ベニア板を突き破る本能的な動物性によるものというより、〈人間／動物〉の分節化を前提に動物を排除し続ける「人類学機械」（Agamben 2004（2002））、また道具的「理性」をまじえた暴力の優位性の上に成り立つ人間中心主義によるものということになる。次に、そうした点について、最近の批判的動物研究などの知見を踏まえながら、もう少し詳しく検討してみたい。

2　動物論的転回——動物問題（人間中心主義問題）が提起するもの

今まで述べてきた、人と人の間の暴力・搾取関係の問題は人と動物の間の暴力・搾取関係と密接に関連するという議論は、〈人間／動物〉関係の見直しを迫る側面があるが、ラディカルな立場からすれば、依然として人間社会の利益の観点から見ているという点で、ある種の人間中心主義のヴァリエーションの一つにしかすぎないということになろう。FAOの統計によると、人類は毎年約五六〇億頭の動物を殺して食べているという。この現実を、どのように見るかということとも関わってこよう（Francione 2010: 2）。奴隷廃止と同様に、動物を所有物（動産）とみなす考え方を廃絶しない限り、動物の解放はありえないといった「動物の権利」の原理主義的な立場からすれば、表層的で改良主義的な動物福祉（animal welfare）の考え方は、その所有的パラダイムの強化を通じて動物に対する搾取を温存することになるので（Francione 2010: 29-40）、動物の生自体に道徳的価値を認める方向での認識の転換が必要ということになる。確かに表層的な動物愛護の態度は暴力における優位性に支えられたものかもしれない。この点についても、アドルノ＝ホルクハイマーは、次のような警句を発している。

「ファシストが見せる動物や自然や子供たちへのやさしさの前提は、迫害への意志である。彼らが子供の髪や動物の毛をもの憂げに撫でるとき、それが意味しているのは、この手でいつでも殺すことができる、ということなのだ。」（Horkherimer and Adorno 1997（orig. 1947）: 520）

動物愛護者であったヒトラーの例を見てもわかるように、たとえ表面的に優しい動物愛護の姿勢を見せたとしても、それが暴力における優越な関係に裏付けられている限り、相手に道徳的価値を認めない姿勢に転ずることは容易である。それは、ファシストに限らず、種差別主義という形の人間中心主義を自明のものとしている全ての人間が抱えている問題と言ってもよいのかもしれない。

言い換えると、「(大文字の)動物の死(The Death of the Animal)」、つまり否定的な意味での「動物」ないし「獣」という概念そのものを終わらせていく方向で考えない限り、「動物問題(The Animal Question)」の本質は見えてこないということになる(Cavalieri 2001, 2009)。「動物の権利」論で原理的な議論を展開している一人であるカヴァリエリによれば、道徳的進歩としての歴史は垂直的な関係性をより平等的なものに置換していく過程であり、その延長線上として、人権という規範的概念を事実上モノ扱いしている動物へと拡張していく必要がある。彼女の主張からすると、それは文化的進化のあるべき方向を指し示しているということになる。

しかし人間以外の動物に対して道徳的な権利主体性を認めて平等な配慮を払うといっても、それは、どの範囲まで拡張されるのか。その線引きはとても難しい。一般に受け入れやすいのは知的能力が高く意識があると思われている霊長類やイルカなどへの拡張であるが、知的能力や意識というものを持ち出して線引きをするとなると、逆に、意識のない(と思われる)植物状態の人間に対しては道徳的な権利主体性を認めるべきか否かという問題が生じることになる。道徳的な権利主体性は知的能力をもったパーソンフッド(人格)のみに認められるものであるとすると、種としての人であっても知的能力を著しく欠く者に対しては権利主体性を認めることができないといったような優生主義ないしは差別主義の考え方を容認することになる。つまり知的能力の高低が道徳的価値の有無を決定するという論理に従うと、重い知的障害をもつ人には与えられない道徳的エージェンシーが知能の高い霊長類に付与されるという逆説的な状況が生じることになり、言語的理性を理由とする人間中心主義は内部崩壊することになる。アリストテレス以来、言語能力を以て人間と動物を差別するという考え方は根強いが、人間が使う言語は動物が互いにコミュニケーションとして使うシグナル（ジェスチャーを含む）の延長線上にあるに過ぎず、また霊長類などはプロト言語を認識しているとなると（Fouts and Fouts 1993; Miles 1993）、動物には意識がなく道徳的価値を認められないという主張もまた根拠を失うことになる（Cavalieri 2001: 22, 85）。知的能力の高低と道徳的価値の有無を関係づけることで正当化がはかられてきた種差別主義は、結局のところ、強制力を含む暴力的な優越関係によって担保されているだけということになる。

そのことと関連して、主権とは、結局のところ、暴力的優位性による支配（家畜化・奴隷化）に裏付けられた人間中心主義（種差別主義）の表出ではないか、といった問題提起をしたのが晩年のデリダである。彼の講義録『獣と主権者』は例によって議論が迂回を繰り返し迷路のような様相を呈していて理解が困難ではあるが、かなり強引にまとめると、そこでは、人間中心主義というヨーロッパ思想の限界を示すものとして動物問題が再提起される形で、生殺与奪の優越的な力に基づく主権の政治が根本的に問い直されている（Derrida 2008b, 2010）。こうしたデリダによる動物問題の再提起は、特に大陸系哲学における動物問題・再論を強く促すだけではなく（Berger and Segarra 2011; Calarco 2008; Krell 2013)、一九七〇年代以来、英米系分析哲学、特に功利主義的アプローチによる種差別主義批判や動物解放論を展開していたシンガーや動物権利論を展開していたレーガンらの議論(Regan 1983; Singer 2009)と相俟って、動物論的転回(animal turn)(Weil 2012)ともいうべき契機をつくるとともに、批判的動物研究の議論にも大きな影響を与えることになった(McCance 2013: 57-85)。

特に「問題は動物が考えるか話すかではなく苦しむかどうかである」といったベンサムの考え方を継承する形で、不必要な苦痛の最小化を主張するシンガーの議論は、工場畜産や動物実験などの具体的な動物問題に対する理論的裏付けを提供する形で大きな役割を果たしたとも言える。しかし、チンパンジーなどに権利を与えるべきとする「大型類人猿プロジェクト」の例に見られるように(Cavalier and Singer 1993)、シンガーやレーガンらの議論は、いずれも道徳的共同体の拡張、つまり人権の動物への拡大適用(動物の擬人化)という形のアプローチをとっているため、伝統的ヒューマニズムの枠内にとどまっていて、デリダたちがフォーカスした〈人間/動物〉の分節化に伴う人間中心主義の問題を克服していない、という批判がある(Weizenfeld and Joy 2014)。

政治学においてリベラリズムの観点からシチズンシップを動物(家畜化された動物、特にコンパニオン・アニマル)へと拡張していくべきだといった等の規範的議論を展開しているキムリッカらの動物政治論に対しても(Donaldson and Kymlicka 2011)、ほぼ同じ批判を加えることができよう。キムリッカからの仕事は、政治学において正面から動物問題に取り組んだという意味で画期的であったし、主として倫理学として扱われてきた動物問題に対して政治学的アプローチを試みたという点で動物倫理における「政治的転回（the political turn）」を推し進めたという意味でも積極的に評価されるが（Garner and O'Sullivan 2016）、一方で、そのリベラル・アプローチの限界性ゆえに、よりラディカルな「動物の権利」論者からは表層的な改良主義ないし差別を温存した動物福祉論として批判されることになる（Francione 2010: 10–14）。デリダらの見立てによれば、種差別主義の克服を唱える権利論、そしてその前提となっている〈包摂／排除〉の論理を内包している道徳的共同体の考え方そのものが、依然として人間中心主義の枠から出ていないということになる（Derrida 2008a: 27; McCance 2013: 67; Wolfe 2003: ix）。〈人間／動物〉の脱構築を経ながらポスト・ヒューマニティの倫理学／政治学の方向を目指すのか（Wolfe 2010）、それとも伝統的ヒューマニズムを動物へと拡張していくのか、このあたりに、動物問題へのアプローチにおける大きな分岐点があると言ってよいであろう。

シンガーなどに代表される動物権利論の限界性の問題は、それだけにとどまらない。そのアプローチは、男性中心主義的な正義論と同じ轍を踏んで方法論的個人主義に陥っており、フェミニスト的な視点、特にケアなどの関係性に対する着眼点が欠落しているといった批判がある（Luke 1996（1992））。また個々の生物の苦痛について考慮すべきという方法論的個人主義に立った議論は、生態系の均衡維持のために行われるエコロジカル・ハンティングの必要性等、生態系全体の問題に適切に応答することができないといった問題点も指摘することができよう。つまりシンガーらの方法論的個人主義に沿った動物問題への接近とホーリスティック・アプローチからのエコロジー問題への接近とは、互いに相反する場合がある（Peterson 2013: chapter 6-7）。そうした問題も念頭におきながら、種差別主義の克服、〈人間／動物〉関係の見直しが必要ということになろう。つまり、動物問題を、やや近視眼的になりがちな方法論的個人主義のアプローチだけではなく、より巨視的なアプローチによって大きな文脈に位置づけていく必要もある。

現在、人間中心主義についての批判的省察を迫るような生態系危機（気候変動・生物多様性危機などの地球環境問題の深刻化）が到来しつつあるが、そうした危機は、時代認識を含めた世界認識のあり方そのもの転換を迫っている。従来の完新世（Holocene）という地質年代とは違う、「人新世（Anthropocene）」という新たな地質年代の名称を必要とされているように（Crutzen 2002）、特に一九世紀以降のヒトの活動は地球生態系に対して不可逆的で深刻なエコロジカル・インパクトを与えて続けている。動物問題も、そうした「人新世」という時代における生態系危機という大きな文脈の中におきながら再考する必要があろう（Tønnessen et al. 2016）。

3　人間社会内における抑圧・支配との交差――リベラル・アプローチを超えて

以上、人間社会内の暴力のエスカレーションの問題（グローバル内戦化）のみならず地球生命系の危機は、〈人間／動物〉関係における暴力の問題とも連関しており、その問題の根幹には否定的な意味での「動物」を排除し続ける人間中心主義があることについて述べてきた。しかし、ここで再度注意を喚起すべきは、「人新世」という危機的時代を招来している類としてのヒトは決して同質的な集団ではなく、その中においては著しい不平等の問題があるということである（Malm and Hornborg 2014）。そのことを直視するならば、今一度、「動物、自然に対する搾取・支配の問題は、資本主義を媒介にしながら人間社会内の搾取・支配の問題と密接に絡みあっている」といった、一部の批判的動物研究が提示してきた問題提起に立ち戻る必要がある（Nibert 2002, 2013）。

人による人の搾取・支配と人による動物（自然）の搾取・支配との連関性について着眼した思想と言えば、アナキズム、特にブクチンのソーシャル・エコロジー論が想起される（Bookchin 1991）。ブクチン自身は動物問題に多くを語らなかったが、人間社会内のヒエラルキーと人間の自然に対する支配との連関を指摘したブクチンの見方は、批判的動物研究に適用できる（Torres 2007: 85）。支配関係の廃絶を志向するアナキズムの思想をつきつめれば、その射程は、当然、〈人間／動物〉関係にも及ぶことになるので、批判的動物研究がアナキズムの思想とも問題関心を共有しながら収斂していくことは至極当然であろう（Nocella II et al. 2015）。ジェンダーにおける支配関係に着眼するフェミニズムの思想も同様で、ポルノグラフィと肉食との相同性を指摘するベジタリアン・フェミニズム（Adams 1990）、マスキュリニティと自然の支配との連関性を指弾するエコ・フェミニズム（Merchant 1995）等、フェミニズム思想は、さまざまな形で批判的動物研究に貢献してきた（McCance 2013: 87–103）。動物の搾取・支配との関連で、人の搾取・支配を問題化するとなると、階級、ジェンダー、人種などにおける支配・搾取、そして、そこにおける交差性（intersectionality）の問題に着眼せざるをえなくなっていく。つまり、批判的動物研究は、そして批判的安全保障研究もまた、交差的な抑圧・支配・搾取の問題に注意を払う必要が出てくる（Cudworth 2014; Fitzgerald and Pellow 2014）。

その点と関連して言えば、「動物の権利」論に対するリベラル・アプローチは、そうした交差的な抑圧の問題、その背後にあるネオリベラル資本主義の問題（動物の搾取、人間の搾取）を無視している点で、大きな限界を抱えている（Sanbonmatsu 2011: 26–30）。例えば、先にも言及したキムリッカらの動物政治論やアリストテレス的ケーパビリティ論を逆に動物に適用することで正義論のフロンティアを拡大しようとするマーサ・ヌスバウムの動物正義論は（Nussbaum 2006: 325–407）、旧来の人間中心主義的政治学・政治哲学の限界を克服しようとしている点では挑戦的な試みではあるが、シンガー等の議論と同様に、ポスト・ヒューマニスト的ヒューマニズムという本質主義にとどまっているだけではなく（Wolfe 2010: 67）、その個人主義的アプローチゆえに動物の搾取を行う制度が資本主義システムと深く結びついていることなどに注意をはらっていない点で、リベラル・アプローチの本質的な限界性を示すものとなっている（Janara 2013）。それは政治的リベラリズムに固有の古典的な問題でもあるが、基本的に個人主義的なリベラリズムは政治の問題から経済の問題を排除することで政治問題が脱政治化していくとともに支配・搾取の問題を不可視化してしまう傾向をもっている。そうしたリベラリズムの落とし穴を回避しない限り、政治的共同体を、いくら開かれたものにしようとしても、その排除の機制は逆に強まっていくことになる。

今まで、動物とそれを表象する人（蛮人）を排除し続けることによって初めて成立する政治的動物としての人間は、自らが構成する政治的共同体における排他性を必然としてきた。しかし、歴史が示す通り、その排除性は危機的時代状況と連動しながら非常に強まることがあり、時には大量殺戮を含む深刻な暴力的排除性の問題を引き起こしてきた。そして現在、対テロ戦争や難民危機を含むグローバル内戦状況が示すように、ネオリベラルなグローバル・ガバナンスにおける包摂的排除の論理は、日に日に排除の要素を強めている。そして、〈人間／動物〉の暴力的関係性が人間社会内のみならず人間を含む地球生命系全体にも強く反映されるようになっている。そうした危機的状況を目の前にして、批判的動物研究の知見などを踏まえた、〈人間／動物〉関係の再考がより一層必要とされてきている。実際、国際政治を批判的に検討・考察していく上でも、そうした人間中心主義（種差別主義）の政治の問題をあわせて考えていく必要があることが指摘されるようになってきている（Youatt 2014）。こうした流れを受けて、批判的安全保障研究もまた新たな課題を突きつけられている。批判理論の原点が解放への関心にあったとするならば、批判的安全保障研究もまた、単に人間の解放だけではなく動物の解放へと、その射程を広げていきながら、動物論的転回を通じた認識論的転回を遂行していかなければならないであろう。それは、人間／動物、文化／自然、主体／客体の分節化を超えていくポスト・ヒューマニズムの新しいパラダイムへの転換でもある。

4　種差別主義という人間中心主義を超える共感的想像力

しかし、種差別主義は「自然な」考え方としてあまりにも支配的であるがために、それを克服していくことは極めて難しい。種差別主義を克服し、生き物の内在的価値を認める方向で道徳的判断を拡張していくためには、ヌスバウムも指摘しているように、ある種の想像力、たとえば文学的想像力が必要なのかもしれない（Nussbaum 2006: 402）。その点で、ノーベル文学賞作家でもあるクッツェーがプリンストン大学タナー記念講演において発表した小説『動物のいのち』（「哲学者と動物」と「詩人と動物」の二編）は、狭隘な理性主義を克服し、新たな〈人間／動物〉関係を作り出していくための想像的飛躍の必要性を説いたものとして大変興味深いものである。小説の中の主人公であるエリザベス・コステロの講演という形をとりながら、クッツェーは、哲学者ネーゲルの有名な論文「コウモリであるとは、どのようなことか」を引き、「そのような質問に答えを出せるようになる前に、コウモリの感覚様式をとおして、コウモリの生活を経験することができなければならない」というネーゲルの主張は間違っていると批判した上で、「生きているコウモリであるということは、充足した存在であるということです。（略）充足した存在であるということは、肉体の魂が一つになって生きているということです。充足した存在であるという経験のひとつの呼び名は喜びなのです。」と記している（Coetzee 1999: 52-53）。つまり、我々は哲学者の理性によってコウモリがどのように現実世界を経験しているかを知る由はないが、詩人の共感的想像力によって動物の充足した存在を感じとることは可能であると主張する。共感的想像力の喪失は、屠畜工場に送られる牛たちに無関心である我々の日常と同様に、トレブリンカの最終収容所に送られるユダヤ人の運命に無関心であったポーランド人たちにも看取できる。では、そうした冷たい理性的な無関心と対極にある共感的想像力とは、どのようなものであるのか。テッド・ヒューズの詩「ジャガー」などに言及しながら、クッツェーは次のように述べる。

「ジャガーを身体化することによって、ヒューズは私たちに、私たちも動物を体現できることを教えています――今まで誰も説明したことがなく、これからも誰も説明しないようなやり方で精神と感覚を混ぜ合わせる、詩的創造と呼ばれる方法で教えているのである。」

それは、デカルトの「我思う、ゆえに我あり」（その延長線上にある動物機械論）に対するアンチ・テーゼでもある、デリダの『動物を追う、ゆえに私は（動物）である』（Derrida 2008a）を彷彿とさせる内容でもあるが、逆に、理性を批判する外側の視点を否定する狭隘な理知主義が勝利すると、〈人間／動物〉関係は、どうなるか。クッツェーは、コステロの口を借りる形で（腹話術を使いながら）次のように語っている。

「昔は、人間が理性に従ってあげた声に、ライオンの唸り声や牡牛のなき声が立ち向かいました。人間はライオンや牡牛に戦いをしかけ、何世代もの後にその戦いに完全に勝利をおさめたのです。今日では、こういった生き物たちはもう力をもっていません。動物たちは私たちに向かうのに、沈黙しかもっていません。何世代にもわたって、勇敢にも、私たちの捕虜は私たちと話すのを拒否しています。レッド・ペーター（引用者注：カフカの小説「あるアカデミーへの報告」の主人公である猿）を除いては、大型類人猿を除いて、すべての動物が、です。」

こうした記述を目にして想起されるのが、デリダの講義録でも扱われているデフォーの『ロビンソン・クルーソー』である。このテキストを批判的動物研究の視点から読み直してみると、そこに種差別主義の起源とその位相が見えてこよう。批判的動物研究の視座から見れば、『ロビンソン・クルーソー』とは、孤島漂着の冒険譚というより、環大西洋（ブラック・アトランティック）の植民地主義の延長線上で、まず動物が殺戮・家畜化され、そして「蛮人（フライデー）」が奴隷化されるといった、種差別主義に貫かれた人類史の過程を一人の波乱に満ちた人生に凝縮させる形で戯画化されて描かれたものと言ってもよい。野生ヤギの飼育（domestication）に成功した後に発したクルーソーのモノローグが、まさに、そのことを物語っている。

「全島の君主である、王であり、支配者であるわたしは、あらゆる臣下に絶対的な支配力を持っていた。わたしは臣下たちを吊すことも、臓物を抜き去ることも、自由を与え、奪うこともできたし、臣下にはただひとりの謀反人もいなかった。」（デフォー 2010：215）

確かに種としての人間は地球生態系の中で絶対的支配者になってしまっているが、それがゆえに地球という宇宙の中の一つの島そのものの存立そのものが危うくなっている。クルーソーの主権的権力の中核にある人間中心主義（種差別主義）を脱構築していく詩的そして共感的な想像力こそが、動物論的転回をさらに促すものとして、いま必要とされているといえよう。動物や自然への共感、それらとの共生ということで言えば、たとえば、梅原猛や中沢新一らが言う「森の思想」というようなものも一つの鍵になるかもしれない（梅原 2013：163-207；中沢 1992）。そのことと関連して言えば、エドゥアルド・コーンの『森は考える』というモノグラフは、とても刺激的であるが、そのアニミズム的コスモロジーの可能性と限界性については、本書序論の中で既に述べた通りである。ただ、コーンが次のように書いているように、人間を脱中心化する「森の思想」は、確かに我々にとって、一つの希望のサーチライトなのであろう。

「私たちが人新世を生き抜くには、私たちは森とともに、そして森のように考える、いくつ

もの、こうした道程を積極的に切り開いていかなければならない。」（Kohn 2013: 242）

参考文献

伊勢田哲治（2008）『動物からの倫理学入門』名古屋大学出版会

打越綾子（2016）『日本の動物政策』ナカニシヤ出版

梅原猛（2013）『人類哲学序説』岩波新書

金森修（2012）『動物に魂はあるのか――生命を見つめる哲学』中公新書

デフォー、ダニエル（2010）増田義郎訳『完訳　ロビンソン・クルーソー』中公文庫

土佐弘之（2016）『境界と暴力の政治学』岩波書店

土佐弘之（2017）「Ｒ２Ｐのメルトダウン――UNSC1973前後の「責任のあり方」をめぐる政治」『国際協力論集』二四巻（二二号）、一一五－一二九頁

中沢新一（1992）「解題　森の思想」中沢新一編『南方熊楠コレクション　森の思想』河出文庫、一〇－一三四頁

Adams, Carol J.（1990）, *The Sexual Politics of Meat*（Cambridge: Polity）.

Agamben, Giorgio（2004（2002））, *The Open: Man and Animal*（Stanford: Stanford University Press（岡田温司、多賀健太郎訳『開かれ』平凡社ライブラリー、二〇一一年））.

Aristotle（1984）, *The Politics*, trans. Carnes Lord（Second edn.; Chicago: The University of Chicago Press（山本光雄訳『政治学』岩波文庫、一九六一年））.

Berger, Anne Emmanuelle and Segarra, Marta（eds.）（2011）, *Demenageries: Thinking*（*of*）*Animals after*

Derrida (Amsterdam: Rodopi).

Bookchin, Murray (1991), *The Ecology of Freedom: The Emergence of Dissolution of Hierarchy* (Montreal: Black Rose).

Brentari, Carlo (2016), 'Behaving like an animal? Some Implications of the Philosophical Debate on the Animality in Man', in Morten Tønnessen, Kristin Armstrong Oma, and Silver Rattasepp (eds.), *Thinking about Animals in the Age of the Anthropecence* (Lanham: Lexington Books).

Calarco, Matthew (2008), *Zoographies: The Question of the Animal from Heidegger to Derrida* (New York: Columbia University Press).

Cavalier, Paola and Singer, Peter (1993), 'The Great Ape Project--and Beyond', in Paola Cavalier and Peter Singer (eds.), *The Great Ape Project: Equality beyond Humanity* (New York: St. Martin's Griffin), 301-12.

Cavalieri, Paola (2001), *The Animal Quesion: Why Nonhuman Animals Deserve Human Rights* (Oxford: Oxford University Press).

—— (2009), 'The Death of the Animal: A Dialogue on Perfectionism', in Paola Cavalieri (ed.), *The Death of the Animal* [*A Dialogue*] (New York: Columbia University Press), 1-41.

Coetzee, J. M. (1999), *The Lives of Animals* (Princeton, NJ: Princeton University Press (森祐希子、尾関周二訳『動物のいのち』大月書店、二〇〇三年)).

Crutzen, Paul (2002), 'Geology of Mankind', *Nature*, 415, 23.

Cudworth, Erika (2014), 'Beyond speciesism: intersectionality, critical sociology and human domination of other animals', in Nik Taylor and Richard Twine (eds.), *The Rise of Critical Animal Studies: From the Margins to the Centre* (London: Routledge).

de Waal, Frans B. M. (2013), *The Bonobo and the Athiest: In Search of Humanism Among the Primates* (New York: W. W. Norton & Company（柴田裕之訳『道徳性の起源――ボノボが教えてくれること』紀伊國屋書店、二〇一四年)).

Derrida, Jacques (2008a), *The animal that therefore I am*, trans. M. Mallet and D. Wills (New York: Fordham University Press（鵜飼哲訳『動物を追う、ゆえに私は〈動物〉である』筑摩書房、二〇一四年)).

――(2008b), *Séminaire La bête et le souverain*, (1; Paris: Galilée（西山雄二他訳『獣と主権者Ⅰ』白水社、二〇一四年)).

――(2010), *Séminaire La bête et le souverain* (2; Paris: Galilée（西山雄二他訳『獣と主権者Ⅱ』白水社、二〇一六年)).

Donaldson, Sue and Kymlicka, Will (2011), *Zoopolis: A Political Theory of Animal Rights* (Oxford Oxford University Press).

Fitzgerald, Amy J. and Pellow, David (2014), 'Ecological Defense for Animal Liberaltion: A Holistic Understanding of the World', in Anthony J. Nocella II, et al. (eds.), *Defining Critical Animal Studies: An Intersectional Social Justice Appoach for Liberation*, 28-45.

Fouts, Roger S. and Fouts, Deborah H. (1993), 'Chimpanzees' Use of Sign Language', in Paola Cavalieri and Peter Singer (eds.), *The Great Ape Project: Equality beyond Humanity* (New York: St. Martin's Griffin), 28-42.

Francione, Gary L. (2010), 'The Abolition of Animal Exploitation', in Gary L. Francione and Robert Garner (eds.), *The Animal Rights Debate: Abolition or Regulation?* (New York: Columbia University Press), 1-102.

Garner, Robert and O'Sullivan, Siobhan (eds.) (2016), *The Political Turn in Animal Ethics* (Lanham:

Rowman & Littlefield International).
Gregory, Derek (2011), 'The everywhere war', *The Geographical Journal*, 177(3), 238-50.
Horkherimer, Max and Adorno, Theodor W. (1997 (orig. 1947)), *Dialektik der Aufklärung: Philosophische Fragmente* (Frankfurt: Suhrkamp (徳永恂訳『啓蒙の弁証法』岩波書店、二〇〇七年)).
Janara, Laura (2013), '*Situating* Zoopolis', *Dialogue*, 52, 739-47.
Kohn, Eduardo (2013), *How Forests Think: Toward an Anthropology Beyond the Human* (Berkeley: University of California Press (奥野克巳・近藤宏監訳『森は考える』亜紀書房、二〇一六年)).
Krell, David Farrell (2013), *Derrida and Our Animal Others: Derrida's Final Seminar, "The Beast and the Sovereign"* (Indianapolis: Indiana University Press).
Luke, Brian (1996(1992)), 'Justice, Caring and Animal Liberation', in Josephine Donovan and Carol J. Adams (eds.), *Beyond Animal Rights: A Feminist Caring Ethic for Treatment of Animals* (New York: Continuum), 77-102.
Malm, Andreas and Hornborg, Alf (2014), 'The geology of mankind? A Critique of the Anthropocene narrative', *The Anthropocene Review*, 1(1), 62-69.
McCance, Dawne (2013), *Critical Animal Studies: An Introduction* (Albany: State University of New York Press).
Merchant, Carolyn (1995), *Earthcare: Women and the Environment* (New York: Routledge).
Miles, H. Lyn White (1993), 'Language and the Oran-utan: The Old 'Person' of the Forest', in Paola Cavalieri and Peter Singer (eds.), *The Great Ape Project: Equality beyond Humanity* (New York: St. Martin's Griffin), 42-57.
Nibert, David (2002), *Animal Rights/ Human Rights: Entaglements of Oppresssion and Liberation* (Lanham:

Rowman & Littlefield Publishers).
—— (2013), *Animal Oppression & Human Violence: Domesecration, Capitalism, and Global Conflict* (New York: Columbia University Press).
Nocella II, Anthony J., White, Richard J., and Cudworth, Erika (eds.) (2015), *Anarchism and Animal Liberation: Essays on Complementary Elements of Total Liberation* (Jefferson, North Caroline: McFarland & Company, Inc).
Nussbaum, Martha C. (2006), *Frontiers of Justice: Disability, Nationality, Species Membership* (Cambridge, Mass.: Harvard University Press (神島裕子訳『正義のフロンティア』法政大学出版局、二〇一二年)).
Patterson, Charles (2002), *Eternal Treblinka: Our Treatment of Animals and the Holocaust* (New York: Lantern Books).
Peterson, Anna L. (2013), *Being Animal: Beast and Boundaries in Nature Ethics* (New York: Columbia University Press).
Regan, T. (1983), *The Case for Animal Rights* (Berkeley: University of California Press).
Roberts, Mark S. (2008), *The Mark of the Beast: Animality and Human Oppression* (West Lafayette, Indiana: Purdue University Press).
Sanbonmatsu, John (2011), 'Introduction', in John Sanbonmatsu (ed.), *Critical Theory and Animal Liberation* (Lanham: Rowman & Littlefield Publishers), 1-32.
Singer, Peter (2009), *Animal Liberation* (New York: Harper Collins (戸田清訳『動物の解放　改訂版』人文書院、二〇一一年)).
Smith, Kymberly K. (2012), *Governing Animals: Animal Welfare and the Liberal State* (Oxford: Oxford University Press).

Taylor, Nik and Twine, Richard (eds.) (2014), *The Rise of Critical Animal Studies: From the Margins to the Centre* (London: Routledge).
Tønnessen, Morten, Oma, Kristin Armstrong, and Rattasepp, Silver (eds.) (2016), *Thinking about Animals in the Age of the Anthropecence* (Lanham: Lexington Books).
Torres, Bob (2007), *Making a Killing: The Political Economy of Animal Rights* (Oakland, CA: AK Press).
Vaughan-Williams, Nick (2015), "We are not animals!' Humanitarian Border Security and Zoopolitical Spaces in Europe', *Political Geography*, 45(1), 1-10.
Weil, Kari (2012), *Thinking Animals: Why Animal Studies Now?* (New York: Columbia University Press).
Weizenfeld, Adam and Joy, Melaine (2014), 'An Overview of Anthropocentrism, Humanism and Speciesism in Critical Animal Theory', in Anthony J. Nocellea II, et al. (eds.), *Defining Critical Animal Studies: An Intersectional Social Justice Approach for Liberation* (New York: Peter Lang), 3-27.
Wolfe, Cary (2003), *Animal Rites: American Culture, the Discourse of Species, and posthumanist Theory* (Chicago: The University of Chicago Press).
—— (2010), *What is posthumanism?* (Minneapolis: University of Minnesota Press).
Youatt, Rafi (2014), 'Interspecies Relations, International Relations: Rethinking Anthropocentric Politics', *Millennium: Journal of International Studies*, 43(1), 207-23.

第3章　食のポリティカル・エコノミー

　ポスト・ヒューマニズム、人新世そして動物論的転回との関連で言えば、特に肉食は、なかなか厄介な問題である。たとえば、「ミートは父権制の象徴である」と喝破するラディカル・フェミストのキャロル・アダムスから見れば、動物の肉を食欲解消のために消費するモノとしか見ないような種差別主義は女性を性欲解消の対象としかみないような性差別主義と地続きであり、屠殺と性的暴力はオーヴァーラップするということになる（Adams 1990）。また環境の面から見ても、大量の穀物飼料を投入する工業的畜産で育てた牛肉を常習的に食べ続けることが、結果的に森林破壊、温室効果ガスの大量排出や土壌汚染など地球環境的にかなり負荷をかけることになることは今や常識になりつつあるが（Weis 2013: 129–55; FAO 2006）。一方では中国やインドなど多くの人口を抱える新興工業国を中心に食生活パターンは肉食指向になっているという現実がある。多くの人間がヴィーガニズム（動物の搾取廃絶を目指す絶対菜食主義）の食生活に転ずるなどということは現実的に想定しにくいが、何もしないわけにはいかないといった事情もあり、FAO（国連食糧農業機関）などの国際機関も最近、気候変動に対応した気候スマート農業（climate smart agriculture）といったことを言い出すようになっているし、気候スマート食品（climate smart food）といったことも言われるようになっている（Newell et al. 2018; Reay 2019）。もちろん、かつてナチス・ドイツが、ドイツ人の健康の追求という生政治と連関させる形で有機農業を推進し自然と文化の調和を謳ったことについてはよく指摘されているように（Treitel 2009）、「自然に優しい食」といった食の政治のいかがわしさには注意が必要だが、食を通じた人間の物質代謝活動が生態系全体に与えてきた影響は無視できないであろう。

食と農、それと地球システムとの深い関わりを意識せざるをえない状況は、エコ・マルクス主義の物質代謝論的な見方から見ると、人間と人間以外の自然との間における物質代謝のやりとりにおいて食物が重要な位置にあり、前者が後者に対して不可逆的に破壊的な影響を与えているということになろうか。生命を動的平衡と捉える福岡伸一の言い方を借りれば（福岡 2007）、動的平衡（定常的なエネルギーのフロー）としての生命を維持するものとしての食物は、ある意味で、人間と人間以外のモノとの関係を決定づける蝶番的な位置にある。例えば、狩猟採取生活から農耕生活へと転換していく過程で、小麦、米、トウモロコシ等の穀物への依存を深める方向に食生活が変わり、社会組織もヒエラルキーの強い形で再編される一方で、農機具を使って森林や草地を農地に転換するなど大規模なニッチ構築（環境改変）が行われるといったように、食を通じた物質代謝にまつわる様々な活動は広範な範囲で自然環境に大きな影響を与えていった。人新世の起点を産業革命ではなく農業革命におく議論もあるように（Ruddiman 2013）、人類の多くが農耕文明にシフトすることによって、例えば大規模な農業活動・過放牧による砂漠化などに見られるように、人間以外の生態系に対する人間の影響力は不可逆的に大きくなっていった。人為的な生態系の変容ということで言えば、歴史家のアルフレッド・W・クロスビーが「コロンブス交換（Crosby 2003）」と呼んだ生物の大移動（一四九二年のコロンブスによる「新大陸発見」以降の新旧大陸間の動物、植物、さらには感染症の細菌・ウイルスなどの大移動）は、極めて大きなインパクトを与えた。そして、一九世紀に入ると、トラクターに象徴されるように「農業の工業化」といった形でカーボン・サイクルに農業が埋め込まれ、さらに農産物の物流のグローバル化が加速化していく。食のグローバル化・均質化はさらに加速し、社会学者のジョージ・リッツァの言うマクドナルド化に見られるように、食に関わる定型的なマネージメント・モデルは食全体を覆うだけではなく他のセクターにまで波及するようになっている。

アグリフード産業の寡占化・独占化に伴う食のグローバル化・均質化は、エコロジカル・フットプリントの大きい地球環境破壊も伴う飽食といった問題を引き起こす一方で、飢餓という古典的問題を積み残したまま進んでいる。約一〇億人が飢餓に苦しんでいる一方で約一〇億人が肥満に悩むといった歪んだ状況が、我々の目の前につきつけられているのである（Patel 2007）。そして、その飢餓問題を解決するという名目の下で、遺伝子組み換え作物が開発され普及しだしている。しかし、そこに垣間見えるのは、アグリフード産業のより一層の独占化と食のさらなるモノカルチャー化と同時に、「自然」を人為的に改変することに伴うリスクの昂進である。生産率を上げるという目的のために草食動物である牛に肉骨粉を飼料として与えたことで引き起こしたとされる狂牛病（牛海綿状脳症、ＢＳＥ）の事例に見られるように、自然と文化の混淆によるリスクの増大というハイブリッド・モンスターの問題は、食の領域にまで及ぶようになっている。この章では、そうした食のグローバル化・脱領土化・モノカルチャー化とそれに伴う問題を考察していきたい。

1 「均質新世（homogenocene）」の到来——コロンブス交換以降

食のグローバリゼーションの話に入る前に、グローバリゼーションについての一般的な議論を少し整理してみたい。グローバリゼーションとは、一言でいえば、技術革新に伴う時空間の圧縮（time-space compression）とそれに伴う現象と言ってよいであろう。交通や通信などの技術革新に伴って、イベント経験の共時性・同時性は地球規模にまで広がっていくとともに空間認識も大きく変わってきた（Kern 1983）。帆船による大航海時代、蒸気船による帝国主義時代、そして航空機の登場による空の時代といった、段階的経過を辿ってきたが、特に一九七〇年代以降の指数関数的な急速な時空間の圧縮がポストモダニティの一つの特徴であると指摘したのは、地理学者のデヴィッド・ハーヴェイである（Harvey 1989: 240-42）。それは相対的・関係的空間としての地球が極めて速いペースで縮んでいくといったイメージにあらわされるが、同時に脱領土化を一気に推し進めようとするネオ・リベラリズム（ポスト・フォーディズム）の時代への突入と軌を一にすることになる。

もちろん時空間の急速な圧縮が必ずしも空間の消滅ということにつながるわけではない。地球を回流する資本の自由な流れによって逆に個々の「場所（place）」の特性が際立ってくるという傾向も無視できない。それは、グローバリゼーションの進行に伴う、空間の時間化（生成）と時間の空間化（存在）の弁証法、つまり脱領土化と再領土化の共振的同時並行現象である。言い換えれば、世界はボーダーレスになればなるほど、壁が遍在化するとともに地政学的状況がせりあがってくるといったパラドクスが生じることとパラレルである。「空間的障壁の崩壊は空間の重要性が低下していくということを意味しているわけではない」と、ハーヴェイも繰り返し述べていることである（Harvey 1989: 293）。資本は、ますますわずかな空間的差異に敏感になり、またそれを利用しながら、その移動を加速化することになる。

ポスト・フォーディズム、そしてネオリベラリズムに沿った社会の再編は、基本的に脱領土的な力を解き放ちながら、同時に、その不安定さゆえに、反撥としての領土的な力を生み出している。ネオリベラリズムと新保守主義、さらには排他的ナショナリズムの共振という、よく見られる政治的光景は、まさにそうした状況を示していると言えよう（Harvey 2005: 81-86）。また脱開発主義の立場から、グローバリゼーションに対する抵抗の根拠地としてローカルな共同体の役割を見直すというのもよく見られることである（Escobar 2001）。脱領土的力と再領土的力の共振といった現象は、狭義の政治に限らず、さまざまなところで見られる。たとえば、グローバリゼーションが深化する中で均質化するファースト・フード、それに対抗する形で空間的差異を保つべく、それぞれの土地特有の生育環境（テロワール）に根ざした農産品や水産品、またそうした素材によって成り立っている地産地消の食文化を守ろうとするスロー・フード運動といったものも、そうした例の一つであろう。

しかし、ローカル・フードの見直しといった場合でも、その食材である動植物は、その土地に由来したものではないということがよくある。例えば、イタリア料理に欠かせないトマトであるが、その原産地はペルー・アンデス地方である。いわゆる新大陸（南北アメリカ）由来のものとしては、他には、トウモロコシ、ジャガイモ、サツマイモ、カカオ、アボカドなどがある。逆に、旧大陸（ユーラシア）から新大陸に持ち込んだものは、小麦、サトウキビ、バナナ、ブドウ、米、それに加えて羊、牛、馬である。トマトは、そうしたコロンブス交換と呼ばれる新大陸と旧大陸との間の生物の大移動の中にある一つであるわけだが、重要なことは、一四九二年以降のコロンブス交換を通じた動植物のグローバルな交配・攪乱により生態系の均質化が劇的に進んだことであろう。

実際、コロンブス交換が地球全体の生態系に及ぼした影響は大きく、多くの先住民が絶滅に追いやられたこと（推計で約五五〇〇万人あった人口が約六〇〇万人まで激減したということ）に象徴されるように、生物多様性の喪失とそれに伴う生態系における均質化が一気に進んだことから、これ以降の時代を、人新世にならって、「均質新世（homogenocene）」と呼ぶ者もいる（Mann 2011: 32）。「均質新世」とは、ある地域の植物相・動物相が他の場所に移植されることにより生物多様性が失われ均質化しつつある時代という意味で、生態学者のサムウェイズの造語であるが（Samways 2005: 114）、食の均質化は、コロンブス交換以降の生物のグローバルな移動、それに伴う生物多様性の喪失とも共振関係にあるということは押さえておいた方が良いだろう。そして、そうしたモノカルチャー化の強力な牽引車の役割を果たしたのが一九世紀の帝国主義であることは周知の通りであるが、クロスビーの『エコロジカル帝国主義』（Crosby 2004）が示している通り、そのアクターには人間だけではなく、感染症を引き起こす細菌・バクテリアからネズミ、雑草など、さまざまモノ（actant）が大きな役割を果たすことになる。

食のグローバルなモノカルチャー化ということで言えば、一八四〇年頃（特に一八四六年の穀物法廃止以降）から一八七〇年頃までのパクス・ブリタニカの下での「自由」貿易体制期、そして一八七〇年頃から一九一四年頃の帝国主義期、イギリスを基軸にして熱帯の植民地プランテーションからのコーヒー、紅茶、砂糖など、そして北米やオーストラリアなどの入植植民地の大農場からの穀物・肉などが、ヨーロッパの食品市場に特に労働者用（労働力再生産用）の安価な食料として調達される仕組みが形成されていったのは大きな進展であった（Tilzey 2018: 87-126）。「均質新世」は「資本新世」と共に進展していったといってよいだろう。特に生態系のモノカルチャー化を含めた変容ということでいえば、植民地におけるサトウキビ、コーヒー、茶、ゴムなどのプランテーションの形成は、そこにおけるアフリカからの奴隷を含めた労働力の移入を含めて、生態系を大きく塗り替えることになった。それと同時に、対工業製品の交易条件の長期的悪化に伴う南北格差の維持・拡大や一次産品輸出価格の乱高下に伴う失業や飢餓といった、モノカルチャー特有の政治経済問題も引き起こすことになる。一方で、こうした食料調達のグローバル化の進展によって、たとえば、砂糖は、上流階級のための稀覯品（一六五〇年頃）から贅沢品（一七五〇年頃）、さらには労働者階級にとってのカロリー補充のための必需品（一八五〇年頃）といったように普及していく形で、世界システム中心部における（特に中産・労働者階級の）食生活を根本的に変えていくことになる（Mintz 1985: 148）。

一九世紀末には明確な形を現した、こうしたグローバルな食料調達の仕組みを、社会学者のハリエット・フリードマンとフィリップ・マクマイケルは、世界システム論とレギュラシオン学派の蓄積様式論とを折衷させた視座から、イギリスを中軸とする「第一次フード・レジーム（一八七〇～一九三〇年）」と呼んでいる（Friedmann and McMichael 1989; McMichael 2013）。彼女らの整理によれば、この後の戦間期をはさんで、第二次世界大戦後の脱植民地化以降の冷戦期、パックス・アメリカーナのもとでのフォーディズムに対応した形で編成されていった「第二次フード・レジーム（一九五〇～一九七〇年）」、さらに冷戦終焉前後のネオリベラリズム（ポスト・フォーディズム）の全面化とともに再編されつつある「第三次フード・レジーム（一九八〇〜現在）」といったように、国際的フード・レジームは歴史的変遷を遂げていくことになる。論者などによって国際的フード・レジームの時代区分やその解釈は多少異なるものの（Bernstein 2010; Tilzey 2018）、国際的フード・レジームという分析視角を通じて見えてくるものの一つは、「グローバル資本主義経済の中において、何処で、どのように、また誰によって、食料が生産され、消費されているのか。また、その食料生産・消費の国際関係が、社会的な影響そしてエコロジカルな影響をもたらしているのか」といったことであろう（Bernstein 2016）。特に第一次国際フード・レジーム以降、一貫して認められる一つの特徴は、「食料の生産地と消費地との間の遠隔化」であろう。換言すれば、それは「どこから来たかもわからない食品（Food from Nowhere）」の全般化（McMichael 2005b: 283）または「食の脱領土化」と言っても良いが、それは、食の生産・消費に関わる社会的・環境的コストを不可視化することにもつながってくる（Clapp 2015）。たとえば、一九世紀のヨーロッパのカフェで砂糖入りコーヒーを飲む者が通常、キューバのサトウキビ・プランテーションやブラジルのコーヒー・プランテーションで厳しい状況に耐えている労働者を想像することがないように、食の脱領土化に伴い食の生産・消費に関わる社会的・環境的コストは見えにくくなっていくことになる。そうした状況は、第三次国際フード・レジームへの移行とともに、さらに悪化している。次にそのことについて見ていきたい。

2　金融化するグローバル・アグリフード・システムと場所性の喪失

第二次世界大戦後、フォーディズムに対応する形で機械化された大規模農業、ニューディール政策とも関連する農業補助金、そして冷戦の論理と結びついた発展途上国への食料援助などをセットにしたアメリカを基軸とする第二次国際的フード・レジームが形成されていた（Friedmann 1982）。農業の一層の工業化に伴って増加した余剰農産物（特に小麦）は、先進資本主義諸国におけるフォーディズムの大量生産・大量消費にサイクルの中に組み込まれ労働者の食生活を支えると同時に、発展途上国に対する食料援助・供給としても投入された。一方で高収量品種を用いたアメリカ主導の「緑の革命」によって発展途上国の農村社会の肥料・農薬への依存は深まり、結果として商品関係の深化が一層進むことになった。また農業の工業化に伴う残留農薬などの生態系の汚染問題は、レイチェル・カーソンの『沈黙の春』（一九六二年）などの問題提起によって次第に意識にのぼるようにはなるが、価格競争優先で外部不経済（汚染）の内部化不徹底、さらには生産と消費の遠隔化による汚染問題の不可視化という構図そのものは変わらず、今日に至っていることも忘れてはならないだろう。

一九八〇年代以降になると、ポスト・フォーディズムへの転換に対応する形で、グローバル・フード・レジームも民間主導のフレキシブルな第三次国際的フード・レジームへの変容を余儀なくされるようになっていった（Burch and Lawrence 2009; McMichael 2005a）。その過程で、より安価な食材を求める形でフード・サプライ・チェーンは再編され続け、結果として、その食材の生産と食品の消費との間の距離、いわゆるフード・マイレージはより大きくなり、消費者側から生産者の顔は一層見えにくくなってきている。夏の南半球で採られた食材が航空便で冬の北半球に運ばれるなど、食材と季節の対応関係も失われるようになってきている。言い換えれば、時空間の圧縮とともに、生産の場と消費の場との間の距離はより大きくなっていき、地域の自然環境に根ざした食の文化はその独自性を喪失していくとともにファースト・フードに代表されるような場所性を失った食文化、つまり多国籍企業が支配する食の形態に取って代わられつつある（Oosterveer 2007: 43）。それは、同質的な食文化への収斂であると同時に、多様性の喪失であるが、単に食品が同じようなものになっていくだけではなく、味覚、嗅覚を含む五感が、巨大フード・ビジネスが誘導する方向に、つまり同じような感性に編成されていく過程でもある。さらに、カロリー換算やビタミンなどの栄養成分分析などの「科学技術的な」計量的管理の導入を介する形で、カロリーの質を問わない、保存食やサプリメント類など、味覚そのものを喪失した劣悪な食への依存が進んでいったことにも留意が必要であろう（Dixon 2009）。

そうした状況を推し進めている第三次フード・レジームだが、別名、企業主導のフード・レジーム（corporate food regime）と言われる通り、まず、そのフード・サプライ・チェーンの川下は、ウォルマート、カルフール、テスコ、クローガーなどに代表されるような大手食品小売業者による買い手主導の寡占的支配の下におかれるようになっている。サプライ・チェーンの中流にあたるところで、例えば、穀物取引部門ではカーギルやＡＤＭなど、食品・飲料部門ではネッスル、ペプシコ、ユニリーバ、タイソン、カーギルなど、酪農製品分野ではカーギル、ＡＤＭ、タイソンなどが圧倒的なシェアを握る状態になっている。こうした大手小売業者や大手アグリビジネスは、その買い手主導の優位性を活かして農業生産者に対して規格などの面で厳しい注文をつけながら、グローバル・フード・ガバナンスの垂直的統合を推し進めている。

サプライ・チェーンの川上においても同様の傾向が認められる。特異なのは商業用種子部門で、モンサント（アメリカ）、デュポン（アメリカ）、シンジェンタ（スイス）、グループ・リマグレーヌ（フランス）の四社だけで市場の約五割を占めるに至っている。しかも、商業用種子市場においては、遺伝子組み換え種子（Genetically Modified Seeds GM種子）の占める割合が年々拡大しており、これらのバイオ・キャピタルは、一代限りで種子が死滅するようにするターミネーター技術の開発により、農業生産者を囲い込む形で、その支配を強化している。モンサントなどは、自社の除草剤（ラウンドアップ）とそれに耐性のあるＧＭ種子（ラウンドアップ・レディ）をセットにして販売することで、生産者を完全に囲い込もうとしている。後述するように、ＧＭ作物の残留農薬問題や未知のリスクなどを理由に、消費者からはＧＭ作物に対する反対運動が起こっていて、特にヨーロッパにおいては、ＧＭ作物およびそれを使った食品に対する抵抗は強い。しかし、モンサントなどのアグリビジネス側は、ＧＭ作物の安全性を強調しながらＧＭ作物・食品に対する規制

（ラベルの義務づけなど）を緩和する方向でルールを改変しようとしている。

同時に、カーギルとモンサント、ＡＤＭとシンジェンタといったように、川下部門での寡占資本と川上部門での寡占資本との提携が進められ、アグリビジネスによる垂直的統合が強化されてきている。大手アグリビジネスによってまさに種から商品棚に至る、買い手主導のグローバル商品チェーンが形成されていく過程で、中小の農業生産者は中小の小売業者と同様に周辺化されていくことになる。単価当たりの利益を切り詰める形での激しい競争の中で生き残れるのは、「規模の経済」を生かせる寡占資本だけといった、社会ダーウィニズム的状況が現出していると言ってもよいだろうが、そうした中で、グローバル・フード・レジームはグローバル企業レジーム（global corporate regime）とも呼ぶべきものへと変容していっている（McMichael 2000）。

ポスト・フォーディズムにあわせて再編されつつある第三次国際的フード・レジームの第一の特徴は、先にも述べたように、グローバル・フード・チェーンの川上、川下でのアグリビジネスによる寡占的支配であるが、中でも、プライベート・ブランドの氾濫に見られるように、フード・チェーンの河口、つまり小売り部門でのメガ・スーパーマーケットによる寡占的支配は極めて大きな特徴となっている。グローバル・フード・チェーンにメガ・スーパーマーケットが大きな影響力を与えるということは、こうしたメガ小売企業は食品規格・品質基準といったものについてのルール作りにも主導権をもつことになる。

それと同時に、ポスト・フォーディズムに特徴的な現象、アリギの言う金融拡大局面、または認知資本主義論者の言う全生活領域への金融の拡大・浸透といった現象に連関して、アグリビジネスもまた金融資本との関係を強めていき、穀物の先物市場なども投機の対象となっていった。金融資本の流動性は時空間の圧縮を最もラディカルに体現したものであるが、金融市場の規制緩和や情報通信技術革命の追い風を受けながら金融のグローバリゼーションが急速に進む中、金融資本はデリバティブ等を介する形で均質化する市場の中の時空間的差異を梃子に短期的利益を追い求め続け、その流動性をさらに高めている。二一世紀に入ると、農産物市場等に特化したヘッジ・ファンドが次々に設立されたり大手のプライベート・エクイティ・ファンドがアグリビジネスへの関与を強めたり、またアグリビジネスが金融市場へ参入したりするなど、グローバル・アグリフード・ガバナンスもまたグローバル金融市場により直接的に結びつくことになり、資本のための株主中心主義のコーポーレート・ガバナンスの原則に沿う方向で改編されていくことになる（Burch and Lawrence 2009）。グローバル・フード・システムの金融化によって、フード・ポリティクスは日常の食生活との距離が遠くなるとともに、ますます見えにくくなり不確実性も高まることになる（Clapp 2014）。たとえば、二〇〇八年のリーマン・ショック後、行き場を失った金融資本の一部が、農産物の先物市場などへと投機目的に流入し、そうした投機が同年のグローバル食料危機をもたらし結果としては「アラブの春」の遠因になったように[1]、時には、資本の求める短期的利益のためにフード・ガバナンスそのものが揺らぐ事態、特に社会経済的に脆弱な位置にある人々にとってのフード・インセキュリティが招来されることになる（Ghosh 2010;

McMichael 2009)。

3　GM作物・食品をめぐるリスク・ポリティクス

フード・インセキュリティと関連することで触れなければならない、もう一つの重要な問題は、GM作物・食品をめぐるリスク・ポリティクスであろう。環境運動家のヴァンダナ・シバは、種こそがフード・セキュリティの究極的な象徴であり、GM作物を梃子にした大手アグリビジネスによる農民に対する支配強化はフード・サプライのハイジャックであると非難しているが(Shiva 2000)、この動きにおいて興味深い点の一つは、新しい科学技術導入に伴うリスク評価をめぐる政治であろう。原子力発電業界と同様に、推進する側の大手アグリビジネス側は、GM食品のリスクを非常に低く見積もる傾向があり、高いリスクを指摘する研究者の報告を非科学的として批判または無視し、時には学会人事にまで手を回してGM食品に対する批判を封じ込めることさえある。(2) 言い換えれば、金融資本とも一体化したアグリビジネスは、その経済力を梃子にし

(1)　二〇〇八年のグローバル食料危機の契機は、その他に、中国やインドなどの新興国における食料需要の急速な拡大、気候変動による不作、そしてバイオ燃料の需要拡大に伴う関連作物(大豆やトウモロコシ)の高騰などもあり、複合的危機の様相を帯びていることは確かであるが、結果として小麦価格の暴騰等を契機とする民衆叛乱、特に「アラブの春」にもつながったという点で、世界史的にも大きな意味を持っていると言えよう。

て言説におけるヘゲモニー形成に勤しんでいるということである。具体的には、アグリビジネス側は、単にGM作物・食品が、健康面、環境面において無害であることを強調するだけではなく、発展途上国での食料不足を解消するのに大きな役割を果たすとして、そのポジティブな評価を前面に出しながら言説形成を推し進めるとともに、GM作物・食品がより広く普及するように、食品に関するルールを改編する方向でWTOや各国政府に積極的に働きかけている(Williams 2009)。

しかし、GM作物・食品に対する消費者側の反発は根強い。まず、狂牛病問題の際も、イギリス政府などは当初、狂牛病の牛の肉を人が食べても問題ないとしていたが、結果として、食べた人の中から海綿状脳症によって死亡する人が一〇〇人以上出て、大騒ぎになった過去の教訓がある。特に除草剤耐性GM作物の場合についても同様で、除草剤成分が蓄積された作物やそれを使った食品を長期間摂取した場合、健康被害が起きないという保証はどこにもない。実際、フランスの研究者グループのマウス実験では発がんとGMトウモロコシとの高い関連性が示され、激しい論争を引き起こしている(Séralini et al. 2009)[3]。健康被害の問題だけではなく、GM作物が自然環境に及ぼす影響についても同様で、環境NGOなどを中心に、GM作物が自然に他の畑へ広がっていくなどして最終的には生物多様性そのものを脅かすことになるのではないかといった懸念の声もあがっているが、推進派は当然、これについても心配はないと主張している。推進派と反対派の間では、GMをめぐるリスク評価が一八〇度、違っているが、それは長期間にわたって蓄積されたデータがなく、まさに未知（unknown）の事象であるからであり、逆に言えば、安全性の確認を十分にしないままGM作物・食品を普及させようとするのは、ある意味で大規模な生体実験を行っているのと同じと言ってよいだろう。

興味深いのは、GM作物・食品のリスク評価、特に未知という不確実性への対処の仕方において、アメリカとヨーロッパの間では大きな違いがあるということである。ヨーロッパでは、基本的に「重大かつ不可避な損害が生じるおそれがある場合には、その完全な科学的立証がなくてもリスクを回避すべきである」といった予防原則（precautionary principle）の考え方に沿って、GM作物・食品に対しては慎重な対応がとられている（Jasanoff 2005: 68-93）。それは、ちょうど原発をめぐるリスク評価において、ドイツが極めて厳しい判断をしているのと相同の関係にあると言えようが、一方のアメリカでは、モンサントなどのバイオ・キャピタルの政治的影響力が強く、GMの商品表示さえフェアな市場競争を妨げるとして認めないなど、リスクを過小評価する傾向

（2） この点については、例えば、堤未果『（株）貧困大国アメリカ』岩波新書、二〇一三年の第一章、またドキュメンタリー映画『世界が食べられなくなる日』（原題「Tous Cobayes?」、二〇一二年公開、ジャン＝ポール・ジョー監督）を参照。

（3） フランス政府は二〇一二年九月、GMトウモロコシと発がんとの関連性について担当部局への調査を指示したが、翌月には、政府の調査委員会は、研究者の論文を非科学的であるとして、彼らの結論を否定している。AFP, "French panel rejects study linking GM corn to cancer," October 22, 2012.

が見られる。こうしたGM作物・商品に関連するリスク・不確実性をめぐる対応に見られる差違の背後には、国ごとのリスク・カルチャーの違いと同時に、GM作物を推進するアグリビジネスとそれに反対する環境運動、消費者運動や農民運動を含む、全体的な権力布置状況の違いがあることに注意を払う必要があろう。つまり、アメリカを中心に高いリスク込みのGM作物・商品を梃子に、さらにアグリビジネスによる支配が強化される一方で、ヨーロッパなどでは、ローカルな農業を根拠地としながら抵抗しようとする運動がいまだに健在であるということである(Kurzer and Cooper 2007)。また、国内にそうした強い抵抗勢力がなく食料供給不足の解消というレトリックが強く作用する新興国(ブラジル、中国、南アフリカ)や発展途上国(フィリピン、ブルキナファソ、ボリビア)においては、GM作物が次第に積極的に受け入れられている(James 2010)。GM作物によるモノカルチャー化ということに関連して言えば、コロンブス交換以降、新大陸から世界中に伝播していったトウモロコシであるが、メキシコに残っていた在来種は現在、NAFTA(北米自由貿易協定)の下でアメリカから輸入されたGM品種に経済的に駆逐されると同時に、メキシコ政府の規制が結果的に後手に回ったためGM品種の拡散・交雑により消滅の危機に晒されているという(Wainwright and Mercer 2011)。こうした状況は、長い「均質新世」の最終局面を象徴しているかのようにみえる。

4 食料主権――場所性の復権を目指すローカルな運動の可能性と限界

結局のところ、バイオ・キャピタルの金融化やGM作物・食品問題など、今まで見てきたような現在のアグリビジネス主導のグローバル・アグリフード・ガバナンスが内包している危機を、どのように見たら良いのか。センがかつて指摘したように、飢饉・飢餓といった問題は食料不足によるものではなく、食料へのアクセスを阻む制度の問題によることが多い。実際、最近のグローバル食料危機も同様で、穀物の先物市場への投機による価格の乱高下など、明らかにアグリフード・セクターの金融化によって、そうした制度面の問題がより深刻になっている。GM作物・食品問題についても同様で、それを推進するアグリビジネス側は、発展途上国の食料不足を解消するためといったレトリックを駆使するものの、実態は、アグリビジネスによる生産者の支配はますます強化されるという兆候が見られる。それ以上に、食料供給を確実なものにするという名目での自然の不確実性に対する科学技術による制御の試み（バイオテクノロジー）が、結果として、自然と文化（人工）の境目を溶解させながら、さらに高いリスクを含んだハイブリッド・モンスターをうみだしている。GM作物・商品は、遺伝子工学によって自然と文化（人工）との境界を越えながら作られたハイブリッド・モンスターと言ってよい。つまり、現在のアグリフード・ガバナンスのもとでの食の脱領土化の流れは、単に地理的境界や生態学的境界を超えていくだけではなく、自然と人工との間の境界をも超えていこうとしているとも言えよう。先に述べてきたように、そうした流れを推し進めているのはアグリビジネスやバイオ・キャピタルであり、それらが主導するグローバル・アグリフード・ガバナンスのもとでは、リスクは昂進し続けフード・インセキュリティは高まるとともに人々の食料に対する権利が犯されつつある。

そうした状況に抗する形で出てきているのが、食料主権（food sovereignty）や生態地域主義（bio-regionalism）の思想・運動や、フード・マイレージ縮小を目指す地産地消を軸にした有機農業運動やスロー・フード運動である。特に食料主権を求める思想・運動は、従来の食料安全保障（food security）政策の失敗を批判する形で一九九〇年代後半頃から立ち現れて来たもので、具体的には一九九六年、ローマで開かれた世界食糧サミットに合わせて、トランスナショナルな農民組織「ラ・ヴィア・カンペシーナ（La Via Campesina）」が提唱したのを契機に人口に膾炙するようになり、二〇〇七年、アフリカ・マリで開かれた食料主権フォーラムでは、再び「ラ・ヴィア・カンペシーナ」などが中心になって食料主権に関する包括的な定義を試みたニエリニ（Nyéléni）宣言を採択したりしている。そこでは食料主権について、「生態学的に健全で持続的な方法で作られた健康的で文化的に適切な食品を享受できる権利、および自分たちの食品・農業システムを決定する権利」と定義されている。

これは、ある意味で、「どこから来たかもわからない食品（Food from Nowhere）」の全般化に対する反発から「どこから来たかわかる食品（Food from Somewhere）」を求める動きでもある

(Campbell 2009)。換言すれば、それは、先にも述べたように、グローバリゼーションの過程で均質化するファースト・フードといった食の脱領土化に対抗する形で出てきた再領土化の運動、また同質化に抗する多様性維持や環境的に持続可能なフード・レジームへの転換を目指した運動として位置づけることができよう(Oosterveer and Sonnenfield 2012: 109-29)。つまり、地球上を高速移動する資本の流れによって急きたてられる食のグローバリゼーションの過程において、逆に個々の「場所」の特性が際立ってくるという事象が現れてきているということでもある。

このような主権という概念を前面に押し出した再領土化の政治は、常に既存の主権国家体系との関係が問題となってくる。特に食料主権という場合には、その主権概念の曖昧さ・多義性から、国家主権と絡みながら、その内容が争われることになることに注意が必要だ(Schiavoni 2015)。「自分たちの食品・農業システムを決定する権利」といった場合の、「自分たち」とは具体的には、どういう人々を指しているのか。それは、市場をコントロールする(と期待されている)国家という政治共同体に属する国民なのか、それとも小農や土地なし農業労働者などを含むローカルなレベルでの人民なのか、といったように、異なるレベルやサイズごとに異なる意味合いをもってくる。アプリオリに主権が前提としてあるわけではなく、実際には異なるレベルでの主権を求める実践活動が、互いに絡み合いながらネットワークの合従連衡を繰り返しながら展開されていると考えた方が自然であろう。そのように考えれば、現在展開中の食料主権の運動もまた、さまざまなスケールでの関係性の中で捉えるべきものかもしれないが(Iles and Wit 2015)、国家が依然として主権的権力を集める強い磁場である以上、そこを中心に展開されがちになる。

注目すべきは、特に二一世紀初頭、ラテンアメリカで出現したボリビアのモラレス政権、エクアドルのコレア政権などの反米左翼政権が、食料主権という政策概念を新憲法にも書き込むなど、食料主権というアイディアの制度化を推し進めたことであろう（Claeys 2015: 29-41）。こうした動きは、アメリカ主導のネオリベラルな第三次フード・レジーム（the corporate food regime）に対抗する食料主権回復の思想・運動が、国家レベルで政策実現にまでこぎつけたものだ。しかし、一方では、既存の輸出産業への依存を続ける一方で支持固めのための小農優遇策（ラディカルな農地改革の回避）など改良主義的政策に踏みとどまる国家権力に取り込まれた結果、食料主権というレトリックと現実との間の乖離を広げたにすぎないといった厳しい批判的な見方もある（Tilzey 2018: 263-88）。

また消費の側から見ても、ローカルな場所性に依拠したスロー・フード運動などは、ある意味でグローバルな現象となりつつあるだけではなく、それらの一部は富裕層の消費文化としてグローバル・アグリフード・ガバナンスのサブセクターとして取り込まれてきていることについても注意を払う必要があろう。つまり、ＧＭ作物・食品を含めリスクの高い食品は貧困層の食生活の中で消費される一方で、比較的高価な有機作物は富裕層の食生活の中で消費されるという、食の二重構造があらわれてきているということである。つまり、自然食品に力を入れるホール・フーズ・マーケットでのオーガニック商品の消費に見られるように、オルタナティブと思われたものも、富裕層市民による一種の倫理的ロンダリングを含んだ消費行動という側面もあわせもちながらグローバル・アグリフード・ガバナンスの中に取り込まれるようになってきている(Johnston 2008)。つまり、場所性に訴えるはずのオーガニック食品が奇妙なことに脱領土的なスーパーマーケットの中に完全に組み込まれるようになってきている(Sahota 2009)。

このように、食料主権といった、自らが作るもの・食べるものについての権利を再獲得していこうとする、オルタナティブ・フード・システムを模索する動きもまた常に体制内に取り込まれる可能性に直面している。体制内に取り込まれ現状維持となってしまうような事態を乗り越えるためには、「均質新世」を推し進めているネオリベラル資本主義社会そのものを変革していくというヴィジョンを持ちながらプラグマティックな実践を積み重ねていく必要がある(Hassanein 2003)。それは、食についての権利の再獲得はフード・デモクラシー、さらにアース・デモクラシーの実現でもあるわけだが(Shiva 2000)、ラディカル・デモクラシーにとってのキーワードがプルーラリズム(多元主義)であるように、フード・デモクラシーやアース・デモクラシーにとって重要な鍵は、モノカルチャーに抗する生物多様性の維持であると同時に、一元的世界(universe)からローカルなものに根ざす多元的世界(pluriverse)への転換であろう(Conway and Singh 2011; Kothari et al. 2019)。その意味では、デモクラシーが常に未完であるように、フード・デモクラシーの実現は、排除されている人々や人以外の生命、モノをも包摂していくという果てしない目標に向かって一歩ずつ進んでいくしかないのであろう。

参考文献

福岡伸一（2007）『生物と無生物のあいだ』講談社現代新書

Adams, Carol J.（1990）, *The Sexual Politics of Meat: A Feminist-Vegerarian Critical Theory*（New York: The Crossroad Publishing（鶴田静訳『肉食という性の政治学――フェミニズム・ベジタリアニズム批評』新宿書房、一九九四年））.

Bernstein, Henry（2010）, *Class Dynamics of Agrarian Change*（West Hartford, CT: Kumarian Press（渡辺雅男監訳『食と農の政治経済学――国際フードレジームと階級ダイナミクス』桜井書店、二〇一二年））.

――（2016）, 'Agrarian political economy and modern world capitalism: the conributions of food reigme analysis', *The Journal of Peasant Studies*, 43(4), 611-47.

Burch, David and Lawrence, Geoffrey（2009）, 'Towards a third food regime: behind the transformation', *Agriculture and Human Values*, 26, 267-79.

Campbell, Hugh（2009）, 'Breaking new ground in food regime theory: corporate environmentalism, ecological feedbacks and the 'food from somewhere' regime?', *Agriculture and Human Values*, 26, 309-19.

Claeys, Pricscilla（2015）, *Human Rights and the Food Sovereignty Movement: Reclaiming Control*（London: Routledge）.

Clapp, Jennifer（2014）, 'Financialization, distance and global food politics', *The Journal of Peasant Studies*, 41(5), 797-814.

—— (2015), 'Distant agricultural landscapes', *Sustainability Science*, 10, 305–16.

Conway, Janet and Singh, Jakeet (2011), 'Radical Democracy in Global Perspectives: notes from the pluriverse', *Third World Quarterly*, 32(4), 689–706.

Crosby, Alfred W. (2003), *The Columbian Exchange: Biological and Cultural Consequences of 1492* (30th Anniversary edn.; Westport, Connecticut: Praeger).

—— (2004), *Ecological Imperialism: The Biological Expansion of Europe, 900–1900* (Second edn.; Cambridge: Cambridge University Press（佐々木昭夫訳『ヨーロッパの帝国主義——生態学的視点から歴史を見る』ちくま学芸文庫、二〇一七年）).

Dixon, Jane (2009), 'From the imperial to the empty calorie: how nutrition relations underpin food regime transitions', *Agriculture and Human Values*, 26, 321–33.

Escobar, Arturo (2001), 'Culture sits in places: reflections on globalism and subaltern strategies of localizaion', *Political Geography*, 20(2), 139–74.

FAO (2006) *Livestock's long shadow* (Rome: FAO).

Friedmann, Harriet (1982), 'The Political Economy of Food: The Rise and Fall of the Postwar International Food Order', *American Journal of Sociology*, 88 (Supplement), 248–86.

Friedmann, Harriet and McMichael, Philip (1989), 'Agriculture and the state system: The rise and declinet of national agriculture. 1870 to the present', *Sociologia Ruralis*, 29(2), 93–117.

Ghosh, Jayati (2010), 'The Unnatural Coupling: Food and Global Finance', *Journal of Agrarian Change*, 10(1), 72–86.

Harvey, David (1989), *The Condition of Postmodernity: An Enquiry into the Origins of Cultural Change* (Oxford Blackwell（吉原直樹訳『ポストモダニティの条件』青木書店、一九九九年）).

——（2005），*A Brief History of Neoliberarism*（Oxford: Oxford University Press（渡辺治監訳『新自由主義——その歴史的展開と現在』作品社，二〇〇七年））．

Hassanein, Neva（2003），'Practicing food democracy: a pragmatic politics of transformation', *Journal of Rural Studies*, 19, 77–86.

Iles, Alastair and Wit, Maywa Montenegro de（2015），'Sovereignty at What Scale? An Inquiry into Multiple Dimensions of Food Sovereignty', *Globalizations*, 12(4), 481–97.

James, Clive（2010），'A global overview of biotech（GM）coprs: Adoption, impact and future prospects', *GM Crops*, 1(1), 8–12.

Jasanoff, Sheila（2005），*Designs on Nature: Science and Democracy in Europe and the United States*（Princeton: Princeton University Press）．

Johnston, Josée（2008），'The citizen-consumer hybrid: ideological tenstions and the case of Whole Foods Market', *Theory and Society*, 37(3), 229–70.

Kern, Stephen（1983），*The Culture of Time and Space 1880–1918*（Cambridge, Mass.: Harvard University Press（浅野敏夫，久郷丈夫訳『空間の文化史　時間と空間の文化　一八八〇－一九一八年　下巻』法政大学出版局，一九九三年））．

Kothari, A., et al.（2019），'Introduction: Finding Pluriversal Paths', in A. Kothari, et al.（eds.），*Pluriverse: A Post-Development Dictionary*（New Delhi: Talika Books），xxi–xl.

Kurzer, Paulette and Cooper, Alice（2007），'What's for Dinner? European Farming and Food Traditions Confront American Biotechnology', *Comparative Political Studies*, 40(9), 1035–58.

Mann, Charles C.（2011），*1493: Uncovering the New World Columbus Created*（New York: Alfred A. Knopf（布施由紀子訳『1493——世界を変えた大陸間の「交換」』紀伊國屋書店，二〇一六年））．

McMichael, Philip (2000), 'The Power of Food', *Agriculture and Human Values*, 17, 21–33.

—— (2005a), 'Global Development and the Corporate Food Regime', in F. Buttel and P. McMichael (eds.), *New Directions in the Sociology of Global Development* (Amsterdam: Elsevier), 269–303.

—— (2005b), 'Global development and the corporate food regime', in Frederick H. Buttel and Philip McMichael (eds.), *New Directions in the Sociology of Global Development: Research in Rural Sociology and Development Vol. 11* (Amsterdam: Elsevier), 269–303.

—— (2009), 'A Food Regime Analysis of the "World Food Crisis"', *Agriculture and Human Values*, 26, 281–95.

—— (2013), *Food regimes and agrarian quesions* (Halifax, NS: Fernwood).

Mintz, Sidne W. (1985), *Sweetness and power: The place of sugar in modern history* (New York: Penguin (川北稔、和田光弘訳『甘さと権力——砂糖が語る近代史』平凡社、一九八八年)).

Newell, Peter, Taylor, Olivia, and Touni, Charles (2018), 'Governing Food and Agriculture in a Warning World', *Global Environmental Politics*, 18(2), 53–71.

Oosterveer, Peter and Soonnenfield, David A. (2012), *Food, Globalization and Sustainability* (New York: Earthscan).

Patel, Raj (2007), *Stuffed and Starved: The Hidden Battle for the World Food System* (New York: Melville House Publishing (佐久間智子訳『肥満と飢餓——世界フード・ビジネスの不幸のシステム』作品社、二〇一〇年)).

Reay, Dave (2019), *Climate-Smart Food* (London: Palgrave Macmillan).

Ruddiman, Willam F. (2013), 'The Anthropocene', *Annual Review of Earth and Planetary Sciences*, 41, 45–68.

Sahota, Amarjit (2009), 'The Global Market for Organic Food & Drink', in IFOAM & FiBL (ed.), *The World of Organic Agriculture: Statistics and Emerging Trends 2009* (Bonn: IFOAM), 59–64.

Samways, Michael J. (2005), *Insect Diversity Conservation* (Cambridge: Cambridge University Press).

Schiavoni, Christina M. (2015), 'Competing Sovereignties, Contested Processes: Insights from the Venezuelan Food Sovereign Experiment', *Globalizations*, 12(4), 466-80.

Séralini, Gilles-Eric, et al. (2009), 'A Comparison of the Effects of Three GM Corn Varieties on Mammalian Health', *International Journal of Biological Sciences*, 5(7), 706-26.

Shiva, Vandana (2000), *Stolen Harvest: The Hicjaking of the Global Food Supply* (Cambridge, MA: South End Press (浦本昌紀監訳『食糧テロリズム』明石書店、二〇〇六年)).

Tilzey, Mark (2018), *Political Ecology, Food Regimes, and Food Sovereignty: Crisis, Resistance, and Resilience* (London: Palgrave Macmillan).

Treitel, Corinna (2009), 'Nature and the Nazi Diet', *Food and Foodways*, 17(3), 139-58.

Wainwright, Joel and Mercer, Kristin L. (2011), 'Transnational trangenes: the political ecology of maize in Mexico', in Richard Peet, Paul Robbins, and Michael Whats (eds.), *Global Political Ecology* (London: Routledge), 412-30.

Weis, Tony (2013), *The Ecological Hoofprint: The Global Burden of Industrial Livestock* (London: Zed Press).

Williams, Marc (2009), 'Feeding the World? Transnational Corporations and the Promotion of Genetically Modified Food', in Jennifer Clapp and Doris Fuchs (eds.), (Cambridge, Mass.: The MIT Press), 155-85.

第4章　制御不能のハイブリッド・モンスターという問題
――3・11再考

1　啓蒙の弁証法、再び

二〇一一年のマグニチュード九・〇の東北地方太平洋沖地震は特に津波による甚大な被害を東北地方沿岸部にもたらし、「自然」の脅威をあらためて私たちに思い知らしめた。そうした「自然」の力に対して真正面から対峙して、それに打ち克とうとすることが、そもそも無理であると我々に思わせるほど「自然」の力は強大であった。それと同時に、自然を制御できるという思い上がりが、とんでもない破局をもたらす危険性があることも、福島第一原子力発電所事故（以下、フクシマ）によって、我々は学ばされた。事故から三年経った二〇一四年三月時点で、なおも約一五万人の住民が事実上の「国内避難民（internally displaced persons）」として故郷から離れることを余儀なくされ、「原発関連死」は一千人を超した（飯田 2014）。科学技術は「必然の帝国」を大いに縮小させることに成功したものの、その過程で新たに作られた不確実性は大規模な破局をもたらす危険性を高めることになった。換言すれば、「自然」を制御するために、人類は、皮肉なことに、人類自らが制御できない「自然と科学技術とを合わせたハイブリッド・モンスター」（Latour 1991: 22）を産出することになってしまったのである（土佐 2012：284-300）。

こうした問題については、寺田寅彦が既に「天災と国防」という随筆の中で次のように指摘していた。

「文明が進むに従って人間は次第に自然を征服しようとする野心を生じた。そうして、重力に逆らい、風圧水力に抗するような色々の造営物を作った。そうしてあっぱれ自然の暴威を封じ込めたつもりになっていると、どうかした拍子に檻を破った猛獣の大群のように、自然が暴れ出して高楼を倒壊せしめ堤防を崩壊させて人命を危うくし財産を亡ぼす。その災禍を起こさせたもとの起こりは天然に反抗する人間の細工であると言っても不当ではないはずである。（中略）もう一つ文明の進歩のために生じた対自然関係の著しい変化がある。それは人間の団体、なかんずくいわゆる国家あるいは国民と称するものの有機的結合が進化し、その内部機構の分化が著しく進展してきたために、その有機系のある一部の損害が系全体に対して甚だしく有害な影響を及ぼす可能性が多くなり、時には一小部分の障害が全系統に致命的となりうる恐れが

あるようになったということである。」（寺田 1934）

リスク制御を試みることにより逆に制御できないような高いリスク状況があらたに生み出されるという、逆説的な現象は、ベックのリスク社会論にも通じる指摘であるが、寺田がこの随筆を書いてから既に八〇年以上の月日が経過し、自然と科学技術のハイブリッド化はより一層進行し、人間社会の脆弱性はさらに高まってきていると言っても過言ではない。国家安全保障のために核兵器の限りなき開発を進めながら人類を破滅近くまで追いやるといった「安全保障の逆説」的な現象もまた、そうした道具的理性の限界を露出させた究極形態の一つと言えよう。軍事技術を含めて技術によってリスクを制御しようとする試みが、逆にカタストロフの可能性を高め、人間の安全保障を脅かすような事態を招来しているわけで、ある意味で、人間自身が人間にとっての最大の脅威となるような段階まできてしまっていると言ってもよい。こうした文明の逆説とも言える状況の背後に道具的理性の限界性という問題を看取したのが、フランクフルト学派、いわゆる批判的社会理論を推し進めたアドルノらであった。

「人間を自然の暴力から連れ出す一歩ごとに、人間に対する体制の暴力が増大してくるという状況の不条理さは、理性的社会の理性を、陳腐なものにすぎないとして告発する。」（Horkherimer and Adorno 1997 (orig. 1947): 56）

こうした表現に見られるように、アドルノらは、科学技術の進歩に対して極めてペシミスティックな見方をしていた。それは、アウシュビッツに代表されるようなホロコーストという大量殺戮が、官僚的合理性と技術的合理性の行き着く先であったという認識に基づくものであるところからも来ている。さらに、ヒロシマ・ナガサキといった核兵器使用による大量無差別殺戮、その後の米ソ間の核兵器開発のエスカレーションといったこともあり、科学技術、特に軍事的技術の発展が逆に人類を破滅へと追いやっているという主張は、その真実味を次第に増していったと言ってもよいであろう。世界大戦という総力戦の過酷な経験を踏まえると、科学技術は、あくまで中立であり、それを使う人間側の問題だといった技術中立論よりも、科学技術のデザインそのものが、人間社会の支配・抑圧関係をもたらし、さらには人類を破局へと導いているといった技術決定論的なペシミズムの方が説得力をもつ。

しかし、ハイデガーやエリュールなどに代表される技術実在論（自立論）ないしは技術決定論に立脚する限り、人間社会は自ら生み出した技術をコントロールすることは困難で、場合によってはそれによって滅びることもありえるが、それに対する処方箋はないということになる。「技術への問い」などの論攷におけるハイデガーの表現を借りるならば、近代技術は制作というポイエーシスの精神を忘れて素材を脱世界化し、外的な要求に服従するように自然を「挑発」し、無目的な機能の山を積み上げながらディストピアをもたらすことになる。エリュール的な表現であれば、技術社会の出現とともに社会環境は技術環境に取って代わられ、人類は、その技術環境への移行によって引き起こされる全面的危機に直面しているということになる（Ellul 1964）。そうしたペシミスティックな技術決定論に対して、理性の限界を指摘するフランクフルト学派（批判理論）の知見を継承しつつも技術社会の変革可能性を強調する議論を組み立てることも可能であろう。たとえば、フィーンバーグは、マルクーゼの技術論を受ける形で社会構築主義的なＳＴＳ（Science and Technology Studies）に近いアプローチをとることで、技術体系が社会に深く食い込みながらテクノクラシーによる支配を強めて社会の選択可能性を制約している事実を認める一方で、市民社会による技術の民主的コントロールは可能であるといった主張を展開している（Feenberg 1999, 2002）。そうした議論に従えば、結果として技術の民主的コントロールを通じてのオルタナティブ技術創出は可能であり、それによって道具的理性の非理性的帰結としてのカタストロフを回避することも可能ということになる。実際、チェルノブイリやフクシマでの原発事故後、原発を維持し続ける国がある一方で、不確実性に対して敏感なリスク・カルチャーが支配的で、反原発の社会運動が強い国では脱原発への政策転換がなされたような差違が生じたことが示しているように（Flam 1994）、トータルな技術デザインは、それをとりまく政治勢力の布置状況に応じて変わるという見方（技術中立論と技術実在論との中間）が妥当であろう。[1]

本章では、そのような技術中立論と技術実在論の中間の立場・観点から、フクシマに代表されるような技術社会が生み出す深刻なリスク問題を批判的に考察、検討していくことで、現在のテクノクラシー主導のリスク・ガバナンスが、どのような構造的問題を抱えているかについて解き明かしていきたい。また、そのことを通じて、リスクの配分における不正義問題に焦点を当てながら、批判的安全保障論の観点からの安全保障概念の深化の可能性についても検討していく。批判的安全保障論とは、「一体、誰のための安全保障か」といったことを問い直すとともに、安全保障という名目のもとで強化されている抑圧的な政治権力構造からの「解放」の可能性を検討し続ける知的営為であるが（Booth 1991, 2007; Wyn Jones 1999）、そうした立場から、フクシマという範例を中心にカタストロフに伴うリスクの配分における不正義問題について「解放」という観点から考察を深めていく。

2　不確実性の政治的操作——不運と不正義の境界線をめぐって

ポスト通常科学とは、不確実性が極めて高く価値論争的であるとともに、問題が重大で早急に決断が要求されるような事象を取り扱う領域のことであるが（Funtowicz and Ravetz 2014）、テクノ・ポリティクスの要諦は、そうしたポスト通常科学の領域における不確実性の操作にあると言ってよいだろう。例えば、フランスの核開発の事例では、技術大国といったナショナル・アイデンティティの政治（国家の威信）と原子力が結びつくという文脈の中でテクノ・ポリティクスが不確実性の操作を行っていたとの指摘があるように（Hecht 2009: 334）、不確実性の高いポスト通常科学の領域は政治的なものが混入する度合いは極めて高い。

政治的なものが混入する度合いが高い原因は不確実性の特性にある。不確実性とは「未知のもの（unknowns）」の別名と言ってもよいが、まず未知の破局ということを理解するためには、計算可能なリスクと計算不可能な不確実性とを分ける必要がある（O'Malley 2004: 13-15）。つまり、不確実性が高いということは「起きそうもない（improbable）」ということを意味しない。不確実性が高い事象とは前例がほとんどないため確率論的なリスク計算は適用困難である。既に約一世紀前に、フランク・ナイトは、リスクについては蓋然性（probability）を知ることができるが、不確実性については知ることができないとして、リスクと不確実性を分けるべき、と述べていた通りである（Knight 1971（orig. 1921））。不確実性について、ケインズも同様に次のように書き記し

(1) 日本の場合、ドイツのような脱原発の政策転換が難しくなっている背景として、リスク・カルチャーの違いに加え、産官学そして政治家からなる「原子力ムラ」といわれる既得権益グループが、その政策決定過程に深く関与していることと同時に、一九七〇年代以来の電源三法交付金等に基づく利益誘導型政治による反対勢力の分断という手法が依然として有効に機能していること、さらにアーミテージ＝ナイ・レポートや野田政権における「二〇三〇年代に原発稼働ゼロ」の閣議決定の見送りなどの事実が示しているように、アメリカが日本の脱原発の選択肢を許さないという強い外圧の存在があげられる。Armitage, Richard L. & Joseph S. Nye (2012) *The U.S.- Japan Alliance: Anchoring Stability in Asia* (Washington, DC: Center for Strategic and International Studeis). pp 2-3；望月衣塑子「原発ゼロ「変更余地残せ」 閣議決定回避　米が要求」『東京新聞』二〇一二年九月二二日。

ている。

「説明させていただくと、「不確実な」知識によって、私は、確実に知らされていることを、蓋然的に過ぎないことから区別しようと単に意図しているのではない。ルーレットのゲームは、この意味においては、不確実性の支配を受けていない。また戦時債権が償還される見込みもそうである。あるいは、また平均余命はごくわずかに不確実であるに過ぎない。天候でさえ、ごく軽度に不確実であるに過ぎない。私がその言葉を使用している意味は、ヨーロッパ戦争の見込みとか、二〇年後の銅の価格とか利子率とか、新しい発明の陳腐化とか、一九七〇年の社会体制における私的財産所有者の地位といったものが不確実であるということである。これらの事柄については、計算可能な確率を形成するに当たっての科学的基礎は何も存在しない。私たちは単に知らないのである。」（Keynes 1937: 213-4）

端的に言えば、不確実性には「わかっている未知（known unknowns）」と「知られざる未知（unknown unkowns）」とがあるということである。特に「知られざる未知」の現象に確率論的なリスク計算を適用することは難しい。そこで必要とされるのが、最悪シナリオ・アプローチ（possibilistic approach）である。事象が「分かっている未知」までの射程であれば、確率論的アプローチ（probabilistic approach）でも対応可能であろうが、フクシマの大災害のような「知られざる未知」に近い現象は、まさに想定外ということで、あらためて不確実性に対する最悪シナリオ・アプローチの重要性を認識させることになったと言えよう（Pritchard 2012）。深刻な事故をもたらすようなハイブリッド・モンスターの複雑なダイナミクスは、確率論的アプローチでは予測不可能であり、最悪シナリオ・アプローチで初めて想像できるものである（Clarke 2006: *passim*）。加えて、通常事故論で有名なチャールズ・ペローの指摘があるように、最善のマネージメントがなされ最大の注意が払われたとしても、核プラント・システムは、その複雑性と緊密なカップリングゆえに、深刻な事故は避けられないという側面にも注意を払う必要があるだろう（Perrow 2007: 172）。しかし、核エネルギー利用推進論には、確率論的アプローチを政治的利用しながら、最悪シナリオ・アプローチの警告を無視する傾向が見られる。リスクの統計学的評価には政治的バイアスが伴いがちであることに注意すべきであろうが、一方で、ギリシア神話のカッサンドラのように、カタストロフの可能性を想定する最悪シナリオ・アプローチに対しては、非合理的、時にはヒステリックというラベルが貼られ無視されることが多い。つまり、確率論的アプローチに基づく核エネルギー推進論がヘゲモニーを持っている中では、破局が起きない限り、最悪シナリオ・アプローチに基づく脱原発論が正統性を得ることは難しい（Clarke 2006: 35–41）。

もう一つの問題は、確率論的アプローチは有力者を保護し非力な者を危険に追いやる傾向があるということである（Clarke 2006: 50）。リスク社会論で有名な社会学者のベックは、「富の問題が上方への集中であるのに対して、危険の場合は下方に集中している」と述べながら、階級社会とリスク社会とは重なりあうところがあることを指摘していたが（Beck 1992: 48-49）、実際に、リスクに伴う受苦のパターンは、人種、階級、ジェンダー、また地理的な差異に対応し、破局の被害は、ランダムな広がりというよりは中心・周辺といった構造化された分布を示すことが多い。人類学者のメアリ・ダグラスも、「リスクの現在の配分は権力と地位に応じたものであるため、おのずと正義について問題とせざるを得ない」と同様のことを述べている（Douglas 1985: 10）。結局、確率論的アプローチによるリスク・ガバナンスは、結果として失敗して破局を招いた場合、その権力関係において弱い立場の者の「人間の安全保障」を脅かすという形で、リスク配分における不正義問題を顕在化させることになるということである。例えば、核廃棄物を押し付けられ、その健康被害などに苦しむアメリカ先住民が展開している環境正義運動が問題としているのは、まさにそうしたことである（石山 2004）。フクシマの事例もまた、まさにそうした典型例の一つとして位置づけることができよう。

当初、フクシマの災害を不運または想定外のブラック・スワン的な出来事として片付けようとしたのが東京電力側の論法であったが（東京電力株式会社 2012 : 27-28）、先にも述べたように、テクノロジーの進歩とともに天災と人災の複合化は進んでいる現状において、単なる不運と片付けることは難しい。特に故郷が「帰還困難地域」として指定され、そこから離れて国内避難民としての生活を余儀なくされている人々からすれば、それは不正義としか言いようのない事態と言えよう。不運と不正義の関係について、ジュディス・シュクラーは次のように記している。

「不運と不正義の間の違いは、しばしば犠牲者のために行動をとる意思および能力があるかないかといったことと関係している。つまり、それは、犠牲者のために、その事態を非難したり、解決しようとしたり、助けの手をさしのべようとしたり、苦しみを和らげようとしたり、損害の補償をしようとしたり、またはそこからただ目を背けるか否かといったことと関係している。（中略）間違いなく変化していくもので不確定なものではあるが、不運と不正義の違いはなくなることはない。その違いを残しておくのに十分な理由がある。自分達の経験を理解するためにだけではなく、我々の安全やセキュリティに対する危険の公的源泉をコントロールし抑制するためにも、不運と不正義とを分けて考える必要があるのだ。しかし、不運と不正義の間を分かつ線は、所与のルールによるものではなく政治的な選択によるものであるという認識をもつ必要があろう。つまり、無原則の報復といった事態を避けながら責任を高めていくためには、不運と不正義の間に線を引くかどうかではなく、どこに線をひくかということが問題なのだ。」（Shklar 1990: 25）

不運と不正義の間の線をシフトするということ、つまり、従来は不運とされていたものを不正義の問題に置き換えていくという政治的な行為は、仕方がないものとして諦めていたリスクの配分の現状を変えていくことにもつながっていくことになる。言い換えれば、不運と不正義の間の線引きは政治的交渉の対象であり、ヘゲモニー闘争の過程で決定されるものである。その意味でも、フクシマの事故による被災を単なる不運ではなく、不正義の問題として捉えかえす言説が、第三者的な調査機関の側からも出ていることは大きいであろう。

たとえば、国会事故調査委員会（黒川清委員長）の報告書では、「当委員会による調査の結果、本事故の発生と拡大を防ぎ得なかった要因として、わが国の原子力規制システム全体に関わる組織的、制度的な面においていくつもの問題点があきらかになった。東電の事故報告書が、今回の事故原因を想定外の津波として片付けているのは受け入れ難いことである」（国会事故調 2012：548）と強い調子で、単なる不運とする議論を否定している。また菅首相（当時）によって設置された、畑村洋太郎を委員長とする「東京電力福島原子力発電所における事故調査・検証委員会（以下、事故調査・検証委員会）」の最終報告書においても、「東京電力は、原子力発電所の安全性に一義的な責任を負う事業者として、国民に対して重大な社会的責任を負っているが、津波を始め、自然災害によって炉心が重大な損傷を受ける事態に至る事故の対策が不十分であり、福島第一原発が設計基準を超える津波に襲われるリスクについても、結果として十分な対応を講じていなかった。組織的に見ても、危機対応能力に脆弱な面があったこと、事故対応に当たって縦割り組織の問題が見受けられたこと、過酷な事態を想定した教育・訓練が不十分であったこと、事故原因究明への熱意が十分感じられないことなどの多くの問題が認められた」（事故調査・検証委員会 2012：419）といったように、不運論は全面的に否定された上、公衆よりも組織に対するリスクを回避することを最優先した東京電力の事故に対する責任を明確にしようとしている。

加えて重要なのは、事故調査・検証委員会の報告書で前面に出されている「被害者の視点からの欠陥分析」であろう（事故調査・検証委員会 2012：414）。同報告書では、それについて、「『もしそこに住んでいるのが自分や家族だったら』という思いを込めて、最悪の事態が生じた場合、自分に何が降りかかってくるかを徹底的に分析する方法」（事故調査・検証委員会 2012：415）と説明している。これは、ロールズの「無知のヴェール」の議論、つまり自身の位置や立場について全く知らずにいるという仮定的状態を前提にして初めて社会全体の正義構想を描き得るといった議論ともつながってくる。自分が、その被害者の立場にもなりえるという前提に立ちながらリスク分析・評価等を行うということは、換言すれば「無知のヴェール」を前提にリスク配分における正義原則を追求していくことである。

「もしそこに住んでいるのが自分や家族だったら」という前提に立てば、リスクに対する接近の仕方をめぐる確率論的アプローチと最悪シナリオ・アプローチの間の政治的綱引きにおいても、自ずと後者を選択することになるであろう。しかし、自分はリスク被害に合う可能性が低い所（例えば東京）に生活しているという前提に立てば、リスク回避よりもリスク・テイキングを志向しがちであり、結果として、最悪シナリオ・アプローチを非合理的または感情的な反応であるとして一蹴することになる。繰り返しになるが、リスクに対する統計的評価・マネージメントは、このように、確率論的アプローチと最悪シナリオ・アプローチの間の政治的綱引きを含めて、政治的にならざるをえないということを、まず認識しておくべきであろう（Shrader-Frechette 1991: 218）。このことは、同様に低放射能汚染をめぐる政治についても言えるが、次に、そのことについて見ていきたい。

3　低線量被曝をめぐる政治――レジリエンスを強要するリスク・ガバナンス

低線量被曝の問題についても、そのネガティブな影響については過小評価され、不都合な真実は隠蔽される傾向が見られる。時には、病気は心理的ストレスによるものなどとして、「犠牲者に責を負わせる議論（the blame-the-victim argument）」によってネガティブな影響そのものを否定しようとする場合もある（Shrader-Frechette 2011: 122-26）。例えば、アメリカ・ワシントン州ハンフォードの核兵器工場周辺での被爆問題においては、意図的な統計的操作によって行政側の責任を回避し犠牲者に責を負わせることが行われたという指摘がある（D'Antonio 1993）。実際、ヒロシマ・ナガサキやビキニでの被爆問題においても、アメリカ政府側は、被爆による健康被害という因果関係とそれに伴う賠償責任を否認するために、放射能の健康に与えるネガティブな影響について過小評価する方向でデータ・トリミングを行ったり、その影響そのものを全く否認するといったようなことを繰り返してきた(2)（高橋 2008：高橋・竹峰・中原 2005）。

特に残留放射線や放射線下降物の影響、また、それらに伴う内部被曝の問題などが無視ないし軽視されてきた訳だが、そうした傾向は日本政府の原爆症認定のあり方にも影を投げかけてきた。原爆投下から半世紀以上も過ぎた二〇〇三年に被爆者が不認定の取消を求める集団訴訟を起こしたが、国側は放射線起因性の要件を極めて狭く解釈するとともに、「被爆後、頭髪が抜けたのはストレスのせい、また下痢をしたのは衛生状態が悪かったから」などとして放射線の影響を否定する、いわゆる「犠牲者に責を負わせる議論」を展開した（東京原爆症認定集団訴訟を記録する会 2012：280）。最終的には、爆心地から二キロ以上離れたところでの放射線降下物による被爆や放射性物質の吸引による内部被曝などの影響も考慮すべきといった司法判断が出されたのであるが、それもようやく二〇〇六年になってからのことである（二〇〇六年五月一二日の大阪地裁判決や同年八月四日の広島地裁判決など）。判決で指摘されたことは、放射線の影響を数値化した「原因確率」をもとにした審査基準が、実際よりも過小評価になっている可能性があること、また残留放射線等による内部被曝を十分に考慮していないということであった。核技術の軍事的利用を推進する側が、そのネガティブなイメージを払拭するためにも残留放射線や放射線下降物による被爆の影響を過小評価ないし無視することは不思議ではないが、「唯一の被爆国」を自称する日本においても国家の責任を最小化するために同様のことが行われてきたのである（直野 2011：128-

（2） 一九五四年の第五福竜丸事件では、ビキニ環礁での水爆実験で被爆した乗組員が急性放射線障害を発症し、その内の一人である久保山愛吉さんは半年後に死亡したが、アメリカ政府は、その因果関係を否認し、二〇〇万ドルの「見舞金」という形で幕引きをはかった。

199)。

被爆の影響を過小評価する傾向は、フクシマにおける対応においても見られる。特に低線量被爆については、その許容水準について明確な閾値が確認することができないため、結果としてヘゲモニックな政治・経済的権益の観点から許容値の線引きがなされることになる。避難勧告の基準となっている年間積算被曝量二〇ミリシーベルトという数値は、国際放射線防護委員会（ICRP）の放射線防護基準に依拠したものであるが、その主たる根拠データは、被爆者の疫学的調査結果である。その被爆者の疫学的調査結果には、広島赤十字病院に設置された原爆傷害調査委員会（ABCC）および後継の放射線影響研究所による調査結果などが含まれるが、それは被爆者の調査対象者が極めて限られた上に放射線被曝による被害・影響を過小評価する形で蓄積されたバイアスのかかったものであった（中川 2011：51-57, 99-109）。そもそもICRPはマンハッタン計画の産物でもあったため、被曝防護基準には、被曝者の健康に対する権利よりも米軍の利益、つまり核兵器技術の開発を推進する側の利益が反映されていた、との指摘もある通り（中川 2011：35-48）、ICRPの放射線防護基準そのものが疑わしいものであるが、フクシマにおける防護基準もまた、それに沿った形で運用されている。端的に言えば、フクシマ後においても、ICRPの一九七七年勧告で打ち出されたALARA（as low as reasonably achievable）原則、つまり「経済的社会的な考慮を計算に入れたうえで、すべての線量を容易に達成しうる限り低く保つ」といった原則に貫かれている訳で、被曝のリスク（許容線量）とその受忍は核エネルギーの利用に伴う利益によって正当化されているということである。

中川保雄が指摘していたように、許容線量とは、核エネルギーの利用を認めたうえで、それに伴う被爆をどこまで受忍させるかといったことを、リスク－ベネフィット論（またはコスト－ベネフィット論）のレトリックを使いながら政治的に決めた基準である（中川 2011：39-40）。ベックも述べているように、被曝における許容水準とは、科学的に算出されたものというよりは、核技術利用による経済的ないしは政治的利益を勘案しながら割り出された許容水準にすぎない（Beck 1992: 65-67）。つまり、許容線量という安全と危険の間の境界線は、閾値の存在を前提とした確定的影響論（一定の閾線量を超えると健康被害が出るとする見方）と直線閾値なし（Linear Non Threshold）モデルを前提とした確率的影響論（被爆した線量が多くなるほど健康被害の出る確率は高くなるとする見方）の綱引きもまじえて政治的に決められるということになり（肥田・鎌仲 2005：201-110：中西 2014：31-43）、結果として、それは、不運と不正義の間の境界問題にも影を投じることになる。そこにおける問題の一つは、被曝といった形で最も影響を受けている人びと（被爆者）の声が、そうした境界線の確定において反映されていないということであろう。特に低線量被曝の問題に限っていえば、まだ細胞分裂が激しい成長期にある子どもが被曝に伴う健康被害（甲状腺癌など）の高いリスクに晒されていると言われているが、きちんとした疫学的データが蓄積されていない以上、ここでもまた、「未知のもの」という不確実性をめぐる政治的駆け引きが行われることになる。スリーマイルアイランド原発事故においても、政府側は、事故に関連するストレスが癌の発生率や死亡率を高めた可能性が高いとして、事故に起因する放射性物質の放出が周辺住民の健康被害をもたらしたという明確な証拠は見いだされなかったとしている（Shrader-Frechette 2011: 127–28）。この事例が示唆しているように、フクシマのケースにおいても、除染に要するコストを押し下げるためにも許容水準値が緩められるだけではなく、被曝による健康被害が実際に生じたとしても同様の「犠牲者に責を負わせる議論」が展開される可能性は高い。

そうした流れに抗する形で、子どもを持つ親を中心に、内部被曝等が健康被害をもたらす危険性の存在を指摘するとともに許容水準の厳格化を求める声が出てきてはいるものの、低線量被曝が健康にもたらす影響という不確実性をめぐって行われている政治的駆け引きの流れは、強靱（レジリアント）な主体または市民社会といった形で、「犠牲者に責任を負わせる議論」とともに「犠牲者に負担を負わせる議論」をも引き込んでいる。低線量被曝を含めた高い不確実性に対して、現在のリスク・ガバナンスは、市民の能力を高め、その脆弱度を弱めるよりも、市民の強靱度を強める方向で対応しようとしている（Frerks et al. 2011; Walker and Cooper 2011）。実際、計算可能なリスクというよりも日々高まっている計算不可能な不確実性に対処するために、「強靱性（レジリエンス）」という特性は次第に新しい主体に求められる中心的なコンセプトになってきている（O'Malley 2010）。このように強靱性という概念はネオリベラルな統治性とも親和性が高いものであるが、振り返ってみると、冷戦時代、核戦争に備えた民間防衛計画において社会的強靱性が要求されていたことからもわかるように、強靱な主体とは、核技術を含む不確実性の高い安全保障の文脈において要求されるものであった（Duffield 2011）。核技術を推進するテクノクラート政治は、安全保障（生き残りという政治的至上価値）のためと称して、核抑止や平和のための原子力などのレトリックを駆使しつつ高いリスクをとりながら新たな不確実性を作ってきたわけだが、その不確実性から派生するリスクは、強靱性の要求とともに、市民、特に脆弱な立場にある市民に押しつけられているのである。

4　道具的理性がもたらす破局を回避するために

まず、核技術を筆頭に軍事技術の多くは、まさに抑圧的政治体制（第二次世界大戦におけるナチズム・ファシズムそして冷戦におけるソヴィエト共産主義）に対する勝利・解放を目指して開発されたものであることも忘れてはならないであろう。核エネルギーの「平和的」利用も、そうした軍事的技術革新のスピンオフにしかすぎないし、また両者は不可分の関係にある。[3] アイゼンハワーの「平和のための原子力（Atoms for Peace）」演説といった出自からも明らかなように、原子力発電事業は現在の軍事的核レジームの中に補完的に組み込まれている一部にすぎないと言っても過

（3）　たとえば、「原発を維持するということは、核兵器を作ろうと思えば一定期間のうちに作れるという「核の潜在的抑止力」になっている」といった、石破茂・自民党政調会長（当時）の主張は、核の軍事的利用と平和的利用の不可分性を正直に吐露したものとも言える（『サピオ』二〇一一年一〇月五日）。

言ではないであろう。核技術に限らず多くの技術革新が、敵に勝つために強化された安全保障国家のインフラストラクチャー（安全保障装置）を更新し続けてきた。つまり、冷戦を含めて全体主義に対してリベラリズムは勝利したかのように見えたが、全体主義に対抗する関係上、西側社会も同じような技術的装置（軍事、警察、官僚、プロパガンダ装置など）を自らのうちに埋めこむことになってしまったのである（Marcuse 1964: 37-38）。それは、ちょうどミイラ取りがミイラになるように、自ら肥大な安全保障国家を生み出し、それが社会全体を呑み込んでいき、「安全保障の逆説」（土佐 2003）とでもいうべき状況を現出させることになる。そして、約半世紀前にマルクーゼが警鐘を鳴らしていたように、西側社会全体を貫いていったのは全体主義的な技術的理性である（Marcuse 1964: 5, 20）。先に述べた技術決定論的見方をすれば、リベラリズムを脅かす敵を打ち負かすために技術革新を行うことで、その技術によって自らの社会の全体主義的管理・支配を強めるだけではなく、破滅への道を進んでいくことになる。

実際、フクシマという範例、つまりハイブリッド・モンスターの暴走（天災と人災の複合化）現象が示していることは、エネルギー安全保障を含む安全保障を確保しようとすればするほど、破局的な状況を引き起こす可能性が高くなるといった状況が深刻化していっているということであろう。テクノロジーの大規模化・複雑化に従って、それがもたらす事故についての不確実性と重大性はより一層高まっている中、文明的危機への対処として人的制御を強めていきながらリスクの軽減を行うといった、道具的理性に基づく「正攻法」は既に限界に来ている。一方で、巨大科学技術を推進するテクノ・ポリティクスは高いリスクをとり最悪シナリオ・アプローチの警告を無視しながら新たな不確実性を作りながら、結果として制御不可能なハイブリッド・モンスターを産出し広範なヒューマン・インセキュリティ状況を生み出す危険性を有している。「未知なるもの」を含めて不確実性が極めて高い不完全情報下においては道具的理性、狭義の合理性によって推し測れる範囲は自ずと限られており、確率論的リスク・マネジメントの手法では、高度な複雑性とタイトなカップリングの組み合わせによってもたらされるシステム的破局に対応できない（Perrow 1999: 315–28）。特に核技術が破局をもたらした場合などは、強化した掩蔽壕《えんぺいごう》をしても、その被害を食い止めることはできない（Duffield 2011）。しかも、その結果としてもたらされる被害は〈中心／周辺〉の不均等な形で配分され、一種の不正義な状態がもたらされることになる。

その一方で、そうした終わりのない緊急事態を克服するために、人々に強靭な主体形成を半ば強いる形のリスク・ガバナンスが推し進められようとしている。ここにおいても苦難についての構造化されたパターンを見出すことができる。その背後には、市民の参画を拒むテクノクラシーという問題が横たわっている。それは、安全保障レジームと同様に、一種の衆愚観を前提に当該事項は知識のあるエリート・専門家が大局的な観点から扱うべきことであり、感情的な民衆からのノイズ的なインプットは排除すべきといった[4]、テクノクラート的認識に基づいた制度設計のうえに技術レジームがなりたっているといった問題である。そのようにして形成された非民主的なガバナンスは、当然、破局に伴うインセキュリティの不均等配分という不正義をもたらす傾向をもつ。

そうした不正義問題を克服していくためにも、またフクシマを範例とするようなカタストロフを回避するためにも、技術体系の民主化をもたらす「被害者の視点からのリスク評価・分析」という発想が必要になる。そうした発想によって技術レジームを民主化していくことは、批判的安全保障研究アプローチが唱えてきた、抑圧的状況からの解放を実現する方向での安全保障概念の深化ということにもつながっていくであろう。それと同時に、我々の前に差し迫ってきている破局に対して、何らかの手をうたなければならない。想像力の貧困は、確率論的リスク・マネジメント思考の余地しか残さない結果、未知の破局が近づいていることを把握できないでいる。そうした破局を回避するためには、ある種の想像力が必要になってくる。

破局についての想像力ということで、一つの事例を挙げておきたい。一九八六年に起きたチェルノブイリの原子力発電所重大事故から八年経った一九九四年、福島県立原町高校の教師をしていた詩人の若松丈太郎氏がチェルノブイリ福島県民調査団に参加する機会をもち、そこで見たものに強い衝撃を受け、「神隠しされた街」という詩をしたためている。その一部を引用する。

「四万五千人の人びとが二時間のあいだに消えた。サッカーゲームが終わって競技場から立ち去ったのではない。人びとの暮らしがひとつの都市からそっくり消えたのだ。（中略）鬼ごっこする子どもたちの歓声が、隣人との垣根ごしのあいさつが、ボルシチを煮るにおいが、人びとの暮らしが、地図のうえからプリピャチ市が消えた、チェルノブイリ事故発生四〇時間後のことである。（中略）半径三〇キロメートルゾーンといえば、東京電力福島原子力発電所を中心に据えると、双葉町、大熊町、富岡町、楢葉町、浪江町、広野町——、そして私の住む原町市がふくまれる。こちらもあわせて約一五万人、私たちが消えるべき先はどこか、私たちはどこに姿を消せばいいのか。」（若松 2014：94–96）

まさに、この詩が、カッサンドラの予言のように現実のものになってしまったわけだが、道具的理性がもたらす危機に対する警鐘を鳴らし破局を回避する上で、こうした詩的想像力が必要であることをあらためて知らされたと言ってよい。しかし、破局を想像するということは、往々にしてペシミズムに陥ってしまいがちである。そうしたペシミズムから脱却するべく、マルクーゼは『解放論の試み』の中で、次のような示唆を与えている。

「自由のための手段になるには、科学・技術は現在の方向とゴールを変える必要がある。それらは、新しい感性、つまり生の本能の要求と、一致するように構築し直さなければならない

（4）　たとえば、石破茂・自民党幹事長（当時）が、特定秘密保護法案に反対する市民のデモについて「単なる絶叫戦術はテロ行為とその本質においてあまり変わらないように思われます」と自身のブログに記したのは、そうした政治エリートの意識の反映であろう（『朝日新聞』二〇一三年一二月一日朝刊）。

であろう。かくしてはじめて、搾取や過酷な労働がない人間世界の形態を自由に計画し、デザインするような科学的想像力の産物である、解放のための技術について語ることができるであろう。」(Marcuse 1969: 28)

この議論を敷衍すると、不正義を押しつけるレジームからの解放を志向する形で技術デザインそのものを変革していくこと、それが、不確実性の政治的操作を続けている現在の軍事・技術レジームがもたらそうとしているカタストロフを回避するための手立てでもあり希望でもある、ということになろう。ポリティカル・エコロジー論(Latour 2004; Robbins 2012)やソーシャル・エコロジー論(Bookchin 1990, 1996)が示唆しているように、技術による自然の支配は人間による人間の支配と深く結びついている。単一な自然観に基づく自然から資源をとりたてるばかりの技術、その結果として環境を壊しながら破局へと向かおうとしている技術社会を変革していくためには、社会の側の抑圧的構造をも同時に変革していく必要がある。道具的理性がグローバル・リスク社会化に拍車をかけながら「知られざる破局」を招来しようとしている中[5]、また人間自身が人間にとっての深刻な脅威となっている中、人間の安全保障を脅かされている人びと、弱者・被害者の視点からのオルタナティブの模索、そしてマージナル化された想像力の復権こそが、そうした破局から回避するための希望の鍵となるのではなかろうか。最後に、マルクーゼも自著『一次元的人間』に引用しているベンヤミンの箴言を引いておく。

「ただ希望なき人びとのためにのみ、希望は我らに与えられている。」(ベンヤミン 1972：128)

参考文献

飯田孝幸 (2014)「原発関連死一〇〇〇人超す」『東京新聞』二〇一四年三月一〇日朝刊
石山徳子 (2004)『米国先住民族と核廃棄物――環境正義をめぐる闘争』明石書店
高橋博子 (2008)『封印されたヒロシマ・ナガサキ――米核実験と民間防衛計画』凱風社
高橋博子、竹峰誠一郎、中原聖乃編 (2005)『隠されたヒバクシャ――検証＝裁きなきビキニ水爆被災』凱風社
寺田寅彦 (1993 初出1934)「天災と国防」小宮豊隆編『寺田寅彦随筆集　第五巻』岩波書店、五六－六六頁
東京原爆症認定集団訴訟を記録する会編 (2012)『原爆症認定訴訟が明らかにしたこと』あけび書房
東京電力株式会社 (2012)『福島原子力事故調査報告書』
東京電力福島原子力発電所における事故調査・検証委員会 (2012)『最終報告 (本文編)』
東京電力福島原子力発電所事故調査委員会 (国会事故調) (2012)『調査報告書 (本編)』
土佐弘之 (2003)『安全保障という逆説』青土社
―― (2012)『野生のデモクラシー』青土社

---

(5) 同様の「知られざる破局」論に立った文明論として、デピュイやナンシーの議論も参照。ジャン＝ピエール・デピュイ (桑田光平・本田貴久訳)『ありえないことが現実になるとき』筑摩書房、二〇一二年：ジャン＝リュック・ナンシー (渡名喜哲訳)『フクシマの後で――破局・技術・民主主義』以文社、二〇一二年。

中川保雄（2011）『増補　放射線被曝の歴史——アメリカ原爆開発から福島原発事故まで』明石書店
中西準子（2014）『原発事故と放射線のリスク学』日本評論社
直野章子（2011）『被ばくと補償——広島、長崎、そして福島』平凡社新書
肥田舜太郎、鎌仲ひとみ（2005）『内部被曝の脅威』ちくま新書
若松丈太郎（2014）『若松丈太郎　詩選集一三〇篇』コールサック社
ベンヤミン、ヴァルター（1972 初出1925）高木久雄訳『ゲーテ　親和力』晶文社

Beck, Ulrich (1992), *Risk Society: Towards a New Modernity* (New York: Sage (東廉・伊藤美登里訳『危険社会』法政大学出版局、一九九八年)).
Bookchin, Murray (1990), *Remaking Society: Paths to a Green Future* (Boston: South End Press (藤堂麻理子、戸田清、荻原なつ子訳『エコロジーと社会』白水社、一九九六年)).
——(1996), *The Philosophy of Social Ecology* (London: Black Rose Books).
Booth, Ken (1991), 'Security and Emancipation,' *Review of International Studies*, 17(4), 313-26.
——(2007), *Theory of World Security* (Cambridge: Cambridge University Press).
Clarke, Lee (2006), *Worst Cases: Terror and Catastrophe in the Popular Imagination* (Chicago: The University of Chicago Press).
D'Antonio, Michael (1993), *Atomic Harvest: Hanford and the Lethal Toll of America's Nuclear Arsenal* (New York: Crown (亀井よし子訳『アトミック・ハーベスト』小学館、一九九五年)).
Douglas, Mary (1985), *Risk Acceptability according to the Social Sciences* (London: Routledge).
Duffield, Mark (2011), 'Total War as Environmental Terror: Liberalism, Resilience and the Bunker,' *South Atlantic Quarterly*, 110(3), 757-69.

Ellul, Jacques (1964), *The Technological Society*, trans. John Wilkinson (New York: Vintage Books).

Feenberg, Andrew (1999), *Questioning Technology* (Oxford: Routledge (直江清隆訳『技術への問い』岩波書店、二〇〇四年)).

——(2002), *Transforming Technology: A Critical Theory Revisited* (Oxford: Oxford University Press).

Flam, Helena (ed.), (1994), *States and Anti-Nuclear Movements* (Edinburgh: Edinburgh University Press).

Frerks, Gerg, Warner, Jeroen, and Weijs, Bart (2011), 'The Politics of Vulnerability and Resilience', *Ambiente & Sociedade*, 14(2), 105-22.

Funtowicz, S. and Ravetz, J. (2014), 'Post-Normal Science', *Internet Encyclopaedia of Ecological Economics* (http://www.isecoeco.org/pdf/pstnormsc.pdf)

Hecht, Gabrielle (2009), *The Radiance of France: Nuclear Power and National Identity after World War II* (Cambridge, Mass.: The MIT Press).

Horkherimer, Max and Adorno, Theodor W. (1997 (orig.1947)), *Dialektik der Aufklärung: Philosophische Fragmente* (Frankfurt: Suhrkamp (徳永恂訳『啓蒙の弁証法』岩波書店、一九九〇年)).

Keynes, Jonhn Maynard (1937), 'The General Theory of Employment', *The Quarterly Journal of Economics*, 51(2), 209-23.

Knight, Frank H. (1971 (orig. 1921)), *Risk, Uncertainty and Profit* (Chicago University of Chicago Press).

Latour, Bruno (1991), *Nous N'avons jamais été modernes* (Paris: La Découverte (川村久美子訳『虚構の「近代」——科学人類学は警告する』新評論、二〇〇八年)).

——(2004), *Politics of Nature: How to Bring the Sciences into Democracy*, trans. Catherine Porter (Cambridge, Mass.: Harvard University Press).

Marcuse, Herbert (1964), *One-Dimentional Man* (Boston: Beacon Press (生松敬三、三沢謙一訳『一次元的人

間』河出書房新社、一九八〇年)).
—— (1969), *An Essay on Liberation* (Harmondsworth: Penguin Press (小野二郎訳『解放論の試み』筑摩書房、一九七四年)).
O'Malley, Pat (2004), *Risk, Uncertainty and Government* (Oxford: Routledge-Cavandish).
—— (2010), 'Resilient Subjects: Uncertainty, Welfare and Liberalism', *Economy & Society*, 29(4), 488–509.
Perrow, Charles (1999), *Normal Accidents: Living with High-Risk Technologies* (Princeton: Princeton University Press).
—— (2007), *The Next Catastrophe: Reducing Our Vulnerabilities to Natural, Industrial, and Terrorist Disasters* (Princeton: Princeton University Press).
Pritchard, Sara B. (2012), 'An Environtechnical Disaster: Nature, Technology, and Politics at Fukushima', *Environmental History*, 17(2), 219–43.
Robbins, Paul (2012), *Political Ecology: A Critical Introduction* (2nd edn.; Chichester, West Sussex: John Wiley & Sons).
Shklar, Judith N. (1990), *The Faces of Injustice* (New Haven: Yale University Press).
Shrader-Frechette, Kristin (1991), *Risk and Rationality: Philosophical Foundations for Populist Reforms* (Berkeley: University of California Press).
—— (2011), *What Will Work: Fighting Climate Change with Renewable Enerygy, Not Nuclear Power* (Oxford: Oxford University Press).
Walker, Jeremy and Cooper, Melinda (2011), 'Genealogies of resilience: From systems ecology to the political economy of crisis adaptation', *Security Dialogue*, 42(2), 143–60.
Wyn Jones, Richard (1999), *Security, Strategy, and Critical Theory* (Boulder: Lynne Rienner Publishers).

第Ⅱ部　反ヒューマニズム（差別主義）の政治

第5章　負債の生政治

1　負債関係の新しい局面──全生活領域の金融化

現在、グローバル資本主義の金融拡大局面への移行とその危機の深まりと連動するかたちで債務問題は諸個人の生活に重くのしかかっている。空間のフロンティアでの利潤創出が難しくなってきたため、資本主義経済が将来という時間のフロンティアでの利潤創出に力点をおきはじめたこともあるだろう。イタリアの社会学者マウリツィオ・ラッツァラートが指摘するように、ネオリベラル金融資本主義のもとでは、もはや資本家／労働者ではなく、〈債権者／債務者〉というレントを介した権力関係が支配的になっている（Lazzarato 2013）。ネオリベラルな統治性（governmentality）においては、ＰＤＣＡ（plan-do-check-act）サイクルをひたすら回し続ける限りなき自己改善といった生易しいものにとどまらず、エンドレスな債務支払いといった過酷なものが、中核的な位置を占めるようになってきている。たとえば、第三章でも触れたように、グローバル・アグリフード・レジームでも金融化が進み、それとともに、特に発展途上国の農民の困窮化は一層進み、借金を苦に自殺する者が増え続けているという(Patel 2007)。またプラスティック・カード(クレジット・カード)などを使用しながら消費に駆り立てられるなかで、多くの人々が多重債務を抱えていくといった問題も深刻化している。(1)二〇一五年の(債務返却のための緊縮財政を拒否する急進左派連合シリザを中心とするチプラス政権の誕生に端を発する)ギリシア危機に見られるように債務返却の圧力は増税というかたちで民衆に重くのしかかっている。

一方で、グローバル金融危機の発端となったサブプライム・ローンのように債務を証券化するなど、負債関係は金融拡大の大きなうねりのなかに呑み込まれている。サブプライム・ローン危機は、まさに日常のなかに借金に頼った生活様式が完全に埋め込まれていることと、ローンというリスクを投機的チャンスに読み替えようとするグローバル金融市場が密接につながっているということの証しであったといえよう(Langley 2008: 230-42)。負債関係の金融化は、たとえば発展途上国における貧困層の自立支援を名目としたマイクロクレジットにみられるように小起業家の育成という名目で世界経済の最底辺層にまで及ぼうとしている(Roy 2010)。そうした金融化の流れは、ミューチュアル・ファンド、年金基金の投機的市場への投入といったように未来が抵当に入れられるところにまで至り、労働は金融資本に完全に包摂されるようになるなど、全生活領域の金融化は資本主義を新たなステージへと導いているようにも見える。とくにイタリアの認知資本主義論を展開している研究者たちなどは、こうした全面的金融化とその危機ということに資本主義の大きな質的変化を見ている（Fumagalli and Mezzadra 2010; Marazzi 2010）。

こうした金融化の大きなうねりは、フォーディズムの行き詰まりを受けて台頭してきたネオリベラリズムを軸とする金融の規制緩和によって形づくられたものではあるが、資本主義の全面的金融化は、レントと利潤の区分を不鮮明なものにしながら、地球全体を覆うようになりつつある。こうした金融化を推進するネオリベラリズムは同時に自己責任化というかたちでリスクと保護の新たな再配置をもたらしてきている。しかし、ここで注意すべきは、自己責任という主張は、社会的紐帯を解体し責任の個人化を促すことを通じて結果として他者に責任を帰せるためのものであるということである。当然、他者に責任を帰せようとする者はネオリベラルな競争のなかでの富める勝者である。しかも、その豊かな生活は投機マネーなどからのレント収入によるものである点に注意が必要だ。その一方で、トヨタ方式（ジャスト・イン・タイムやゼロ・ディフェクト〔欠陥零〕運動）に代表されるように、ネオリベラリズムは弱い者に対しては無駄のない（リーン）生産などを限りなく要求し続けている。つまり、ネオリベラリズムの深化にともなう社会の再編は、

（1）たとえば、日本では、個人の自己破産申立件数は二〇〇三年の二四万二三五七件をピークに減少してはいるものの、二一世紀に入って毎年一〇万件を超える状況が続いている。宇都宮健児編『多重債務被害救済の実務　第二版』（勁草書房、二〇一〇年）、一六頁。

〈レント経済＝富裕層／リーン経済＝貧困層〉といった一種の二重経済構造をもたらしているといってもよいだろう。そこに、前者が後者を搾取するような、デイヴィッド・ハーヴェイたちが言うところの略奪的資本蓄積（accumulation by dispossession）の過程を見いだすこともできよう。

ネオリベラリズムが社会的再生産コストの外部化や社会政策プログラムの解体をもたらした結果、アノミー化した諸個人はますます債務への依存を余儀なくされている状況が、そこにあるといってよい。債務関係の全面化という状況に警鐘を鳴らしているラッツァラートが、「ホモ・エコノミクスは今やホモ・デビトル（借金人間）となっている」と喝破しているとおりである（Lazzarato 2011）。負債返済の圧力は、時には人身売買（トラフィッキング）、さらには臓器売買といったかたちで現代奴隷制の再興をもたらすまでにいたっている。そこには、〈債権者／債務者〉という権力関係が時には債務者から尊厳などの人間性を剝奪しホモ・サケルの状態へと追い詰めていく生政治（bio-politics）の現実をみてとれる。それは、ニーチェ的な見方からすれば、負債返済という約束を実直に遂行する家畜に仕立てあげる生政治という、ネガティブな意味での「ポスト・ヒューマニティの政治」の典型とも言えよう。

第二章では、種差別主義が時には類を分割する人種差別主義などの形で人間社会に逆流してくる危険性があることを指摘したが、重債務による人間の条件の剝奪や機械的奴隷化（machinic enslavement）というのは、その一つの重要な回路の一つと言ってよいであろう（Lazzarato 2014: 28）。資本にとっての自由を最大化するというネオリベラリズムが結果として、レントを通じた人間に対する暴力的な支配といった現代奴隷制を帰結するという事態を招いている。そうした債務関係の本質を捉えるためには、債務関係の系譜についてのメタ・ヒストリー的な検討を行ってみる必要もあろう。本章では、負債関係の新たなグローバルな広がりとホモ・デビトル問題の深化という状況についての考察を深めるため、神（宗教的権力）、貨幣（経済的権力）そして暴力（物理的権力）といったものの絡み合いに光を当てつつ、異端派の貨幣論などを補助線として加えながら負債関係の系譜を検討していきたい。資本主義と主権国家体系が西洋で最初に誕生したという事実を鑑み、債務政治の系譜を考えるうえでも、まずはキリスト教的道徳などとの関係性から見ていくのが適当であろう。

2　債務関係の原基――高利の禁止と神への債務

キリスト教的道徳世界においては元来、同朋から利子をとるということはタブーとされてきたことは、新旧約聖書を繙いてみればおのずと明らかであろう。

「あなたが同胞に、あなたのもとにある貧しい者に金を貸す場合、彼に対して高利貸のようにふるまってはならない。彼から利子を取ってはならない。」（出エジプト記二二・二四）

「主よ、あなたの幕屋に宿り、あなたの聖なる山に住まう人はだれですか。それは完徳の道を歩み（中略）金を貸して利子を取らない人……」（詩編一五）

「返しを期待して貸したとて、どんな感謝が得られようか。罪人でさえ、同じ値打ちのものを返してもらおうとして、罪人に貸すのである。だが、あなたがたの敵を愛し、善を行い、返しに何も期待せず貸しなさい。」（ルカ六・三四－三五）

「あなたと共にある兄弟が困窮し、あなたに頼らねばならぬ身となったときは、異邦人や滞在客を助けるようにその人を助け、共に生活させなければならない。労を強いても、利子を取ってもならない。あなたの神を怖れ、あなたの兄弟をあなたと共に暮らさなければならない。利を引き出そうとして金を貸してはならず、得を取ろうとして食糧を与えてはならない（彼にウスラを目あてに金を貸してはならず、また過剰の糧を要求してはならない）……」（レビ記二五・三五－三七）

歴史学者ジャック・ル・ゴッフも指摘しているとおり、ここで重要な鍵概念はウスラである（Goff 1997）。英語で高利をusuryというが、それは、このラテン語のウスラ（usura）からきたものである。一二、一三世紀、ヨーロッパ社会に貨幣経済が浸透していくなかで、教会側は高利断罪の長いキリスト教的伝統に沿ったかたちでウスラを厳しく指弾した。ウスラは罪、悪、そして地獄と同値とされたわけだが、次第に、労働を富と救済の基礎と考えるようになる。そうした勤勉革命に支えられた資本主義的発展の萌芽が見られるとともに、地獄行きが定めであった高利貸に対しては煉獄という第三の道が用意される一方で、金融業は適法と違法のあいだの線をずらしながら資本主義という新たな経済的・社会的な現実のなかに確固たる居場所を確保するようになるのである。また、適法と違法のあいだの線の不鮮明化ないしは線そのもののシフトが促された背景として、異邦人への高利貸しは構わないという二重基準が用意されていたことも忘れてはならないであろう。

「金であれ食糧であれ、また利子の取れるどんなものでも、あなたの兄弟に利子を付けて貸してはならない。異邦人には利子を付けて貸してもよいが、あなたの兄弟に貸すときには利子を取ってはならない。」（申命記二三・二〇）

つまり、「同朋には利子を付けて貸してはならないが異邦人には利子を付けても貸してもよい」という二重基準が用意されていることにより、利子を含む債務関係は、同朋という社会的紐帯が弛緩しアノミー化するとともに拡大、深化していくことになる。しかし、ここで注意すべきことは、ウスラを禁ずるキリスト教的道徳自体が、イエス・キリスト、すなわち神への負い目、原罪という債務関係に支えられているということであろう。負債（Schulden）という概念に由来する負い目（Schuld）がキリスト教的道徳のなかで中心的役割を果たしてきたことを鋭く指摘したのは周知のとおりニーチェであるが、彼は『道徳の系譜』の第二論文のなかでつぎのように書き記している。

「歴史の教えるところによると、神性に対して債務を負うているという意識は、「共同体」の血縁的な体制形式が衰頽した後といえども決して終末に達しなかった。人類は「よい・わるい」という概念を貴族から受け継いだと同様の仕方で、種族神および血族神という遺産とともに未済の債務の負担およびその返済に対する願望をも受け継いだ。この神性に対する債務感情は、数千年にわたって絶えず増大した。（中略）これまでに到達せられた最大の神としてのキリスト教の神の出現は、それ故にまた最大限の責務感情を地上に持ち来たした。」（Nietzsche 1887）

神は人間に対して債権者であるわけだが、イエス・キリストは債権者であるにもかかわらず、その限りない愛によって自ら犠牲となることで、その債務の帳消しをはかったということになる。そのことによって、逆説的であるが、人間は神に対して無限の負い目、債務を抱えることとなる。それは、原罪という絶対的な負い目、債務であり、人間は時には懺悔しながら時には神から与えられた使命（労働）に励みながら果てしなく返済を行なうことを通じて、「約束できる」家畜へと飼い慣らされていくことになる。

以上は、キリスト教文明における話であるが、非キリスト教文明においても同様の構図は見て取れる。たとえば、日本においても、金融行為は神のものの貸与、農業生産を媒介とした神への返礼というかたちで成立したと網野善彦は指摘している（網野 2005：60–61）。つまり、既に七、八世紀、出挙という利子付き賃貸の慣習が行なわれていて、神聖な種籾を貸し出された農民は収穫期がくると借りた種籾に神へのお礼の利稲（利息の稲）をつけて蔵に戻さなければならなかったという。こうした債務関係は、日本では一三世紀後半頃から、金属貨幣の流通にともなう商業、金融経済の進展と世俗化していき、ただ利息を取るための銭の貸し付けが行なわれるようになっていったようであるが（網野 2005：68–69）、キリスト教世界においても同様に債務関係の世俗化が起きた。つぎに、このことについて見ていく。

3　債務関係の世俗化──国家・債権者への債務

債権者と債務者という非対称的な支配関係にこそ階層的な社会関係の一原型があるわけだが、この債権者と債務者という非対称的な関係の拡大と浸透は、宗教的次元を起点にして世俗化とともに経済的次元へとすすみ、やがて全生活領域にいきわたることになる。「経済は別の手段による聖なるものの継続である」という命題を出したのは、ジャン＝ピエール・デュピュイであるが

(Dupuy 2012)、このことを理解するためには、もうひとつの重要なポイント、つまり暴力の問題も含めて考える必要がある。デュピュイは、ルネ・ジラールによる「暴力と聖なるもの」の関係性の整理、つまり「暴力は聖なるものによって自分と距離を取り、より適切に自分を限界づける」、つまり「聖なるものとは制度化された「善き」暴力、見かけのうえでは自分の反対物である無秩序な「悪しき」暴力を制御する暴力である」という図式を拡張しながら、「経済は暴力によって暴力を堰き止める」とみる。つまり、「暴力によって暴力を堰き止める」という機構そのものは変わらず、その司令塔が聖なるものから経済的なものへと変わっていっただけということである。いいかえるならば、世俗化とともに聖なるものが後景に退き、メタ権力（統治性）に該当するものが宗教的権力から経済的権力に置き換わるものの、「権力は己のうちに暴力を含んでいるが、また暴力を抑えている」という権力の二重的性質は変わらないということである。

そうした権力構造を貫いているものが債権者／債務者という非対称的関係ということになるが、このことは、貨幣の性格を考えるうえでも重要な論点となる。通常の経済学では、貨幣は価値尺度、流通手段、そして価値貯蔵の三機能をもった、水平的な交換関係を媒介するメディアとして考えられているが、負債関係を先立つものとすれば、貨幣は負債（税金を含む）を返済させるものとしての性格ももつということになる。ニーチェの問題提起を受けるかたちで、交換メディアとしての側面を強調する主流の貨幣論に対して、負債と貨幣の補完的関係を大胆に指摘したのはドゥルーズ＝ガタリである。ドゥルーズ＝ガタリは、『アンチ・オイディプス』のなかで、「債権の循環は、国家が設定した新しい形態――つまり貨幣の下で維持される。というのも、間違いなく、貨幣は商業に役立つことによって始まるものではなく、少なくとも自律的な商品的モデルをもつものではない」（Deleuze and Guattari 1972）と述べたうえで、「商業において貨幣の演ずる役割は、商業そのものよりも、国家による統制に依存するのだ。商業と貨幣との関係は総合的であって、分析的ではない。基本的には、貨幣は商業と一体ではなく、国家装置の維持費としての税金である。（中略）要するに、貨幣または貨幣の循環は、負債を無限にする手段なのである」と踏み込んだテーゼを提示している。

貨幣を負債関係の表現とみなす、このドゥルーズ＝ガタリの貨幣論は、貨幣を交換の仲介物とみなす一般的な貨幣道具論に対する挑戦となっているが、その挑戦は、自立した諸主体間の水平的交換関係のみを見て、経済的活動における垂直的権力関係を捨象してしまう主流の新古典派経済学パラダイムそのものへの挑戦にもなっている。また、貨幣を社会的関係の表出とする見方は、合理的個人を前提として、その個人が行なう貨幣的取引を含む経済的活動を考えるといった主流派経済学の拠って立つところの方法論的個人主義に対する批判ともなっている（Ingham 1996, 1999, 2000）。この批判的見方によれば、債務的関係を含む社会構造の理解を欠いている主流派経済学では、金融危機などの貨幣や信用が引き起こす問題の本質的理解は不可能だということになる。この異端派的な貨幣論を、より全面的に展開し論じたものとして、アグリエッタとオルレアンの『貨幣主権論』や『貨幣の暴力』などの仕事がある。アグリエッタらによれば、近代貨幣は、依然として、全体性《トタリテ》としての社会の表現であり、主権に対する債務から、したがって価値におけるヒエラルキー化から派生するものである（Aglietta and Orléan 1998）。つまり、債務は自立した諸主体間の関係ではなく、当該社会において「主体とは何か」を定義する社会的紐帯であり、その社会的紐帯は債務の上に成り立っているということになる。ニーチェが着眼していたように、こうした生の債務関係は、生者たちが主権的権力（神々や祖先）に依存していることを表わしている。そうした債務関係の表現形態でもある貨幣は、貸し借りの尺度であると同時に債務を消滅させるもの、すなわち借入れの関係を一時的もしくは永続的に終了させるものでもある。

こうしたアグリエッタらの貨幣論もまたジラールの社会理論に依拠している。ジラールの欲望理論によれば、時には選好関数で表わされる主体の欲望は独立したものではなく、他者の欲望を模倣することによってのみ充足される。しかし他者は同時に欲望実現をめぐる競争相手となるから模倣は敵対関係をもたらすことになる。この相互的暴力による分裂化を阻止し社会を束ねるものこそ、創始的暴力としての貨幣的主権ということになる（Aglietta and Orléan 1992）。なぜなら貨幣によって模倣の一点集中を遂げることができるようになるからである。この貨幣の唯一の保証は私的主体が通貨制度の超越性を信ずることであるが、この信念が得られるのは、通貨制度の発生を隠蔽することによってである。つまり、生贄を捧げる儀礼の反復が創世神話の聖性に対する信念を打ち固めるのと同じように、通貨改革の繰り返しにより貨幣とその背後にある貨幣的主権に対する「根拠なき」信用を維持する必要がある。逆に言えば、それができなければ、貨幣を通じて不可視化されていた債権者／債務者関係が紛争関係などのかたちで顕在化していきながら貨幣的主権に対する信用そのものが吹き飛び、金融危機が招来されることになる。そこから先には、押さえ込まれていた相互的暴力を通じた社会の分裂、商品的秩序の解体が待っている。それは、暴力を払い除け管理の枠組みに押し込めようとしていた宗教的思考と同様の働きをしていたはずの経済的思考の危機または貨幣主権の危機である。その危機を克服しながら債権者／債務者関係を回復するためには、所有権などを盾に取ったかたちの法にもとづく物理的暴力の行使が必要となる。

ニーチェの言を借りるならば、かつては、「債権者は、債務者の肉体にあらゆる種類の陵辱や拷問を加えることができた。例えば、責めの大きさに相当すると思われるだけのものを債務者の肉体から切り取ることができた」。そして、今日でも、債務者が所有している抵当にあたる自分の身体、自由、時には生命が、債務に対する等価物として算定されながら簿記に記載され、債務者は法にもとづき粛々と返済義務を遂行しなければならない。ふたたび、ドゥルーズ＝ガタリによるテーゼであるが、「法とは、無限の負債が法的な形式をとったものである」という彼らの指摘（Deleuze and Guattari 1972）とも照らし合わせてみると、債権者／債務者という関係性を束ねるものは、重なり合うように作動している宗教的、貨幣的、そして政治的な主権権力であるといえよう。デイヴィッド・グレーバーがアグリエッタらの貨幣論を原初的負債理論（Primordial-debt theory）と呼び批判したように、「神への債務は税を通じて国家によって領有されるようなった」

という議論にはいささか飛躍がある感が否めない(Graeber 2011: 59-67)。グレーバーが指摘した問題点、つまり債務をお互いに負う人々の範囲・スケールの歴史的変遷に注意を払わないと、債務関係の系譜学は非歴史的な形而上学的考察になってしまう。つまり、共同体のなかで神や祖先などに対する原初的負債を共有する関係に、やがて領域的近代国家の範囲に区切られたなかでの負債関係が上書きされていく歴史的過程を見なければならないということである。もちろん領域的主権国家のなかに囲い込まれようとされていた負債関係のネットワークは、今日においては、グローバル化の深化とともに、脱領土的なものへと新たに再編されつつある。

4 経済的権力(債務的関係)と軍事的主権権力の連結

貨幣的主権と政治的主権との深い結びつきを考えるうえで、近代的主権国家という装置を媒介にして両者が連結した経緯をいまいちど振り返ってみる必要があろう。貨幣商品説や金属説など貨幣を実体のある交換メディアとして捉える見方に対して、「貨幣は国家が作ったもの」とする名目説的貨幣法制説または表券主義(Chartalism)が、その手掛かりを与えてくれているが、その典型例は、大量の不換紙幣の流通という事態を前提としたクナップの『貨幣国定学説』(一九〇五年原典初版、日本語訳は宮田喜代蔵訳『貨幣国定学説』岩波書店、一九二二年)であろう。この表券主義は、金属主義つまり貨幣商品説に対する、貨幣信用主義という異端派貨幣論の見方とされているが、マルセル・モースに大きな影響を受けているデイヴィッド・グレーバーに至っては、仮想信用貨幣は紀元前三五〇〇年に既に現れており、その後、鋳造貨幣と代わる代わる貨幣の支配的形態のサイクルを描いてきたという壮大な仮説を開陳している（Graeber 2011）。

しかし、現実の貨幣を考えてみればわかるが、鋳造貨幣もまた信用貨幣の側面をもっているのであって、その信用が無理矢理に創出される契機の一つが、政治的権力の軍事的出費のための貨幣の発行・流通である。たとえば、紀元前三二〇年頃、マケドニア王国のアレキサンドロス三世はペルシア帝国に対する戦争に当たって軍事的支出をまず借用し、のちに掠奪した金属で鋳貨をつくり債権者への支払いに充てるなどしたとされたという。これを、貨幣史に詳しい社会学者のジェフリー・インガムは、「鋳貨＝軍事複合体（coinage and military complex）」と呼んでいるが（Ingham 2004: 99-100）、この複合体は、こののち何度も立ち現れることになるが、やがて近代国家形成の過程で紙幣＝軍事複合体へと発展していくことになる。

特に近代国家体系の形成が戦争と密接不可分であったのと同様に、現在流通しているような形態の貨幣の法制的契機としての中央銀行制度確立は戦争と密接不可分であった。つまり、中央銀行の発行する貨幣は戦争の資金調達のために始まったように、債務、その表現形態である貨幣そして戦争は切っても切れない関係にある。具体的には、中央銀行の先駆であるイングランド銀行が一六九四年に、アウクスブルク同盟戦争（一六八八〜九七年）のための軍事費を調達するために創設されたという事実が示しているように、軍事的権力と金融的権力は、中央銀行という制度化を介して国家が債務を負うかたちで強く結びついたのである。このとき、実際には、イギリスの銀行家連合がイングランド王のウィリアム三世に対して一二〇万ポンドを貸し与え、その見返りとして設立されたイングランド銀行は銀行券の発行独占権を得たわけだが、今日に至るまで返済はなされていない（Graeber 2011: 49; Ingham 2004: 127–28）。つまり国家は、王の債務（返済約束）を半永久的に先延べし貨幣のかたちで流通させながら、その貨幣による国民からの租税徴収（軍事的保護への見返り）を通じて通貨主権を確立していったと言ってもよい。ついでにいえば、歴史家のニーアル・ファーガソンも指摘しているように、軍事的要請による公的債務を持続的に維持・拡大するためには徴税のための官僚制、中央銀行とともに、正統性の調達という観点から自由な代表制民主主義制度（議会）が必要とされ、結果として戦争のための公債と税は制度としてのデモクラシーをもたらしたという見方も可能である（Ferguson 2001: 15）。

戦争のたびに欧米諸国の債務が膨れあがることは常であったが、時には敗戦国からの賠償金によって相殺されることもあった。結果として、世界最強のヘゲモニー国家の軍事力は、その累積する債務にもかかわらず賠償金や植民地などの見返りなどによって維持することが可能になり、戦争と債務の相補的関係性も同様に持続的に再生産されることになった。大英帝国は兵士の血よりも債務によって支えられたともいわれるゆえんであるが、その構図は、パックス・ブリタニカ後を襲ったパックス・アメリカーナにも受け継がれることになった（Trask 2004）。第二次世界大戦、そして冷戦期のアメリカ政府の軍事費の拡大と債務累積額の推移はほぼ同じような上昇曲線を辿っているように、とくに国際政治におけるヘゲモニー国家の場合、膨大な軍事的権力とそれを維持するための債務との相補的な関係は強いものとなっていった（Graeber 2011: 366）。もちろん巨額の債務原因をもっぱら軍事支出に求めるのは間違いであろうが、軍事ケインズ主義が財政拡大を牽引し結果として債務累積を間接的に引き起こした側面があることは否めないであろう。

そうしたなかで、覇権国の強みは、さまざまな制度的操作を通じて自らの債務の一部を実質的に帳消しにする方向に誘導できるところにある。実際、一九七一年のニクソン・ショック（ドルと金の兌換停止とそれにともなう為替の変動相場制への移行）は、ある意味でヴェトナム戦争などによって累積していたアメリカの債務の一部を実質的に帳消しにする効果を狙ったものだといってよいだろう。一九七〇年代前半以降、変動相場制への移行にともなうドル安によりアメリカ国債の実質的価値は低落していくが、各国の中央銀行、とくにアメリカと非対称的な軍事的同盟関係にある国（当時の西ドイツ、そして日本、韓国など）の中央銀行は、だぶついたドル（外貨準備高金）をもってアメリカ国債を引き受けるしか選択肢はないという構図ができあがっていった。そして一九八〇年代に入ると、海外資本をアメリカへ呼び戻すべくアメリカ政府は高金利政策に転じた結果、南米やアフリカなどの発展途上国における深刻な債務危機を引き起こすこととなった。この金融緊縮政策はケインズ主義の破綻にともなうインフレーションの抑制とともに、賃金の実質的抑制など、労働に対する資本の優位性を再確立するものでもあったわけだが、米ソ冷戦終焉前後からネオリベラリズムが席捲しだすとともに、その影響は南北関係にも及ぶことになる。アメリカの高金利政策や構造調整プログラムという名の返済義務をともなうかたちの国際通貨基金（ＩＭＦ）などによる融資は結果として、第三世界の債務危機をさらに悪化させることとなった（George 1988）。スーザン・ジョージがさらに指摘していたように、北から南に課せられた慢性債務は、経済的疲弊を介して環境破壊や麻薬生産、さらには内戦による大量の難民などのかたちで、ブーメランのように北へ跳ね返っていった（George 1997）。いいかえれば、それは、債務関係によって人々から物質的、精神的な資源を奪い取っていく非対称的な構造的暴力が、結果として叛乱を含む直接的暴力の連鎖を引き起こす過程でもある。つまり、金融的な構造的権力と武力による直接的権力は、その非対称的な権力関係を媒介にしつつグローバルな広がりをもちながら絡み合ってきたといえよう。

そのことと関連して、ここで指摘しておきたい重要なポイントは、金融という領域と安全保障という領域における支配の構図はお互いに酷似しているだけではなく、相補的な関係にあるということである。安全保障領域における支配の構図は、「主権国家は国民の安全を守ってやるから国民は国家主権に従いつつ国家が提供する公共財のための税を払え」という論理、つまり見ヶメ料（protection racket）の論理に貫かれている。歴史的に振り返っても、対外戦争の遂行と税の体系的整備という財政の制度化の連動というかたちで「財政＝軍事国家」の形成が進められていったということがある（Brewer 1989）。その際、通貨は税（という名の国家への債務）の支払いのための手段という性格ももつ（Graeber 2011: 55）。そして市民間の互いの債務関係を裏づけるという性格をもった貨幣を創出するのも国家であるが、その貨幣の信用を最終的に保証するのも国家が占有する暴力である。つまり、一般に信じられているように、国家の論理と市場の論理は対立するものではなく、国家が貨幣を通じて市場を作り、そこから吸い上げた税金の一部を軍事力に転換しながら国家装置を生成していくといったように、両者は相補的な関係にある。

今日では、そうした構図は一国単位にとどまらずグローバルな広がりをもつようになっている点に注意を払う必要があろう。つまり、アメリカというヘゲモニー国家が擬似公共財（正確にはクラブ財）としての軍事力を世界中に投射するかたちで国際政治経済の安定性を維持する見返りとして、従属的同盟国は在外米軍基地の受け入れなどの見ヶメ料の支払い請求がされるだけではなく、先にも触れたようにアメリカ国債の引き受けなど相応の負担の分担が要求される。このように、見ヶメ料の論理は、安全保障と金融とを束ねるかたちで貫かれている。つまり、貨幣的主権権力は、軍事的なそれと同様に、国民に保護を与える反面、そこに支配−従属関係を埋め込むのである。そして、パックス・アメリカーナにおけるＩＭＦを軸とする金融の構造的権力は、軍事力という直接的権力との相互補完によって、より絶対的なものになっていった。

しかし、やがてヘゲモニーの黄昏とともに、その相互補完関係は綻び出すことになる。それは、見ヶメ料の論理が正当性を失っていく過程でもあるし、過剰に蓄積された資本が一連の戦争を通じて蕩尽されながら、軍事的権力と金融的権力の結合が緩んでいく過程でもある。その過程で、アメリカ社会はドル基軸体制という特権を濫用しながら債務に頼り消費を続け、二〇〇三年には、個人の債務累積額は約八兆ドル（全可処分所得の約一三〇パーセント）にまで至った（Williams 2004: 3）。生産性の上昇に応じて所得も上昇するというフォーディズム全盛期は終わり、実質的所得が年々下降していくにもかかわらず、消費水準を維持する以上、債務への依存が強まっていくのは当然である。いわゆるヘゲモニー・サイクル論から見れば、二一世紀に入ってのグローバル金融危機に至る過程は、そうしたヘゲモニーの黄昏、つまり長期波動の下降局面に現れるシステム的危機（生産拡大局面に続く金融拡大の最終局面に現われる危機）ということになろう。

しかし、現在直面している長い金融危機は、単なる循環的危機というよりは、資本主義の全面的金融化、つまり利潤のレント化を通じた債務関係の支配化という新しい局面によるものであるというのが、認知資本主義論などのなかで提起されてきたことであることは先に触れた。たしかに、既にフォーディズム期においてもクレジット・カードの普及など、個人消費においてローンは必要不可欠なものになっていたが（Hyman 2011: 133-72）、ポスト・フォーディズム期に入ると、生産コストは消費者などへ外部化されるだけではなく、価値創造はモノの生産の外部へシフトし、知識など非物質的なものの生産や流通を通じて行なわれると同時に、派生的金融商品などによる金融的レントは利潤を生み出す中核を構成するようになっていった。いままで述べてきたように、債務関係を基調とする社会関係は通時的に見られるものであったわけだが、資本主義の全面的金融化とその深化・拡大とともに、債務関係は脱領土化（グローバル化）しながら現代奴隷制といってもよい状況を引き起こしている。つぎに、そのことについて見ていきたい。

5　グローバル・バイオ・キャピタルに呑み込まれて——債務関係のさらなる深化

サブプライム・ローンに代表されるように、個人ベースの借金までが証券化されるなど債務の金融商品化は拡大・深化し、レントと利潤の区分がいっそう不鮮明になり利潤がレント化しつつあるのが、現在の金融資本主義の一特徴といってよいであろう（Marazzi 2010: 43-66）。一方で、消費を促すために借金を促し続け、その借金のために未来の時間から身体、家族まで、ありとあらゆるものが抵当に入れられるようになっている。債務関係の拡大・浸透は、ポスト・フォーディズムの特徴であるフレキシブル労働システムに起因する不安定な雇用形態への移行、いわゆるプレカリアート化によって、よりいっそう加速している。激動する労働市場で生き残るためには恒常的に人的資源としての自分に付加価値を付けていく必要があり、そのためには債務をしてでも（再）教育をしなければならなくなっている。「ポスト・フォーディズムの資本主義により、主体は、自分自身に充足するもの、完結し自立したモナド、みずからの個人的運命を繰る唯一の存在という幻想の表象を自己に与え／自分自身を代表するよう導くことになる」（Fumagalli and Mezzadra 2010）。その結果、生きた労働は、——企業としての個人すなわち人的資本と化すなかで——公的領域からナルシスティックに切断され、孤立した個人は、生産（労働）と消費の両局面において債務関係に絡み取られてしまっている。

重債務の行き着く先は自死であろうが、グローバル・サウスにおける債務者は、それと同じくらいに過酷な状況に直面させられているといってよいであろう。たとえば、インドのアーンドラ・プラデーシュ州では、一九八九年から二〇〇四年の一五年間に、干ばつ、不作、そして重債務の結果、三〇〇〇人以上が自殺したとされている（Rajan 2006: 77）。しかし、債権者は、債務者が自死する前のところで、できる限り返済を続けてとりたてようとする。そのひとつの究極の選択が、人身売買や臓器売買である。たとえば、インド・マドラス（チェンナイ）、ボンベイ（ムンバイ）、フィリピン・マニラなどのスラム街では、貧困のために借金返済に行き詰まった債務者が債務返済のために自らの腎臓を売るということが常態化していたことが報告されている（Cohen 1999; Turner 2009）。インド・マドラスでの調査報告では、九割以上のドナーが債務などの返済のために腎臓を売ったとされている（Goyal et al. 2002）。グローバル・サウスのドナーは腎臓一つを一〇〇〇ドルから五〇〇〇ドル程度で売り、グローバル・ノースのレシピエントはそれを三万五〇〇〇から一五万ドル程度のパッケージ価格で買い求めるということが行なわれているという（Jafar 2009）。グローバル・ノースにおける臓器に対する需要は高く移植用臓器が不足しているという事情があるため、時には患者自らが「移植ツアー」というかたちで発展途上国へ赴くということも行なわれるようになってきている。こうした臓器売買を通じた事実上の搾取は、時には違法な手術を通じて行なわれ(2)、術後のケアも不十分なため日常生活に支障を来たす場合も少なくないばかりか（Goyal et al. 2002: 1591）、腎臓を売ったことがスティグマとなり本国社会から差別、排除されることになる（Scheper-Hughes 2003: 200）。

このように違法な手術による臓器摘出・移植そして臓器売買が世界のさまざまな場所で行なわれているという現実は、グローバル・ノースで生まれた者のより長く生きたい、また血液透析に縛られず快適に暮らしたいという欲望が、債務関係といった構造的権力を通してグローバル・サウスの人間の身体部分の商品化といった不条理を生み出したものとも言えよう（Scheper-Hughes 2000）。重債務、人身売買、売買春や臓器売買といったものが絡み合いながら進んでいる状況は、まぎれもなく現在のバイオ・キャピタル（bio-capital）の一側面を物語っている。バイオ・キャピタルという言葉は、ミシェル・フーコーの使ったバイオ・ポリティクス（生政治）という言葉を念頭に置きながら使われるようになったものであるが、社会学者のニコラス・ローズなどによれば、バイオ・キャピタルとは、バイオ・テクノロジーの革新にともない、生そのものを経済関係に組み込んでいく新たな資本形態であり、それは、同時に新しいバイオ・ポリティクスとも密接に絡みあっている（Rose 2007: 6-7）。バイオ・ポリティクスが、被統治者を政治的算術の対象（人口）として数え上げつつ面倒を見る政治であるとすれば、新しいバイオ・ポリティクスは、人々の身体をバイオ・テクノロジーによって功利的に活用しようとするポリティカル・エコノミーと

（2）インドでは一九九四年に人間臓器移植法（the Transplantation of Human Organs Act）が制定され、臓器売買が禁止されたため、臓器売買を前提とした移植手術は非合法となり地下に潜ることになった。

いえよう。バイオ・キャピタルは、iPS細胞など最先端の科学技術革新と投機的資本を結びつけながら回り続ける一方で（Rajan 2006: 110-11）、拒絶（免疫）反応抑制剤などの医療技術開発と債務関係の深化の双方と絡みながら臓器売買といった現象を産出することになる。皮肉なことは、臓器売買という身体の商品化の極端なケースが、他者の生を救うための臓器提供という利他主義的レトリックによって正当化され、債務返済のために身体を切り売りする者をドナーと呼ぶことであろう。

なぜ、このような債務奴隷化といった不条理な状況が現出することになるのか。端的にいえば、非対称的な債務関係のグローバル化が、債務者、とくに南北、ジェンダー、人種といった関係において相対的に弱い者を事実上の債務奴隷へと追いやりつつ、時には身体の商品化を媒介にしながら臓器の切り売りを迫っているということであろう。これと関連して注目すべきことは、そこに見られるのは、不可分であるはずの個人（in-dividual）がパーツ（dividual）に分解されてレント経済に組み込まれているということで、そうした現象は、臓器移植といった極限的な事例に限らず、ネオリベラル資本主義社会には随所に散見されるものといえよう（Lazzarato 2013: 193-97）。

くわえて、そうした債務奴隷化は、ある意味で、債務者が約束を履行しようとする誠実性をもっていることで初めて確実なものになるということを忘れてはならない。「約束をなしうる動物を育て上げる――これこそは自然が人間に関して自らに課したあの逆説的な課題そのものではないか」と言ったのはニーチェであるが（Nietzsche 1887）、まさに現在の統治性は、そうした人間の約束を果たそうという良き性質を利用して、「債務を返済する動物に育てあげる」方向で作動していると言ってよい。メガ・バンクは破綻させるには大きすぎるということで、そこには公的資金が惜しみなく注がれ救済措置がとられる一方で、重層的な構造的権力の重みの下で、小さき民は、重債務の結果、臓器売買、人身売買、最後は自死へと追い込まれている。あこぎなウスラの魔の手から逃れるひとつの方法は、ジュビリー2000の時に行なわれた債務帳消し運動であることは確かである。最後に、バイオ・キャピタルに呑み込まれていく生政治に対する抵抗としての債務帳消し運動について振り返ってみたい。

6　債務帳消し運動について

ジュビリー2000は、二〇〇〇年を祝典の年ジュビリーとして、重債務貧困国（HIPS: Heavily Indebted Poor Countries）の債務九〇〇億ドルの帳消しを求めた運動で、ロックバンドU2のボノなどの有名人なども加わったことで知られる。とくに一九九八年五月には、イギリスのバーミンガムで開かれたG8サミットに際して、約七万の人々が約一〇キロにわたる「人間の鎖」を演出し、G8諸国の首脳に対して債務帳消しを強く働きかけたことで記憶されているであろう（Greenhill et al. 2003）。ジュビリーとは、旧約聖書レビ記に記された「ヨベルの年」のラテン語化したもので、カトリック教会において半世紀ごとの聖なる特赦の年を意味する。ヨベルの年について、レビ記にはつぎのように記されている。

「七年目には全き安息を土地に与えねばならない。これは主のための安息である。畑に種を蒔いてはならない。ぶどう畑の手入れをしてはならない。休閑中の畑に生じた穀物を収穫したり、手入れせずにおいたぶどう畑の実を集めてはならない。土地に全き安息を与えねばならない。安息の年に畑に生じたものはあなたたちの食物となる。あなたをはじめ、あなたの男女の奴隷、雇い人やあなたのもとに宿っている滞在者、更にはあなたの家畜や野生の動物のために、地の産物はすべて食物となる。あなたは安息の年を七回、すなわち七年を七度数えなさい。七を七倍した年は四十九年である。その年の第七の月の十日の贖罪日に、雄羊の角笛をこの五十年目の年を聖別し、全住民に解放の宣言をする。それが、ヨベルの年である。あなたたちはおのおのその先祖伝来の所有地に帰り、家族のもとに帰る。鳴り響かせる。あなたたちは国中に角笛を吹き鳴らして、五十年目はあなたたちのヨベルの年である。種蒔くことも、休閑中の畑に生じた穀物を収穫することも、手入れせずにおいたぶどう畑の実を集めることもしてはならない。この年は聖なるヨベルの年だからである。あなたたちは野に生じたものを食物とする。ヨベルの年には、おのおのその所有地の返却を受ける。」（レビ記二五・四〜一三）

「もしその人が身売りしたままで買い戻されなかった場合、ヨベルの年にはその人もその子

供たちも手放される。」(レビ記二五・五四)

つまり、ヨベルの年には、負債のために奴隷にされた人々は解放され、奪われた土地は返却されなければならないということになるが、ジュビリー2000の運動は、こうしたカノンなどを援用しながら、重債務貧困国の債務帳消しを求めたわけである。しかし、最初から債務帳消しが認められたわけではない。先にも触れたように、債務は返却すべきものであり、それを帳消しするということはモラル・ハザードを生み出すだけであるという考え方が根強いなか、一九八〇年代から九〇年代にかけて貧困国の債務問題は悪化の一途を辿り解決からいっそうほど遠くなっていくにつれ、いたずらに貧困層の負担をより大きくするよりは、返済不能なものについては帳消しにすべきであるという考え方が、グローバル市民社会のなかでしだいに強くなっていった。そうした新しい流れをつくっていったのが、一九九六年にイギリスをベースに結成された債務危機ネットワーク(Debt Crisis Network)などで、その後、債務削減・帳消しを求める社会運動はカトリック海外開発機関(Catholic Agency for Overseas Development)などのNGOのイニシアティブのもとで、しだいにウガンダ、ザンビアなどアフリカなど、南北を跨ぐかたちでグローバルな広がりを持つようになっていく(Buxton 2004; Reitan 2007: 66-107)。

こうした圧力に呼応するかたちで、IMFおよび世界銀行も一九九六年には、重債務貧困国イニシアティブ(HIPCI)を打ち出し、債務削減に乗り出すが、債務帳消し運動を推進する側は削減を「少なすぎるし、遅すぎる」と批判、さらに圧力をかけ続け、ジュビリー２０００へとつながっていくことになる。こうした運動によって、実際に、一九九八年のバーミンガム・サミットにおいてはブレア英首相などに債務削減の約束を引き出し、一九九九年のケルンＧ７サミットにおいては、先のＨＩＰＣイニシアティブよりも「より深く、より早く、より広く（債務削減率の増加、救済措置実施までの期間の短期化、対象国の拡大）」債務救済を行なうという「拡大ＨＩＰＣイニシアティブ」（the Enhanced HIPC Initiative または HIPC II）が合意されるなど、一定の成果（総額七〇〇億ドルの債務削減や二国間ＯＤＡ債務の一〇〇パーセント取り消しなど）を挙げることができた。さらに、二〇〇五年七月のエディンバラでのＧ８サミットでもセレブ（有名人）を巻き込みながら債務帳消しも目標に掲げる「貧困を過去の歴史としよう」（Make Poverty History）運動が推し進められるなど（Sireau 2009）、ボトムアップ型の反貧困キャンペーン（Global Call to Action Against Poverty）は続けられた。しかし、ＨＩＰＣイニシアティブでは不十分とし、不満を強めていたグローバル・サウスのＮＧＯが主導したジュビリー・サウスが袂を分かつかたちで立ち上げられ、トランスナショナルな運動に亀裂が見られるようになっていった（Reitan 2007: 93-94）。実際、ＨＩＰＣイニシアティブでカバーする国が限られていることやその救済の遅さなども問題となっており、重債務貧困国問題も根本的解決からほど遠く（Isar 2012）、またグローバル金融危機以降、私的債務が公的債務の倍以上に膨れあがるなど、債務問題はその深刻さを増してきている（Jubilee Debt Campaign 2012）。その一方で、先にも述べてきたように、グローバル・

ノースもまた全生活領域の金融化とともに〈債権者／債務者〉の権力関係の再強化の方向へと再編されていった。

そうしたなかで、ジュビリー２０００などについてあえてポジティブに再評価すべき点は、それらの運動が、重債務を強いる〈債権者／債務者〉の権力関係を不正義であると捉え直していく過程、つまり「返済すべきもの」とされてきたものを「帳消しにして構わないもの」と認識し直していくリフレイミングのプロセスを、推し進めたことにあろう（Busby 2007）。それは、まさに人間を債務返済遂行する「動物」として飼い慣らそうとするネオリベラルな統治性に対しての抵抗運動という側面も有していたともいえよう。

債務関係の深化とともに不可分であるはずの個人（individual）をバラバラのパートとして分解し商品化していくようなネガティブな意味でのポスト・ヒューマン的状況が立ち現れている。そうした状況に抗しながら、ギフトとして授かった身体、そのインテグリティを守る倫理（人間の尊厳のようなもの）を取り戻していくことができるか否かは（Scheper-Hughes 2005: 164-65）、そうしたトランスナショナルな抵抗運動の潜勢力にかかっているともいえよう。それは、波打ちぎわの砂に描かれた消えゆく人間の顔を、再び描き直すのに近い作業かもしれないが。

参考文献

網野善彦（2005）『日本の歴史をよみなおす（全）』ちくま文庫

Aglietta, Michel and Orléan, André (1992), *La violence de la monnaie* (Paris: Presses Universitaires de France（井上泰夫、斉藤日出治訳『貨幣の暴力』法政大学出版局、一九九一年））.

——(1998), *La monnaie souveraine* (Paris: Odile Jacob（坂口明義監訳『貨幣主権論』藤原書店、二〇一二年））.

Brewer, John (1989), *The Sinews of Power: War, Money, and the English State, 1688-1783* (Cambridge, Mass.: Harvard University Press（大久保桂子訳『財政＝軍事国家の衝撃』名古屋大学出版会、二〇〇三年））.

Busby, Joshua Willaim (2007), 'Bono Made Jesse Helms Cry: Jubilee 2000, Debt Relief. And Moral Action in International Politics', *International Studies Quarterly*, 51, 247-75.

Buxton, Nick (2004), 'Debt Cancellation and Civil Society: A Case Study of Jubilee 2000', in Paul Gready (ed.), *Fighting for Human Rights* (London: Routledge), 54-75.

Cohen, Lawrence (1999), 'Where It Hurts: Indian Material for an Ethics of Organ Transplantation', *Daedalus*, 128(4), 135-65.

Deleuze, Gilles and Guattari, Félix (1972), *L'Anti-Œdipe: Capitalisme et schizophrénie* (Paris: Minuit（宇野邦一訳『アンチ・オイディプス――資本主義と分裂症（上下）』河出文庫、二〇〇六年））.

Dupuy, Jean-Pierre (2012), *L'Avenir de l'économie: sortir de l'écomystification* (Paris: Flammarion（森元庸介訳『経済の未来』以文社、二〇一三年））.

Ferguson, Niall (2001), *The Cash Nexus: Money and Power in the Modern World, 1700-2000* (New York: Basic Books).

Fumagalli, Andrea and Mezzadra, Sandro (eds.) (2010), *Crisis in the global economy: financial markets, social struggles, and new political scenarios* (Los Angels: Semiotext(e) (朝比奈佳尉、長谷川若枝訳『金融危機をめぐる一〇のテーゼ』以文社、二〇一〇年)).

George, Susan (1988), *A Fate Worse Than Debt* (New York: Grove Press (向壽一訳『債務危機の真実』朝日新聞社、一九八九年)).

—— (1997), *The Debt Boomerang: How Third world Debt Harms Us All* (New York: Pluto Press (佐々木建、毛利良一訳『債務ブーメラン』朝日新聞社、一九九五年)).

Goff, Jacque Le (1997), *La bourse et la vie: économie et religion au moyen age* (Paris: Hachette Littérature (渡辺香根夫訳『中世の高利貸——金も命も』法政大学出版局、一九八九年)).

Goyal, Madhav, et al. (2002), 'Economic and Health Consequences of Selling A Kidney in India', *Journal of the American Medical Association*, 288(13), 589–93.

Graeber, David (2011), *Debt: The First 5,000 Years* (New York: Melville House (高祖岩三郎、佐々木夏子訳『負債論——貨幣と暴力の５０００年』以文社、二〇一六年)).

Greenhill, Romilly, et al. (2003), 'Did the G8 Drop the Debt? Five Years after the Birmingham Human Chain, What has been achieved and what more needs to be done?', (London: Jubilee Research, Jubilee Debt Campaign and CAFOD).

Hyman, Louis (2011), *Debtor Nation: The History of America in Red Ink* (Princeton, N.J.: Princeton University Press).

Ingham, Geoffrey (1996), 'Money is a Social Relation', *Review of Social Economy*, 65(4), 507–29.

—— (1999), 'Capitalism, money and banking: a critique of recent historical sociology', *British Journal of Sociology*, 50(1), 76–96.

—— (2000), "Babylonian madness': on the historical and sociological origins of money', in John Smithin (ed.), *What is money?* (London: Routledge), 16–41.

—— (2004), *The Nature of Money* (London: Polity).

Isar, Sarajuddin (2012), 'Was the Highly Indebted Poor Country Initiative (HIPC) a Success?', *Consilience: The Journal of Sustainable Development*, 9(1), 107–22.

Jafar, Tazeen H. (2009), 'Organ Trafficking: Global Solution for a Global Problem', *American Journal of Kidney Diseases*, 54(6), 1145–57.

Jubilee Debt Campaign (2012), 'The State of Debt: Putting an end to 30 years of Crisis', (London: Jubilee Debt Campaign).

Langley, Paul (2008), *The Everyday Life of Global Finance: Saving and Borrowing in Anglo-America* (Oxford Oxford University Press).

Lazzarato, Maurizio (2011), *La fabrique de l'homme endetté: Essai sur la condition néolibérale* (Paris: Éditions Amsterdam (杉村昌昭訳『〈借金人間〉製造工場——〝負債〟の政治経済学』作品社、二〇一二年)).

—— (2013), *Governing by Debt*, trans. J. D. Jordan (Los Angels: Semiotext (e)).

—— (2014), *Signs and Machines: Capitalism and the Production of Subjectivity*, trans. J. D. Jordan (Los Angels: Semiotext (e)).

Marazzi, Christian (2010), *The Violence of Financial Capitalism*, trans. Kristina Lebedeva (Los Angels: Semiotext (e)).

Nietzsche, Friedrich (1887), *Zur Genealogie der Moral* (Leipzig: Neumann (木場深定訳『道徳の系譜』岩波書店、一九四〇年)).

Patel, Raj (2007), *Stuffed and Starved: The Hidden Battle for the World Food System* (New York: Melville

House Publishing（佐久間智子訳『肥満と飢餓――世界フード・ビジネスの不幸のシステム』作品社、二〇一〇年）).
Rajan, Kaushik Sunder (2006), *Biopolitical: The Constitution of Postgenomic Life* (Durham: Duke University Press（塚原東吾訳『バイオ・キャピタル』青土社、二〇一一年）).
Reitan, Ruth (2007), *Global Activism* (London: Routledge).
Rose, Nikolas (2007), *The Politics of Life Itself: Biomedicine, Power, and Subjectivity in the Twenty-First Century* (Princeton, N. J.: Princeton University Press（小倉拓也、佐古仁志、山崎吾郎訳『生そのものの政治学――二十一世紀の生物医学、権力、主体性』法政大学出版局、二〇一四年）).
Roy, Ananya (2010), *Poverty Capital: Microfinance and the Making of Development* (New York: Routledge).
Scheper-Hughes, Nancy (2000), 'The Global Traffick in Human Organs', *Current Antholopology*, 41(2), 191-224.
―― (2003), 'Rotten Trade: Millenial Capitalism, Human Values and Global Justice in Organ Trafficking', *Journal of Human Rights*, 2(2), 197-226.
―― (2005), 'The Last Commodity: Post-Human Ethics and the Global Traffic in "Fresh" Organs', in Aihwa Ong and Stephen J. Collier (eds.), *Global Assemblages: Technology, Politics, and Ethics as Anthropological Problems* (Oxford: Blackwell), 145-67.
Sireau, Nikolas (2009), *Make Poverty History: Political Communication in Action* (London: Routledge).
Trask, H. A. Scott (2017), 'Perpetual Debt: From the British Empire to the American Hegemon', (updated January 17, 2004) https://mises.org/daily/1419
Turner, Leigh (2009), 'Commercial Organ Transplantation in the Philippines', *Cambridge Quarterly of Healthcare Ethics*, 18, 192-96.

Williams, Brett (2004), *Debt for Sale: A Social History of the Credit Trap* (Philadelphia: University of Pennsylvania Press).

第6章　地政学的言説のバックラッシュ

ホモ・サピエンスは、集団での駆け引きや闘争を好む政治的動物として有名なチンパンジーのＤＮＡと九八パーセント同じであるということもあり（de Waal 1982）、アリストテレス以来、自身が政治的動物であるという自己認識をもっている。加えて、社会生物学者が指摘しているように、人類は他の生物に負けないくらい自らの領域（縄張り）に執着する傾向をもつ（Wilson 1975: 1116–19; 1978: 199–204）。特に縄張りへの執着については、農耕文明の定着とともにより強固になり、現存の主権国家体系へと展開し、最近では部族主義的政治の台頭や地政学的認識の再興にもつながっている（Chua 2018）。平和裡に棲み分けがされている限りにおいては縄張りをもつこと自体はそれほど問題ないだろうが、領域内の人口の消費水準を満たす形での完結した生存圏というものが成立しないようになると、当然、領域外の生存圏を求める争いが熾烈になってしまう。エコ・マルクス主義的な言い方をすると、人間社会の再生産のために行われる人間と人間以外の自然との間の物質代謝が、無限の資本蓄積というモーターによって駆動された形で過剰に行われるようになると、より外延の自然へと活動を拡大させるとともに、やがて地球システムの持続可能性の限界点に達してしまうことになる。ドゥルーズ＝ガタリの言い方を借りてさらに言い換えると、「世界的資本主義の計り知れない相対的脱領土化は、近代的な民族国家のうえでおのれを再領土化する必要がある」（Deluze and Guattari 1991: 169）が、それはやがて臨界点に達し破局へと陥ろうとしている。人新世を扱った章で見てきたように、地球システムの持続可能性、生態系の限界ということを前提に考えれば、その生存圏・勢力圏争いは、事実上、沈みゆく泥船の中での争いの様相を見せるということになる。それは、ミシェル・セールが『自然契約』の中で言及しているフランシス・デ・ゴヤの絵画『棍棒での決闘』を彷彿とさせる（Serres 1990）。膝まで泥の中に沈みながら殴り合いを続ける二人の姿を描いたものだが、人間が地球との寄生的関係を濫用し宿主である地球を殺してしまうようになっており、その寄生関係を改めて新たな均衡的な契約を結ぶ必要に迫られているにも関わらず、人間は相変わらず私利私欲のために争いを続けているという状況のアナロジーを、セールはゴヤの絵画に読み取ったのだろう。現在の地政学的競争の状況を見る限り、確かにゴヤの『棍棒での決闘』の状況に近くなっていると言えよう。

1 「地政学の逆襲」というバックラッシュの言説政治

『現代の地政学』、『「感情」の地政学』、『恐怖の地政学』など、ここ数年間に出版された本のタイトルに地政学という言葉を含むものが目立つようになっている。「地政学という言葉の偏在化」(Cohen and Smith 2009: 22) 状況は、戦間期(一九一九―一九三九)の地政学ブームを彷彿とさせるところがある。また経済問題をナショナリズムや地政学の枠組みに嵌め込もうとする地経学的な言説も後を絶たない。地政学というタイトルの本の中にはレトリックとして地政学という言葉を使用しているだけというものもあるが、大陸や海洋などの地理的要因が国際政治に及ぼす影響を重視する地政学を再評価するというものも散見される。中でも古典的地政学の復権という方向性を打ち出したものの代表格は、ジャーナリストのロバート・カプランによる著作『地政学の逆襲(原題は「地理の逆襲」)』であろう(Kaplan 2012)。筆者は、単純な地理決定論(運命論)はとらないと何度も断りをいれているものの、『地政学の逆襲』の記述は、基本的に帝国主義時代のクラシックな地政学の引き写しに近く、国家中心主義的見方も色濃く出ており、ある意味で地政学の基本的特徴を再現させた形になっている。

こうした帝国主義時代の地政学を再興させるような動きは、もちろん冷戦後のアメリカの一極支配の終焉に伴う多極化(ないしはGゼロ化)という時代状況に呼応したものであることは疑いない。ウクライナ情勢を念頭に置きながらウォルター・ラッセル・ミードがいう「地政学の回帰」という事態は、まさに、そうしたパワーシフトの状況を表現したものといえよう（Mead 2014）。また、中国政府の進める一帯一路構想などを中国脅威論などとないまぜにした形で地政学ゲームとして解説するような言説が市井に氾濫しているのも、そうした状況の反映であろう。

それに加えて、「交通や情報などの技術革新に伴い、『距離の終焉』（O'Brien 1992）、『ボーダーレス・ワールド』（Ohmae 1990）または『フラット化する世界』（Friedman 2006）の時代が到来する」といった、一九九〇年代から二一世紀初め頃の予測・期待を裏切るような事態が次々起きているということが、地政学的言説の隆盛の背景的要因として指摘できよう。グローバリゼーションによる平滑化の流れに対する反発としてローカルな場所性の論理を再興しようとする動きは、しばしば排他的なショービニズムにつながりやすい。特に九・一一事件以降の対テロ戦争という暴力の連鎖に象徴されるように、グローバリゼーションの深化は、普遍性（類）への収斂ではなく、逆に地理的要素を含む個別的な「種の論理」による分断化、そして人と人とを隔てる壁のユビキタス化という逆説的な時代状況をもたらしており、それが地政学的言説の台頭につながっている。グローバリゼーションの反作用としての再領土化の政治は、右翼ポピュリズムの形をとって立ち現れるとともに、地政学の再興現象をもたらしている。本章では、そうした伝統的地政学の再興現象のもつ意味、また、その系譜や問題性について、批判的地政学（批判地政学とも表記）という視座から検討していきたい。そのためには、まず伝統的地政学の系譜を今一度、振り返ってみる必要があるだろう。

2　似非科学として記憶から消去されたドイツ地政学、大東亜地政学

日本において地政学という言葉が題目に入っている本が大量に出版されたのが一九三〇年代から一九四〇年代はじめであったことを考えると、地政学という言葉に焦臭いというか胡散臭いものが付きまとうのは当然であろう。海外においても、地政学という言葉が忌避されてきた理由の一つは、ナチス・ドイツの国家戦略と繋がりのあったフリードリッヒ・ラッツェル（Friedrich Ratzel, 1844–1904）やカール・ハウスホーファー（Karl Haushofer, 1869–1946）のドイツ地政学を連想させてきたからである。第二次世界大戦の戦勝国、特にアメリカ側のプロパガンダによる歪曲や誇張があったにせよ（Tuathail 1996: 111–40）、ハウスホーファーがヘスを介して知ったヒトラーに対してラッツェルの著作『政治地理学』を紹介したことがきっかけで、ヒトラーは地政学に興味をもち、自著『わが闘争』の第一四章などにもラッツェルの「生存圏、生活圏または生活空間（Lebensraum）」の概念を援用していったという事実が示すように(1)、ドイツ地政学はナチスとの関係で、まさに権力に仕える御用学問的な役割を果たした事実は否定できない。特に「生存圏」の概念は、「優れたとみなされる文化圏は、より良いやり方で土地を利用できるのだから、より多くの領土をもつに値する」といった命題を提供する形で、ナチスのアーリア人優越論に立っ

た人種差別主義・優生学思想や社会的ダーウィニズムと共振しながら、ナチス・ドイツの軍事的拡張路線を正当化するのに一役買ったことは否めない。

古典的リアリズムの礎を築いた国際政治学者のハンス・モーゲンソーもまた、そうした地政学に対し、次のように厳しい批判を加えている。

「地政学は、地理という要因が国家の力を、したがって国家の運命を決定するはずの絶対的なものであるとみなす、えせ科学である。地政学の基本的概念は空間である。だが、空間は静的なものであるが、地球の空間で生活している人びとは動的なものである。（中略）地政学は、ハウスホーファーやその弟子たちの手によって、ドイツの国家的熱望に奉仕するイデオロギー的武器として使用される、一種の政治的な机上の空論に変容したのである。」（Morgenthau 1948: 171–72）

ここでのモーゲンソーの批判の要点は、主として地政学に見られる偏った単一要因論にあるわけだが、静的な地理的要因だけに注意を払うことで人や資本の移動など動的なファクターを含む複雑なリアリティを見誤るといった彼の批判は、今もなお有効だろう。またモーゲンソーの勢力均衡重視の防御的リアリズムからすれば、ドイツ地政学の攻撃的リアリズムに近い考え方は危険極まりないものでしかないであろう。しかし、地政学的言説が亡霊のように何度も立ち現れる以上、地政学をファシズム的なアノマリーな知として片付けてしまわずに、そうした言説が、なぜ隆盛したのか、また再び興隆しているのかといったことを、検討してみる必要はあるだろう。

もともと、地政学（geopolitics）という言葉が由来するゲオポリティーク（Geopolitik）という造語をつくったのは、ラッツェルの影響を受けたスウェーデンの政治学者ルドルフ・チェレーン（Rudolf Kjellen, 1864-1922）で、初出は一八九九年の彼の論文とされている（Tuathail 1996: 44）。そのチェレーンは、「地政学は、国家を地理的有機体、即ち、地域に於ける現象として考察するところの国家論である。つまり、国家を、国土、版図、領域、最も特徴的にいえば領土（Reich）として考察する国家論である。地政学は、政治科学としてその目標を常に国家の統一に向ける、そして、国家の本質が何であるかを理解するに資せんと欲する」（Kjellén 1917）、自身が依拠する国家有機体論の延長線上に地政学を措定している。国家有機体と領土との繋がりを重視するチェレーンの国家中心主義的な地政学概念は、ラッツェルの生存圏概念とともに、ハウスホーファーによる地政学の定義、つまり「凡ての国家的生活形態が、地球上に生存権（Lebensraum）を得んがために敢行する生存闘争における政治的行動の芸術の科学的基礎」（Haushofer 1924: 1）に引き継が

（1）「外交政策とは、その民族にその時々に必要なだけの生存圏を、大きさと質の両面から確保するうえでの技術である」などと述べるなど、生前に公刊されなかったヒトラーの草稿からも、彼の対外政策における生存圏概念の占めるウェイトがかなり大きかったことがうかがえる。アドルフ・ヒトラー（平野一郎訳）『続・わが闘争――生存圏と領土問題』角川文庫、二〇〇四年、五三頁。

れ、日本にも輸入されることになる。(2)

ハウスホーファーが日本の地政学に及ぼした影響は大きく、実際、戦前において、『太平洋地政学』をはじめ、彼の著作は数多く翻訳紹介されているが、興味深いのは、ハウスホーファーが一九〇八年以降、軍事オブザーバーなどの立場で日本に滞在し、東アジアにおける日本の台頭に興味を持ち日本に関する本など(3)も認めながら彼自身の地政学思想を展開していったということである（シュパング 2001）。つまり、ハウスホーファー自身の地政学は日本に関する彼の知見（つまり東アジアにおいて大陸国家として台頭しつつある日本というイメージ）を触媒に形成されていったが、のちにハウスホーファーが普及させた生存圏の考え方は日本における大東亜共栄圏の概念を促していったといった相互的な影響関係があったということである（Tuathail 1996: 127）。

特にドイツ地政学が日本のそれに及ぼした影響は大きかったが、中には、「地政学は現代ドイツを背後として脚光を浴びつつある学問だけに、ナチス・ドイツの世界観に即応して民族主義的政治学と国防地理学の色彩が強く、特にその裏面には依然たる白色人種の功利的侵略的な植民地争奪の満々たる野望が宿されているかの如き感がある。（中略）かくてドイツ流の地政学を以てしては日本の東亜共栄圏を理論的に裏付けようとしたところで、所詮不可能である。ここに真に民族共存共栄の立派なハッキリとした倫理的妥当性を有する、見直された新たなる地政学が生誕しなければならないのである」（川西 1942：7-8）といった批判を加え、ドイツ地政学と距離をとる者もいた。ドイツからの輸入学問にとどまることを良しとせず日本独自の地政学を特に積極的に模索したのが、京都帝国大学地理学教室の小牧実繁や米倉二郎ら、地理学における京都学派である。彼らは、家永三郎の言うところの哲学における京都学派右派、特に高山岩男の「歴史の地理性　地理の歴史性」といった議論（高山 1940）とも交錯する形で、地理の特殊性を強調し、日本の独自の大東亜地政学または皇道地政学を打ち出そうとした（小牧 1942a：米倉 1941）[4]。しかし、『太平洋の地政学』などにおけるハウスホーファーの視野はドイツ的なるものの域を一歩も出てないと批判する小牧の著作をいくら読んでみても、「世界を一の全体と見、その歴史と地理と、

（2）　波多野澄雄によれば、Geopolitik に地政学という訳語を最初にあてたのは、地理学者の飯本信之で、彼の論文「人種争闘の事実と地政学的考察（一）」『地理学評論』一巻一号、一九二五年が初出ということである。波多野澄雄「「東亜新秩序」と地政学」三輪公忠編『日本の一九三〇年代――国の内と外から』彩流社、一九八一年、一三～四七頁

（3）　たとえば、カール・ハウスホーファー（若井林一訳）『大日本（上巻）』洛陽書院、一九四二年。そこにおける基本的な枠組みは、シュペングラーの『西洋の没落』に依拠しているように思われる。

（4）　地理学の京都学派については、柴田陽一『帝国日本と地政学――アジア・太平洋戦争期における地理学者の思想と実践』清文堂出版、二〇一六年：Keiichi Takeuchi, "Geopolitics and Geography in Japan Reexamined," *Hitotsubashi Journal of Social Studies* 12(1), 1980, pp. 14-24：波多野澄雄「「東亜新秩序」と地政学」三輪公忠編『日本の一九三〇年代――国の内と外から』彩流社、一九八一年、一三～四七頁：佐藤健「日本における地政学思想の展開――戦前地政学に見る萌芽と危険性」『北大法学研究科ジュニア・リサーチ・ジャーナル』一一号、二〇〇四年、一〇九～一三九頁。

地理と歴史とを総合的に、統一的に、即ち時空一如の見地に於いて研究し、その科学的基礎の上に、神ながらの皇道に発する政治政策を考えるということを眼目とする日本地政学が必要である」(小牧 1942b:84-85)といった、空疎なレトリック以上のものを見いだすことは困難である。

それに対して、東京では、一九四一年一一月に陸海軍の協力も得ながら設立された日本地政学協会、その機関誌『地政学』(5)を中心に、国際政治学者の神川彦松や経済学者の江澤譲爾、国松久彌らによって、時の政権が推し進める大東亜共栄圏を正当化する時局迎合的な性格の強い地政学研究が推し進められていった(国松 1942:江澤 1943)(6)。代表の上田良昭海軍中将の言によれば、「大東亞戦争勃発し、皇国の大理念は、着々実現せられつつある。国土防衛と大東亜諸民族の存立のための戦は、世界的意義を具有するに至った。民族の血と土地とを基礎的要素とする地政学に就いては、愈々深刻に、その研究への拍車を加うるよう要請せらるるに至った」(上田 1942:2)のである。興味深いのは、当時の旅行作家までが『大東亞地政治学』というタイトルの本を出版していることに見られるように(7)、地政学的言説のポップ化もかなり進行していた。しかし、こうしたドイツ地政学の亜流ないしは大東亜地政学のポピュラー化は、敗戦とともに、忘却の穴へと葬りさられることになる(8)。

3　列強諸国間における地政学という帝国主義的知の交配

言うまでもないが、地政学的知はドイツの専売特許ではなかった。むしろハウスホーファーの地政学に強い影響を与えたのは、オックスフォード大学で地理学の教鞭をとっていたマッキンダー（Halford Mackinder, 1861-1947）の著作『デモクラシーの理想と現実』、特にその中で展開される「ハートランド」論であったことは夙に有名である。ラッツェルの生存圏概念もまた、フリードリッヒ・リスト経由でアメリカのモンロー・ドクトリンに触発されたものであった。アメ

（5）一九四三年からは『地政学論集』に改称。
（6）日本地政学協会の活動概略については、高木彰彦「雑誌『地政学』にみる日本の地政学の特徴」『史淵』一四六号、二〇〇九年、一八五～二〇三頁。なお、国際政治学者の神川彦松は『地政学』創刊号の冒頭論文を寄稿しているが、その中では大地域主義についてのみ触れ、なぜか明示的にドイツ地政学について論ずることを避けている。しかし、春名の指摘もあるように、ハウスホーファーらの地政学が神川の国際政治学にも大きな影響を与えている。神川彦松「世界新秩序と大地域主義」『地政学』一巻一号、一九四二年、三～一二頁：春名展生『人口・資源・領土――近代日本の外交思想と国際政治学』千倉書房、二〇一五年、二三七～二四六頁。
（7）たとえば、松川二郎『大東亜地政治学』霞ヶ関書房、一九四二年。
（8）たとえば、新書版の地政学入門書では、京都学派や日本地政学協会などによる大東亜地政学については全く触れられていない。曽村保信『地政学入門』中央公論新社、一九八四年。

リカの地政学的思想のドイツのそれへの影響ということでいえば、「シーパワー」論で有名なアメリカのマハン（Alfred Mahan, 1840-1914）の戦略論もまたドイツのヴィルヘルム二世の帝国主義的政策に影響を与えたとされている。また司馬遼太郎の小説『坂の上の雲』で広く知られることになった、日露戦争時に作戦担当参謀を勤めた海軍軍人・秋山真之（1868-1918）もまた、マハンに留学中に私淑し、その影響を受けたように、アメリカの地政学的知（「シーパワーの影響」論）が日本のそれ、特に海軍関係者の地政学的戦略論に与えた影響（ネガティブな影響も含めて）も無視できない(9)。こうした流れは、戦後、高坂正尭「海洋国家日本の構想」(10)などの例に見られるように、親米リアリストの地政学的言説（「中露のランドパワーに対する英米のシーパワー」といった図式を前提にした日米同盟の重要性を強調する議論）へとつながっていることにも注意を払っておく必要があろう(11)。

逆にドイツ地政学が移民知識人を通じてアメリカのそれに与えた影響も無視できない。たとえば、アムステルダムに生まれアメリカ移住後イェール大学で教鞭をとったスパイクマン（Nicholas J. Spykman, 1893-1943）は、マッキンダーの言うハートランドの「内周ないしは縁辺の半月弧」を「リムランド」と言い換えながら、ハートランドを制しようとするランドパワーに対抗するためには、アメリカはハートランドを取り巻く周辺のリムランドを抑える必要を説き、その考えは、その後のソ連封じ込め戦略に影響を与えた（Spykman 1942; Tuathail 1996: 50-53）。またオーストリアに生まれアメリカ移住後ペンシルバニア大学で教鞭をとったストローズ＝フーペ（Robert

Strausz-Hupé, 1903-2002）も、ドイツに対抗するためにも地政学を正しく理解すべきとして地政学の教科書を著すなど地政学の普及につとめたほか、第二次世界大戦後の冷戦期は対ソ強硬路線を主張し、レーガン政権期にはNATO大使やトルコ大使を歴任するなど外交の現場を通じてアメリカの冷戦戦略に影響を与えた（Strausz-Hupé 1942; Tuathail 1996: 112-13）。

このように振り返って見ると、過去の地政学的知は、帝国主義時代において、それぞれの帝国空間に関する戦略的フレームを形づくるものとして、ドイツに限らず、いわゆる大国（major powers）においてほぼ同時に立ち現れただけではなく、それらは相互に影響を与え一種の交配関

（9）たとえば、「マハンが居なかったら、大東亜戦争は或いは起こらずに済んだかも知れない。少なくともハワイ海戦というものは存在しなかったのではないかと考えられる」といった元大本営参謀の言葉は、そうした影響の証左であろう。戸高一成「解説『海上権力史論』について」アルフレッド・T・マハン（北村謙一訳）『マハン海上権力史論』原書房、二〇〇八年、vii頁。

（10）「日本の安全保障を支えるもっとも基本的なものは海洋の支配であり、そして今日、世界の海はアメリカの支配下にある。そのアメリカ海軍に逆らって、日本は安全保障を獲得することはできない」としたうえで、「日本は開発すべき国土があまりないかもしれない。しかし、われわれのフロンティアは広大な海にあるのだ」といった高坂の記述は、まさにシーパワー論のヴァリエーションといえよう。『高坂正尭著作集　第一巻　海洋国家日本の構想』都市出版、一九八七年、一七三、一七九頁。

（11）最近では、次のような本などに、そうした流れを看取することができよう。白石隆『海洋アジア vs.大陸アジア——日本の国家戦略を考える』ミネルヴァ書房、二〇一六年

係にあったということが確認できる。帝国主義時代における国家戦略ゲームのためのマッピング・ソフトウェアとして案出されたものであるという点では、地政学は、一つの時代の産物であった。換言すれば、それぞれの国における地政学という知は、帝国主義という厳しい国際環境の中での国家の生存競争の不確実な先行きについて、国家エリートないしは、それに近い視点に立つ人たちが抱く不安に対する一つの応答の仕方であったという点では共通していたと言えよう。マッキンダーの地政学（イギリスにとっての脅威認識の地理的表象）とハウスホーファーの地政学（ドイツにとっての脅威認識の地理的表象）が、ある意味で一種の鏡像関係にあるのも、そうしたことに起因するものであろう。

地政学が帝国主義という時代の産物だからと言って、帝国主義の終わりは地政学の消滅をもたらすことはなかった。先に述べたように、冷戦時代に入ってからも、それは形をかえて残った。イデオロギー対立が前面に出た時代においても、地政学は密教のような形で機能し続け、たとえばジョージ・ケナンの封じ込め政策というアイディアなどは、まさに地政学的思考によるものであろうし、その後も、ヘンリー・キッシンジャーやズビグネフ・ブレジンスキーなどの外交エリートたちは、アメリカの対ソ戦略を常に地政学的な発想によって描きながら、地政学という言葉のポピュラー化に大きな役割を果たした。米ソ冷戦が終焉した後は、新たな脅威の措定が必要ということで、サミュエル・ハンティントンの「文明の衝突」、トマス・バーネットの「ペンタゴンの新しい地図」といったように、さまざまな地政学的マッピングが試みられてきたのは周知の

表1　地政学的秩序・言説の推移（ジェラルド・トールが作成した表に加筆したもの）

空間的実践／地政学的秩序	空間の表象／地政学的言説
パクス・ブリタニカの地政学（1815〜75）	文明の地政学
帝国主義時代の地政学（1875〜1945）	自然［生存圏］の地政学
冷戦期の地政学（1945〜1990）	イデオロギーの地政学
トランスナショナル・リベラリズムの地政学（1991〜2003）	エンラージメントの地政学
Gゼロ時代の地政学（2003〜現在）	自然の地政学（再版）？

通りである。『バルカンの亡霊たち』、『アナーキーの到来』、そして、『地政学の逆説』といった、ロバート・カプランの一連の著作も、そうした冷戦後の地政学的マッピングの試みの一つとして位置づけることができる。

以上のような地政学の流れを、表1のようにまとめることができよう。この表は、政治地理学者のジェラルド・トール（通称Gerald Toal、正確にはGearóid Ó Tuathail）らがまとめたものをもとに加筆したものであるが（Tuathail 1998）、地政学的秩序の特徴と地政学的言説の特徴をもとに、大まかな時代区分をしてみたものである。パクス・ブリタニカの地政学的秩序の時代においては文明の地政学的言説が見られたが、帝国主義間の競争が激しくなっていくとともに、自然の地政学的言説（naturalized geopolitics）、特に帝国のそれぞれの生存圏を視野に入れた孤立主義的で拡張主義的な地政学の言説が支配的になった。米ソ冷戦時代においては、一世を風靡した地政学的言説は目立たなくなったものの、イデオロギーの地政学の言説が展開された。そして、米ソ冷戦終焉以降は、アメリカ一極支配状況を反映して、リベラリズムの拡大を志向する、つまりグローバリズムを基調とした地政学の言説（とそのプロジェクトの障害についての地政学的の言説）が一時的に支配的になるが、特にイラク戦争後、アメリカの一極支配に翳りが目立ち、国際政治の多極化が進む過程で、戦間期の地政学的言説に似たようなものが復活しつつある。

4 批判的地政学というチャレンジとその限界

こうした旧来の帝国主義的で国家中心主義的な伝統的地政学の言説を相対化し批判的に検討する批判的地政学（critical geopolitics）と呼ばれる挑戦が、冷戦終焉前後の一九八〇年代後半からなされてきたことに触れる必要があるだろう。批判的地政学は、ポスト構造主義、ポストコロニアリズム、フェミニズムといったものの影響を受けた批判的国際関係論などとも、人的にも内容的にも重なり合うところが大きいが、批判的地政学のセミクラシックになっているジェラルド・トールの著作『批判的地政学』に代表されるように（Tuathail 1996）、批判的地政学は、価値的には反覇権主義的志向、そして手法的には主としてディスコース分析に依拠しているところに、大きな特徴があると言えよう。批判的地政学の観点からの地政学の定義に、それは端的に現れている。例えば、批判的地政学を展開している一人、サイモン・ダルビーによれば、「地政学とは、内なる空間を脅かす他者から分かつとともに、他者性を排除しながら同時に内なる政治的空間を規律・支配するためにに、空間的・政治的・文化的境界を構築するイデオロギー的過程」（Dalby 1990: 173）ということであるが、そうした地政学の言語論的転回といってもよい新たな視点により、「地理的空間環境が国際政治に及ぼす影響を重視する地政学」といった一般的理解が見落としがちな地政学的言説の問題（国家中心主義的排除性など）が剔出されることになった。

地理的知識と権力、特に軍事的権力との密接な関係を鋭く指摘していたフーコーによれば、「境界線というものを正当化する地理学的言説はナショナリズムの言説にほかならず、その結果としてのアイデンティティの構築がある」のであり、「諸言説の編成と知の考古学は、一種の地政学を構成する分割、領土管理、領域の組織化といった諸要素を通じて展開する権力の戦術と戦略の分析から、はじめなければならない」[12]という。その意味では、まさに血と土地を中核的要素にした〈知／権力〉である伝統的地政学は、ハートランドないしはリムランドの支配を脅かす国を敵として措定しながらナショナル・アイデンティティの強化を狙った言説政治であったわけで、批判的地政学は、そうした伝統的地政学の言説政治を批判的に読み解きながら脱構築することを

（12） ミシェル・フーコー（國分功一郎訳）「地理学に関するミシェル・フーコーへの質問」『ミシェル・フーコー思考集成Ⅶ』筑摩書房、二〇〇〇年、三〇～四七頁。このフーコーのインタビュー記事を掲載した雑誌『ヘロドトス』の編集者は地理学者のイブ・ラコスト（Yves Lacoste）であったが、彼もまた軍事と地理との不可分性を指摘するなど批判的地理学の一翼を担った。Gearóid Ó Tuathail, *Crticial Geopolitics* (Minneapolis: University of Minnesota Press, 1996), pp. 140–68.

狙った知の考古学と位置づけることもできよう。

　そうした批判的視座を据えながら、批判的地政学は、まず欧米中心・大国中心主義的また男性中心主義的視点を批判しながら、そこから排除されてきた視点（ポストコロニアリズム、フェミニズム、脱人間中主義的エコロジーなど）を取り入れることでオルタナティブな批判的地政学（たとえばサバルタン批判的地政学）を模索するとともに（Koopman 2011; Sharp 2011, 2013; Slater 2004）、美学的転回というふれこみで、その研究対象を、エリートの地政学的言説だけではなく、映画、新聞、風刺画などに見られるポピュラー地政学の表象へと広げていった（Debrix 2008; Opondo and Shapiro 2012; Shapiro 2009）。しかし、批判地政学という名称は、アカデミズムの外ではほとんど認知されていないのが現状である。「そもそも批判的地政学という名称そのものが、批判的資本主義というのに近い一種の自家撞着的な表現ではないか」といった鋭い指摘がある（Cohen and Smith 2009: 24）。地政学という知が、国家中心主義、帝国主義、男性中心主義、社会的ダーウィニズム、富国強兵論といった属性を本来もったものであるとすれば、そうしたものを否定・消去した後に、ふたたび地政学という言葉を上書きする必要はなく、その自家撞着から脱するためには、反地政学か脱地政学の立場を明確にする必要があるだろう。

　それに加えて、他の人文研究に見られるのと同様に、批判的地政学のディスコース分析への過度の傾斜が批判され、物質性の見直し、いわゆる「新しい唯物論」の必要性が唱えられるなど、批判的な議論は、その難解度をさらに高めていくとともに（Squire 2015）、その政治へのインパクトはますます限られるようになってきているという問題がある。一方で、出版市場に一般的に出回っているのは伝統的地政学の言説ないしはそれに近いもの（地経学もの）ばかりという、まさに「地政学的言説の逆襲」といってよい現実がある。批判地政学の立場に立つ研究者は、先に触れたカプランの『地政学の逆襲』のような本に対しては厳しい批判を加えるものの（O'Lear et al. 2014）、逆に批判的地政学ないしはそれに近い立場で書かれたアカデミックな本は一般読者には届かず、『地政学の逆襲』のようなポップ地政学本ばかりが流通するという状況を、どのように理解したら良いのか。

5　認知システム1に訴えるポップ地政学

地政学的言説の再興現象の主たる背後的要因については既に初めのところで簡単に触れたが、より一般的に言えば、地政学の再台頭は、右翼ポピュリズムの台頭とも連動した、グローバリゼーションの深化とそれに伴う矛盾への反発としての再領土化の政治として理解すべき現象なのであろう。それは、地政学的言説を通じて、市民の身体を領域的主権に同一化する方向で馴致させジオボディに整形しながら、安全保障国家化というトップダウンの階層的な権力ネットワークに再び組み込んでいく動きでもある。(13) 地政学的言説の広がりは、ちょうど国家運営手腕（statesmanship）を発揮する政策エリートの目線で将棋ないしチェスゲームを楽しむようなポピュラー地政学の訴求力に負うところが大きいであろう。それは、地図という視覚情報を使うがゆえに、認知心理学者ダニエル・カーネマンらの言う認知システム1（直感や経験などに基づく速い思考）（Kahneman 2012）に直接的に訴えるため、その訴求力は大きい。一方で、批判的地政学のような言説は認知システム2（論理的な遅い思考）に訴えるため、当然、その訴求力は限られたものになる。システム1が促す情動（特に不安、恐怖）をシステム2はコントロールすべきなのであろうが、メディア環境の変化（ビジュアル情報の氾濫と文字情報の役割低下、また文字情報もツイッターのようなワンフレーズなどへの過度な単純化）もあり、それが一層困難になっている。特に地政学的マッピングの多くは恐怖や不安の表象と言ってもよいであろうが、現在のように不確実性が高まるほど、その度合いを強めながら認知システム1に働きかけることになる。それは、ちょうど反知性主義的な右翼ポピュリズムが再帰的批判を撥ね除けながらマジョリティを得ていくのと似た構図である。結果として、たとえばカプランの『地政学の逆襲』などのポップ地政学などを通じて学んだヒューリスティックスを使って国際政治の不確実な状況を読み解こうとする、地政学的な床屋談義がさかんに行われ、そのことを通じて安全保障国家の論理に適合したジオボディが多数形成されていくことになる。

このような形で、帝国主義時代における自然の地政学と似たようなものが再び流行している現象のより根源的な要因としては、帝国主義時代と同様に、資本主義のフロンティアの消失とそれに伴う資本主義の複合的なシステム危機（マクロ経済成長危機、債務危機、そして金融危機）の深化

(Streeck 2013) ということが指摘できよう。地理的フロンティアの消失に加えて、(借金等の形での未来の搾取という) 時間的フロンティアの消失、(バイオテクノロジー等に期待されるような技術革新という) 技術的フロンティアの消失といった事態が進行しつつある。さまざまな次元におけるフロンティアの消失は、当然、現在の資本主義が直面しているシステム危機をさらに深めている。そこで、サプライチェーンの再編成 (特にネットワークのハブ拠点形成) などをめぐる覇権競争が激化し、それを読み解くための地政学的ヒューリスティックスが要請されることになる。

マッキンダーは、帝国主義時代の世界を、ポスト・コロンブスの時代、つまり地理的フロンティアの消失してしまった時代における「閉じた空間 (closed space)」と見立てたうえで、「東欧を支配する者はハートランドを制し、ハートランドを支配する者は世界島を制し、世界島を支配する者は世界を制する」と喝破した (Mackinder 1919)。ハートランドと呼ばれるものは、当時の大英帝国の政治エリートの不安・恐怖の表象であった。その後、資本主義が一世紀以上延命し、いよいよ、そのフロンティアが本当に消滅しかかっているという不安、恐怖がよりリアルなものになっている。現在の地政学的言説の興隆は、まさにグローバリゼーションと呼ばれる急速で跛行的な時空間圧縮によって生じた「フロンティア消失」の状況に対する不安や恐怖の現れである。

(13) 最近の安全保障国家化の流れについては、別の著作で論じた。土佐弘之『境界と暴力の政治学』岩波書店、二〇一六年、二六九〜二七三頁。

たとえば一帯一路などの中国の地政学をめぐる言説は、ポスト・アメリカン・ヘゲモニーという国際政治の多極化状況と同時にフロンティア消失というシステム的危機に直面した政治経済エリートたちの不安と恐怖の表象であると言ってよいだろう。

そうした地政学的言説の隆盛は、右翼ポピュリズムとも親和性の高い認知システム1に基づく国家中心主義的思考を再強化しながらグレートゲームを煽っている。しかし、批判的地政学や批判的境界研究などで指摘されているように、現在のグローバリゼーションの世界はリゾーム的ネットワークによってお互いに複雑に連結・接続された形になっており、メビウスの帯のように内側と外側の分節化が困難になっている。つまり繁栄を維持するためにはゲートを開けざるを得ず、安全保障を維持するためにはゲートを閉めざるを得ずといったアポリアの前で、不安、恐怖、そして欲望が綯い交ぜになった地政学的な再領土化という試みはネオリベラル資本主義の矛盾をさらに深めていくといってよいだろう。

参考文献

上田良武（1942）「機関誌「地政学」の使命」『地政学』一巻一号
江澤譲爾（1943）『地政学概論』日本評論社
川西正鑑（1942）『東亜地政学の構想』実業之日本社

国松久彌（1942）『地政学とは何か』柁谷書院
高山岩男（1940）「歴史の地理性と地理の歴史性」（『世界史の哲学』こぶし書房、二〇〇一年、九六-一六五頁に再掲・所収）
小牧実繁（1942a）『日本地政学宣言』白揚社
小牧実繁（1942b）『日本地政学』大日本雄弁講談社
シュパング、クリスティアン・W（2001）（石井素介訳）「カール・ハウスホーファーと日本の地政学——第一次世界大戦後の日独関係の中でハウスホーファーのもつ意義について」『空間・社会・地理思想』六号、二〜二一頁
米倉二郎（1941）『東亜地政学序説』生活社

Chua, Amy (2018), *Political Tribes: Group Instinct and the Fate of the Nation* (New York: Penguin Press).
Cohen, Deborah and Smith, Neil (2009), 'After Geopolitics? From Geopolitical Social to Geoeconomics,' *Antipode*, 41(1), 22-48.
Dalby, Simon (1990), 'American security discourse: The persistence of geopolitics,' *Political Geography Quarterly*, 9(2), 171-88.
de Waal, Frans (1982), *Chimpanzee politics: power and sex among apes* (New York: Harper & Row（西田利貞訳『政治をするサル——チンパンジーの権力と性』平凡社、一九九四年）).
Debrix, François (2008), *Tabloid Terror: War, Culture and Geopolitics* (London: Routledge).
Deluze, Gilles and Guattari, Félix (1991), *Qu'est-ce que la philosohie?* (Paris: Les Editions de Minuit（財津理訳『哲学とは何か』河出文庫、二〇一二年）).
Friedman, Thomas (2006), *The world is flat: a brief history of the twenty-first century* (New York: Farrar,

Straus and Giroux).

Haushofer, Karl (1924), *Geopolitik des Pazifischen Ozeans: Studien über die Wechselbeziehungen zwischen Geographie und Geschichte* (Berilin: K. Vowinckel ((太平洋協会編訳『太平洋地政学』岩波書店、一九四二年)).

Kahneman, Danirl (2012), *Thinking, fast and slow* (London: Penguin (村井章子、友野典男訳『ファスト&スロー——あなたの意思はどのように決まるか?』早川書房、二〇一四年)).

Kaplan, Robert D. (2012), *The Revenge of geography: what the map tells us about coming conflicts and the battle against fate* (New York: Random House (櫻井祐子訳『地政学の逆襲——「影のCIA」が予測する覇権の世界地図』朝日新聞出版、二〇一四年)).

Kjellén, von Rudolf (1917), *Der Staat als Lebensform* (Leipzig: S. Hirzel (金生喜造訳『領土・民族・國家』三省堂、一九四二年)).

Koopman, Sara (2011), 'Alter-geopolitics: Other securities are happening', *Geoforum*, 42, 274–84.

Mackinder, H. J. (1919), *Democratic ideals and reality: a study in the politics of reconstruction* (London: Constable (曽村保信訳『デモクラシーの理想と現実』原書房、一九八五年)).

Mead, Walter Russell (2014), 'The Return of Geopolitics: The Revenge of Revisionist Power', *Foreign Affairs*, 93(3), 69–79.

Morgenthau, Hans J. (1948), *Politics among the nations: the struggle for power and peace* (New York: Knopf (原彬久監訳『国際政治——権力と平和』福村出版、一九九八年)).

O'Brien, Richard (1992), *Global Financial Integration: End of Geography* (London: Royal Institute of International Affairs).

O'Lear, Shannon, et al. (2014), 'Book review: The Revenge of Geography: What the Map Tells Us About

Coming Conflicts and the Battle Against Fate', *Progress in Human Geography*, 38(4), 629–32.

Ohmae, Kenichi (1990), *The borderless world: power and strategy in the interlinked economy* (New York: Harper Business).

Opondo, Sam Okoth and Shapiro, Michael J. (eds.) (2012), *The New Violent Cartography: Geo-analysis after the aesthetic tur* (London: Routledge).

Serres, Michiel (1990), *Le contrat naturel* (Paris: Fraonçois Bourin (及川馥、米山親能訳『自然契約』法政大学出版局、一九九四年)).

Shapiro, Michael J. (2009), *Cinematic geopolitics* (New York: Routledge).

Sharp, Joanne (2011), 'A subaltern critical geopolitics of the war on terror: Postcolonial security in Tanzania', *Geoforum*, 42, 297–305.

—— (2013), 'Geopolitics at the margins? Reconsidering genealogies of critical geopolitics', *Political Geography*, 37, 20–29.

Slater, David (2004), *Geopolitics and the Post-colonial: Rethinking North-South Relations* (Malden, MA: Blackwell).

Spykman, Nicholas J. (1942), *America's Strategy in World Politics: The United States and the Balance of Power* (New York: Harcourt).

Squire, Vicki (2015), 'Reshaping critical geopolitics? The materialist challenge', *Review of International Studies*, 41, 139–59.

Strausz-Hupé, Robert (1942), *Geopolitics: The Struggle for Space and Power* (New York: G. P. Putnam).

Streeck, Wolfgang (2013), *Gekaufte Zeit: Die vertagte Krise des demokratischen Kapitalismus* (Berlin: Suhrkamp (鈴木直訳『時間稼ぎの資本主義——いつまで危機を先送りできるか』みすず書房、二〇一六

年)).

Tuathail, Gearóid Ó (1996), *Crticial Geopolitics* (Minneapolis: University of Minnesota Press).

——(1998), 'Postmodern geopolitics? The modern geopolitical imagination and beyond', in Gearóid Ó Tuathail and Simon Dalby (eds.), *Rethinking Geopolitics* (London: Routledge), 1-23.

Wilson, Edward O. (1975), *Sociobiology: The New Synthesis* (Cambridge, Mass.: Harvard University Press) (坂上昭一他訳『社会生物学』新思索社、一九九九年)).

——(1978), *On Human Nature* (Cambridge, Mass.: Harvard University Press) (岸由二訳『人間の本性について』筑摩書房、一九九〇年)).

第7章　システム危機の表象としてのスペクター（右翼ポピュリズム）

1　右翼ポピュリズムのヘゲモニー時代の到来——新しいファシズム？

「妖怪（spectre）が世界を徘徊している——ポピュリズムという妖怪が」（Ionescu and Gellner 1969: 1）。これは、アーネスト・ゲルナーらが一九六九年に出したポピュリズムに関する論文集の冒頭の文であるが、もちろんマルクス＝エンゲルスの『共産党宣言』の冒頭文「妖怪（Gespenst）がヨーロッパを徘徊している。共産主義という妖怪が」の本歌取りである。それから半世紀近く経ち、現在のグローバル・ポリティクスの状況を目の辺りにすると、その警句的な一節はより切実感をもっているように思われる。それは、二〇一六年におけるイギリスの国民投票におけるEU離脱賛成（Brexit）、そしてトランプの米大統領選挙における勝利という右翼ポピュリズムのヘゲモニー化を象徴する二大イベントのせいでもあるが、右翼ポピュリズムの事象は、単なる一時的な社会の病理、つまりネオリベラル・グローバリゼーションの構造的矛盾から生まれていた社会経済的不満が偏狭なナショナリズム、特に反移民等の排外主義ないし差別主義的な政治的表現として顕現した逸脱的な現象と片付けば済む問題ではなくなってきていることを我々に知らしめた。それは、ある意味で、差別主義ないしは反平等主義を価値の核に据えた（普遍的なヒューマニズムを否定する）右翼的な反ヒューマニズムの政治のヘゲモニー化と言ってもよいであろう。

ポピュリズム台頭の背景として、ネオリベラリズムを基調とするテクノクラート統治が強化される中で政治的権力と経済的権力との結合に伴うオリガーキー化（一％による九九％の支配）(Winters and Page 2009) が深刻化していく一方、選挙制度を通じた代表制民主主義、特に従来の政党政治が機能不全に陥り（低成長・財政危機という制約のもとで既存政党が政策的に右シフトをしながら収斂していくことによりオルタナティブの政策選択肢が消失し）、代表が民意を反映しなくなっているといったことがある、といった指摘はよくされるところだ。そうした状況を念頭におくならば、ヒラリーに象徴されるネオリベラルな統治を推し進める政治エリートに対する反発として、右翼ポピュリズム（トランプ支持運動）や左翼ポピュリズム（サンダース支持運動）が沸き起こったこと自体は特に驚くべき現象でもないが、現在直面している問題は、右翼ポピュリズムが、没落過程にある覇権国家アメリカにおいて実質的なヘゲモニーを掌握するなど、社会の逸脱現象というよりは常態的なものになっていることであろう (Mudde 2010)。当然、そのことが国際社会全体に及ぼす影響は計り知れない。

本書全体の内容との関連で言えば、気候変動仮説否定という形で究極のポスト・トゥルースの政治を展開しながら、人種差別主義や性差別主義といった「ネガティブなポスト・ヒューマニズム」を推し進める右翼ポピュリズムの果たしている役割は決して無視できない。ウィリアム・コノリーが指摘しているように、そうした政治を左翼ポピュリズムと同列に並べてポピュリズムと呼ぶことは問題の本質を見誤らせるので、「上昇志向のファシズム（aspirational fascism）」と看做した方が良いのかもしれない（Connolly 2017）。またはエンツォ・トラヴェルソの言うように、旧来のファシズムやその復興を目指すものとは異なるという意味でポスト・ファシズムと呼ぶ方がさらに適切かもしれない（Traverso 2019）。確かに、トランプという事例においては、不満をもっている層の怒りを煽り利用するために、時には嘘を公然と使うと同時に、あえて性差別や人種差別的なレトリックを駆使するなど、過去のナチズムやファシズムとの類似性を認めることができる。ただし、過去のそれと違うのは、気候変動仮説否定という形で、人新世における地球環境システムの危機を深める勢力として大きな影響を与えるようになっていることであろう。コノリーが言うように、人新世における危機の昂進と旧態依然の民主主義国家で台頭してきている新しいファシスト運動とは深く結びついているということである（Connolly 2019: 52-53）。そうした新しいファシズムとも言えそうな右翼ポピュリズムの問題性を含め、それがグローバル政治に及ぼす影響等を、我々は真剣に考える必要があるが、その前に、そもそもポピュリズムとは、一体どういうものなのか、というところから議論を始めたい。

2　論争的な概念としてのポピュリズム——実体のないスペクター

そもそもポピュリズムとは何か、という問題がある。それは、大衆迎合主義と訳されるように、一般的には、不満をもった民衆が政治家の巧みな弁舌等に煽られる形で動員されるような衆愚政治（古代ギリシア以来のデモクラシーに含まれるネガティブなイメージ）を念頭において蔑称的な形で使われることが多い。しかし、ここ一、二世紀の間における、ポピュリズムの歴史的事例を振り返ってみると、実態はより複雑である。まず、現在のアメリカのポピュリズムのプロトタイプともいうべき（また中国移民排斥の主張を行っていたところにも今日のヒスパニック移民排斥との共通性を彷彿とされる）一八九〇年代のアメリカにおける第三政党の人民党による農民ポピュリズム（Connolly 2019: 52-53）、また、一九三〇年代以降、輸入代替工業化期における経済ナショナリズムの性格もあわせもった、アルゼンチンのペロン、メキシコのカルデナス、そしてブラジルのヴァルガスなどのカリスマ的政治指導者に主導された階級横断的な「古典的」ポピュリズムが挙げられる（Goodwyn 1978; Kazin 1998, 2016）。一方で、同じラテン・アメリカでは、一九九〇年代に入ると、ペルーのフジモリやアルゼンチンのネメムなどに代表されるネオ・リベラリズムを推し進めるネオ・ポピュリズムが台頭し（Torre 2000: 27-37）、さらに、二一世紀に入ると、そのネオ・リベラリズムの矛盾に反応する形で、ヴェネズエラのチャベスに続くようにして、ボリビアのモラレス、エクアドルのコレアなどに象徴される左翼ポピュリズムが席巻するようになった（Weyland 2003）。ヨーロッパ諸国でも、一九九〇年代以降、主として反移民などの福祉ショービニズムを特徴とするネオ・ポピュリズム政党が台頭し、オランダ、デンマーク、スイス、オーストリア、そしてイタリアなどでは、政権の一角に参与するまでに至っている一方で（Sader 2011; Weyland 2013）、ギリシアなどでは財政破綻に伴う緊縮政策に反対する左翼ポピュリズムが台頭、政権をとったりしている。

このように、各地域でのポピュリズムの具体的な諸事例から、政策内容や政治的イデオロギーの面での公約数的なところを括り出すことは不可能に近く、それは、デリダが『マルクスの亡霊たち』の中で言及していた憑在論（hantologie）的にしか把握できない亡霊（spectre）（Wodak et al. 2013）、つまり、そこに存在することなく存在しているような、デモクラシーに付きまとうスペクターに近い。その意味では、マルクスらがコミュニズムをスペクターと見立てたのと同様に、ゲルナーらがポピュリズムをスペクターに見立てたのは本質をついているのかもしれない。実際、ポピュリズムの定義については、「使われる歴史的文脈ごとに異なる概念である」または「その指し示している人民（people）という主体の曖昧さゆえに、その定義はさまざまであり、極めて論争的な概念である」（Derrida 1993）といったように、その捉え所のなさを列挙したものが多い。人民とか人民の一般意志とかいったもの自体が存在していないにも関わらず存在しているかのように見える幽霊のようなものである以上、人民を構成していこうとするポピュリズムもまた同じような特徴をもつのは当然であろう。

だが、現在起きている現象等を念頭におきながら、あえて単純化すれば、ポピュリズムとは、経済構造の大きな転換に伴う急速な社会変動から生起する政治的不満が、既存の政党システム等の制度的チャンネルを通じて反映されないため、アウトサイダー的なカリスマ的指導者に集約する形で表出される反エスタブリッシュメント志向の階級横断的な政治現象と言えよう。さらに公約数的な形式を括りだすとすると、「反エリート、反エスタブリッシュメントというムードに訴えながら人民主権に訴えかけ動員する政治的手法」または「エリートや危険な〈他者〉を、主権たる人民から権利、価値、富、アイデンティティ、そして声を奪うものとして描きながらヴァーチャルで同質的な人民を措定していくイデオロギー」といった、政治的手法に着目したアドホックな定義に落ち着く（Canovan 1981: 300–01; Taguieff 1995; Wiles 1969）。しかし、それらは現象の表面的な特徴を表しているだけで、現象の本質を捉えたものではないように思われる。「幽霊の正体見たり枯れ尾花」ではないが、端的に言えば、スペクターとしてのポピュリズムの正体は、制度としてのリベラル・デモクラシーの危機であるということを見極めなければ、議論は堂々巡りになろう。次に、ポピュリズムと制度としてのデモクラシーの危機との関係についてみていく。

3　リベラル・デモクラシーに内在するズレの修正を試みるポピュリズム

「善良な人民」と「腐敗したエリート」といった二項対立図式を前提に人民の一般意志を表出するかのような形で人民を構成していく、運動としてのポピュリズムは、一般的にリベラル・デモクラシーや階級政治に対するアノマリーまたはデモクラシーの病理現象として位置づけられると批判されることが多かった（Canovan 1999）。ラテン・アメリカでのポピュリズムが論じられる時、社会の前近代性などに原因を求めるものが多かったのは、その典型的な例であろう（Méby and Surel 2002）。しかし、トランプ現象を含む昨今のポピュリズムの主流化の流れを念頭に置くと、ポピュリズムを単なるアノマリーとして片付けるのも、事の本質を見誤っているように思える。先に引用した〈ポピュリズム＝妖怪〉論を敷衍する形で言えば、ポピュリズムとは、〈到達不可能な〉人民の一般意志と制度としてのデモクラシーとのズレを修正しようとする動きであり、[1]そうしたズレが構造的になくなることがない以上、ポピュリズムはデモクラシーに常に付きまと

（1）キャノバンは、オークショットの信仰の政治と懐疑の政治という対概念を引きながら、デモクラシーには二つの側面、救済的な（redemptive）側面とプラグマティックな（pragmatic）側面があり、ポピュリズムとは二つの間の緊張から必然的に生まれる民衆の動員として描いているが（Canovan 1999）、本章で言うズレの修正ということとほぼ同じことであろう。

う影、または妖怪であり続け、我々を悩まし続けることになる（Germani 1978）。この厄介な妖怪がより目立った形で立ち現れてきたという現実は、ズレの問題が解消されずに深刻化していること、つまりネオリベラル・ガバナンスにおける正統性危機が極めて深刻なものになっていることを示していると言えよう。

デモクラシーにおける政治的代表／表象のズレの問題を修正する役割を果たすポピュリズムといったことについて考えていくに際して、「ポピュリズムはラディカル・デモクラシーの本質を構成している」といった主旨のことを述べるなど、ポピュリズムに対してポジティブな評価を与えてきたラクラウの議論をとりあえずの手掛かりにするのが定石的な議論の進め方であろう。ラクラウは、自身の出身国であるアルゼンチンのペロニズムなども念頭に置きつつ、階級政治の終焉というポスト・マルクス主義の文脈の中でポピュリズムをディスコース分析の概念として練り上げようとしていったことは、よく知られているところであるが、その彼によれば、ポピュリズムとは、「既存の体制的権力（政治的エリート）に対抗する形で、要求が制度的なチャンネルを通じて実現されないことに不満をもった負け犬的な位置にある人々を、（例えば「チェンジ」というスローガンのような）空虚な記号（empty signifiers）を媒介に等価性の連鎖（equivalent chain）によって接合していきながら人民というものを構成していくような政治的論理」を指す（Arditi 2004）。

つまり、ポピュリズムとは、体制の危機において体制に不満をもつ人々をアンチ・エスタブリッシュメントというディスコースを中心に人民といったものにまとめていく、ある種の政治的アイデンティフィケーションの過程にすぎず、その政治的内容は文脈によって異なるということになる。ゆえに、右翼ポピュリズムもあれば左翼ポピュリズムもあるわけで、いずれのポピュリズムも、既存の政治体制や政党システムの正統性危機を顕す兆候として現れることが多い。実際、欧米諸国において現在立ち現れているポピュリズムには、フランスにおけるマリーヌ・ル＝ペン率いる国民戦線、オーストリア自由党やオランダの自由党などの右翼ポピュリズム政党だけではなく、スペインにおけるポデモスやギリシアにおけるシリザ（急進左派連合）などの左翼ポピュリズムもある。

特にポデモスなどの左翼ポピュリズムにラクラウやムフの議論が直接的な影響を与えたというのも興味深いところである（Laclau 2005: 117）。カウツキー的な経済決定論的な消極主義・受動主義から導かれる敗北主義とレーニン的なエリート前衛主義が帰結するところのジャコバン主義的な独裁のいずれをも斥けながら、グラムシ的な意味でのヘゲモニーを掌握していくための政治的陣地戦のあり方を、ポスト構造主義的なボキャブリーで塗してみせたラクラウ＝ムフの議論は、ネオリベラルな統治の矛盾の深まりと社会経済構造の複雑化・分極化（ポスト階級社会の貧困化）と向き合いながらオルタナティブを探ろうとする左翼ポピュリズム運動にとって、ある種のビーコンの役割を果たしたのであろう。しかし、そもそも、ポピュリズムの隆盛をもたらすような、リベラル・デモクラシーの矛盾、つまりリベラル・デモクラシーに内在するズレが大きくなった背景は何なのか。今一度、振り返ってみる必要があろう。

4　リベラリズムとデモクラシーの乖離——資本主義との蜜月期の終焉

制度としてのデモクラシーが民主化の波により世界的規模で普及し、リベラルで平和な世界秩序が実現していくといった、冷戦直後の楽観的なビジョンは、二一世紀に入ってからの対テロ戦争やデモクラシーの退潮という大きな流れによって、押し流されてしまった観がある。そもそも、権威主義体制からリベラル・デモクラシーへの体制移行の問題といった見方そのものが、単系的な発展史観つまり近代化論的な世界観の延長線上に位置づけられるものであると同時に、手続き的デモクラシーを範型としたヘゲモニーの価値観・世界観の反映であったことは否めない（Judith 2016b; Mouffe and Errejón 2016）。実際、ポスト紛争国などの発展途上国に対する民主化支援プロジェクトは、そうした世界観に裏付けられたものであったため、現地社会の歴史・文化の壁に阻まれ、失敗することがしばしばであった。加えて、昨今、先進資本主義諸国における「制度としてのデモクラシーの腐朽化」と中国やロシアなどを軸とする「権威主義体制の主流化」といった現象を前に、リベラル・デモクラシーへの移行という前提そのものが、かなり疑わしくなってきている。

特にブレグジット（イギリスのＥＵ離脱）問題やアメリカにおけるトランプ大統領の登場などに

象徴される右翼ポピュリズムの欧米諸国での台頭は、制度としてのデモクラシーそのものの腐朽化の現れであろう。外交雑誌『フォーリン・アフェアーズ』(二〇一八年五月号)が、「デモクラシーは死につつあるのか?」といった特集を組むところまで、デモクラシーの危機ということについて、一般的に意識されるようになってきている。右翼ポピュリズムの台頭の背景要因として文化的バックラッシュという側面を強調する議論を展開しているイングルハートだが、その彼でさえも、その特集号に寄稿した論文の中では、トマ・ピケティの議論などを引きながら、現在のデモクラシーの危機は、やはり不平等の高まりに起因するところが大きいという見方を支持している(Robinson 1996)。実際、不平等度が低い場合、民主化移行も成功することが多い一方で、逆に不平等度が高い場合、革命や内戦の可能性が高まるといった、実証研究の結果もあることからも(Inglehart 2018)、制度としてのデモクラシーの安定性を考える場合、社会経済的不平等度というファクターは重要であろう。

現在のネオリベラル・グローバリゼーションのもとで起きている社会経済的不平等の高まりは、ピケティの見立てによれば、資本収益率と成長率の乖離が再び起きていることによるものであるが(Boix 2003)、長期的に見れば、二〇世紀の後半の大量生産大量消費のもとで賃金が右肩上がりに上昇するフォード主義全盛の時期のような、資本収益と労働賃金とが同時に上昇していた時期が例外であり、その例外的なフォード主義の時代が終焉したことによる不平等の高まりとみることができる。ある意味で、フォーディズム全盛の時期とは、「資本主義とデモクラシーの蜜月期」という例外的時期であった。それは、言い換えると、リベラリズムとデモクラシーがうまく接合できた例外的な時期であったと言ってもよいであろう。「民主主義国同士は戦争をしない」といったデモクラティック・ピースの議論もまた、実はデモクラシーと資本主義の蜜月期であるフォーディズム時代の産物という側面があるとも言えよう。デモクラティック・ピース論と触発される形で、資本主義国家間の通商などをリベラル・ピースの主因とする資本主義的平和（capitalist peace）論も提示されたりしたが[2]（Piketty 2014）、デモクラティック・ピースと資本主義的平和は相互補完的な関係にあるのと同様に、フォーディズムの時期においては資本主義とデモクラシーは相互補強的な関係にあったということを示唆していると言ってよいであろう。

そして、先進資本主義諸国は、ポスト・フォーディズムの時代を迎えるとともに、「クズネッツの波」の第二波・上昇局面（不平等化）に入っていくことになる（Gartzke 2007; Schneider and Gleditsch 2013）[3]。不平等度の高まりは、リベラル・デモクラシーを支えていた中間層の解体・没落を意味し、その不満に対して制度としてのリベラル・デモクラシー、またはそこにおける政治的代表である既存政党が、うまく応答できない中で、代わりに移民などを標的として煽る右翼ポピュリズムが台頭し、デモクラシーそのものの正統性危機を招来しているという構図になっている。またマーティン・ギレスらの実証研究でも明らかにされているように、社会経済的不平等はそのまま政策決定への影響力における多寡、つまり政治的不平等へとつながり、税制を含めて富める者に有利な形での政策展開が進んでいき、一般市民のニーズに対する政府の応答性は低下し、投票率の低下に示されるように公的政治に対する民衆の失望感・無関心は強まっていくことになる（Milanovic 2016）。また、ウェンディ・ブラウンが指摘する通り、ネオリベラリズムの隆盛は、不平等の高まりだけではなく、ホモ・ポリティクスをホモ・エコノミクスに変容させることを通じて公共圏の脱政治化を推し進めながらデモクラシーを内側から蚕食、空洞化させていっている（Giles 2012; Page and Gilens 2017）。それは、リベラリズムとデモクラシーの乖離に伴う、非民主的リベラリズムへの移行でもある（Brown 2015）。

そして、デモクラシーの質的劣化、わけても社会的・経済的権利における質の劣化は、排外主義的な右翼ポピュリズムなどを経由して結果として社会的・経済的権利だけではなく政治的・市民的権利状況の悪化、つまり競争的権威主義への移行を引き起こすことになる（表1参照、競争的権威主義については第7節参照）。たとえば、もっぱら政治的・市民的自由に焦点を当てながら毎年、その世界ランキングを発表しているフリーダム・ハウスの報告（二〇一九年）によると、二〇〇

（2）「資本主義の平和」論は、レーニンの帝国主義論に代表されるような、資本主義の帝国主義段階においては互いに戦争を行う可能性が高いという仮説とは正反対の主張のようであるが、資本主義の時期・段階において状況が変わると理解すれば、両方の仮説は両立しうるであろう。

（3）ここでいう「クズネッツの波」は、次第に豊かになるにつれ一時的に不平等が高まる波、数値的にはジニ係数が描く逆U字型カーブを指すが、一九七〇年代以降、先進資本主義諸国では、その第二波が起きているとミラノヴィッチは指摘している。

表1　デモクラシーとリベラリズムの乖離に伴うバックラッシュ

非民主化↓	非リベラル化→	
	リベラル・デモクラシー （例　カナダ）	非リベラル・デモクラシー （例　ポーランド、ハンガリー）
	非民主的リベラリズム （例　EU）	競争的権威主義〜完全な権威主義 （例　ロシア）

注：（Mounk 2018: 36）の表をもとに書き改めたもの

六年以来一三年間、自由をめぐる状況は悪化し続けているという(Mounk 2018)。ちなみにフリーダム・ハウスの報告書のタイトルは、二〇一一年には「民主主義に対する独裁政治の挑戦」であったのが、二〇一七年には「ポピュリストと独裁者――グローバル・デモクラシーに対する二つの脅威」、二〇一八年には「危機にあるデモクラシー」、二〇一九年には「後退するデモクラシー」と変わってきているように、単に非リベラルな国の脅威を指摘するだけではなく、欧米諸国のデモクラシー自身が危機にあることが明確に意識されるようになってきている。それは、エコノミスト・インテリジェンス・ユニットが毎年発表しているデモクラシー指標を見ても同様で、アメリカが二〇一六年以降、「完全なデモクラシー」から「欠陥のあるデモクラシー」へと転落しているように、「欠陥のあるデモクラシー」や「ハイブリッド・レジーム」の常態化が認められる[4]。そうした背景として、対テロ戦争という文脈も無視できないであろうが、政治的・市民的権利さえ脅かしかねない右翼ポピュリズムの台頭、つまり過度な脱領土的なネオリベラル・グローバリゼーションに対する反発としての再領土化の政治がある。

リベラル・デモクラシーの矛盾を修正しようとするポピュリズム現象において厄介な問題の一つは、ムフも警鐘を鳴らしていたように、右翼ポピュリズムの方が、反移民や反イスラームなどの「空虚な記号（敵）」を媒介に不満を持っている者をたくみに等価性の連鎖によって接合し「われわれ善良な人民」というものを構成しながら多数派を形成しヘゲモニーを掌握しつつあることである。特にトランプのような、勧善懲悪を実現するかのようなロビンフッド的なパフォーマンス能力とセレビリティな属性をあわせもった右翼ポピュリスト・リーダーが、そのカリスマ性を発揮すると、右翼ポピュリズムが政治的陣地戦における勝利を手中にする確率は高くなる。しかし、問題は、そこにおいて、人民が、どのような形で構成されているかである（Mouffe 2005）。またズレを修正しようとする衝動としてのポピュリズムは時には、より大きなズレを生み出してしまうという問題もある。それは、人民の名の下での新たな差別や抑圧といった既視感のある光景である。

5　差別主義のグローバル化・常態化——世界内戦との共振

右翼ポピュリズムも左翼ポピュリズムも、ネオリベラル・ガバナンスの矛盾に焦点をあてつつ

（4）　次のURLを参照。https://infographics.economist.com/2018/DemocracyIndex/

〈友／敵〉関係性に沿って我々（人民）という主体性を構築しながら、既存の体制を打倒しようとしている点では共通しているが、前者は移民問題にフォーカスを当てて社会的給付を余所者に付与するべきではないといった形で福祉ショービニズム（welfare chauvinism）を煽る一方で、後者は分配的正義にフォーカスを当てながら緊縮財政政策等を批判していることからもわかるように、前者は反平等主義に立ち排他主義であるのに対して後者は平等主義に立ち包摂主義的であるという点で、同じポピュリズムでも、その政治的志向性は一八〇度異なっていることは自ずと明らかである。しかし、前者の排他性が、皮肉にも動員をする際には有効に機能することになる。それは、同時にジェンダーや人種の平等、ＬＧＢＴの権利や多文化共生などのリベラリズムの流れに対する文化的バックラッシュを体現する政治的表現、反知性主義ともシンクロしながら訴求力を強める[5]（Mouffe 2005: 69）。ネオリベラル・ガバナンスの矛盾は、その包摂的排除の自家撞着的論理、つまり包摂というレトリックと排除という現実の乖離という形で現れているが、そうした建前と本音の乖離に対する人々の怒りを煽る形で、反エスタブリッシュメントを標榜するポピュリスト政治家は、差別主義を厭わない反知性主義のスタイルで、リベラリズムの建前（ポリティカル・コレクトネス）の欺瞞性に対する攻撃を行っていくことで不満の捌け口を与えながら民衆の支持を獲得していくことになる。トランプや橋下徹は代表的な事例であろうが、タブー破りをあえておかすことでメディア（特にテレビやサイバー空間）での話題性を高めるといった戦術に長けたアウトサイダー的政治家は、エスタブリッシュメントの建前への攻撃を行うことで、結果として本音トークとしてのレイシズムの公然化という問題を引き起こすことになる。

政治運動としてショービニズムやレイシズムを煽ることも問題であるが、右翼ポピュリズムが体制となると、その排他性の問題は、より深刻になることは自ずと明らかであろう。空虚な記号（邪悪な敵）を介する形で良き人民を構成していくという、右翼ポピュリズムの手法は、運動から体制へと移行していくとともに、レイシズムのユビキタス（遍在）化をもたらすことになる。それは、白人至上主義的レイシズムだけではなく、反多文化主義、反ユダヤ主義、反フェミニズム（ミソジニー）などの憎悪の政治を特徴とするオルタナティブ右翼（通称オルト・ライト、alt-right）の横行という形で既に現れている。トランプ政権の成立とともに目立つようになったレイシストの横行は、映画『ミシシッピ・バーニング』（アラン・パーカー監督、一九八八年公開）でカバーされたような陰惨な事態（一九六四年に起きた公民権活動家惨殺事件とそれに対する警察の消極的対応）の再来を危惧させるが、実際に、二〇一九年八月六日、テキサス州エルパソで二〇人以上の死者を出した、ヒスパニック系移民を狙った銃乱射事件などに見られるように、ヘイトクライムの常態化など悪化の一途を辿っているように見える。

ヨーロッパにおいても、反移民・反イスラームを唱える右翼ポピュリズム政党が政権を担い、

（5） イングルハートらは、ポピュリズム台頭の要因として、経済的困窮説と文化的バックラッシュ説とに分けて、その計量的分析から、後者の仮説の方を支持する、より一貫したエビデンスが見出せたとしている。

その露骨な排外主義的な政策を展開しているハンガリーなどの例が現れているように、目の前に立ち現れているのは、右翼ポピュリズムのヘゲモニー化（主流化）とトランスナショナルな波及（競争・習得・模倣）に伴う新たなレイシズムのグローバル化、そして常態化である（Norris and Inglehart 2019）。「排除の政治」の常態化は当然、終わりのない〈対テロ戦争／過激なジハード主義〉によって駆動されているグローバル内戦とも共振しながら、ますます世界のフラグメンテーション化を加速することになる。世界のフラグメンテーション（断片）化は、ある意味で、敵を創出しながら民衆を動員する右翼ポピュリズムの手法から導出される、必然的な帰結である。そして世界のフラグメンテーションと共振する形で泥沼化していく世界内戦とそれに伴うテロに対する恐怖は、イスラームフォビアや反移民という形で右翼ポピュリズムをさらに押し上げるといったように、悪循環のサイクルが成立してしまっている。

6　リベラル国際秩序の危機——ネオ・ウェストファリア世界の到来？

そして、そうしたリベラル・デモクラシーの正統性危機に伴う右翼ポピュリズムの台頭は同時に、そもそもリベラル・デモクラシー諸国が推進してきたリベラルな国際主義の土台を揺るがすことにもつながっている。リベラル国際秩序の危機は、冷戦終焉後、アメリカの一極支配が強まり（ジョージ・W・ブッシュ政権期に見られたように）協調的な対外政策を維持するインセンティブを失った時に始まっていたと言えるが（Wodak 2015: 177-84）、その後、パワーシフトに伴う多極化が進むと、さらにネオリベラルな国際主義は、その危機を深めている。リベラル国際主義を強く擁護してきたアイケンベリーでさえも、リベラルな国際秩序（冷戦期に形成されたリベラル国際秩序バージョン２・０ないしは、その後のバージョン２・５）は、その権威における危機に陥っていると認めているように、開かれた市場、国際的制度、協調的安全保障、デモクラシー諸国の共同体、法の支配といった、リベラルな国際秩序の諸原則は、揺らぎ始めている（Kupchan and Trubowitz 2007）。リベラル国際秩序の終焉やポスト・リベラル国際秩序といったことが語られ始め、リベラルな国際秩序が前提としている価値そのものが挑戦を受けるとともに、その進歩史観にも暗い影が覆うようになってきている。

リベラル国際秩序の危機が意識され、そのことについて議論がなされる中で、そもそもリベラル国際秩序は歴史的にも垂直的な帝国主義と水平的な国際主義との両面性を併せもっているなど内在的に矛盾や問題点を当初から抱えていたのではないかといった指摘がよくされる（Ikenberry 2009, 2018）。例えば、Ｊ・Ｓ・ミルの政治思想に見られたように、パターナリズムの論理によって植民地支配を正当化しリベラリズムの原則が適用されない例外を認めると言ったように、リベラリズムは帝国主義と密接な関係性をもっていたこともよく知られていることであるが（Dunne 2018; Koivisto 2013）、そうしたリベラリズムの帝国主義的側面は、脱植民地化といった形でフォーマルな植民地支配が終焉した後も持続しており、二一世紀に入っても、例えばＲ２Ｐ（保護する責任）論に基づく軍事的干渉やＩＣＣ（国際刑事裁判所）などを通じた国際的干渉といったケースにも、そうした側面を見て取れるという指摘もある（Sullivan 1983）。国際政治学の様々な学派に通底している西洋中心主義的バイアスを厳しく指摘しているジョン・Ｍ・ホブソンのように帝国主義の定義を広くとりインフォーマルな支配でもパターナリズムに基づく国際的干渉を垂直的な帝国主義的実践と位置づけるならば（Hopgood 2013）、そうした見立ても可能であろう。

そうしたリベラリズムの両義性という矛盾は、リベラルな主体と非レベラルな主体との間の暴力的な関係性として析出されることになる。キンバリー・ハッチングスらが指摘している通り、リベラル国際主義は非リベラルな主体という外部的排除項を介して構築されている以上、つまり第三項排除の論理が働いている以上、非リベラルな社会に対するリベラルな国際秩序の取り扱い方はしばしば非リベラルな暴力的なものになる（Hobson 2012）。それは、デモクラティック・ピース論の問題と同様で、デモクラシーは、非デモクラシーに対して、より好戦的、暴力的な関係に陥りやすいということと構図は同じである。カール・シュミットがかつてアングロ・アメリカン・リベラリズムによる普遍的帝国主義を批判したように、リベラルな国際秩序が、ヒューマニズムの擁護といった普遍的装いをもって軍事的干渉をしていった場合、その暴力には歯止めがかからなくなる。なぜなら、非リベラルな主体は人類の敵、つまり絶対的な敵として措定されるからであり、そうした状況は、現在進行中の「対テロ戦争」においても散見される。そして、そうしたリベラル国際主義の二重性、両義性の矛盾は、危機の時に、例外状態の常態化といった形で、より可視化される形で表面化・深刻化することとなるが、実際、ネオリベラリズムを基調とするグローバル・ガバナンスの危機が深まるとともに、そうした例外状態の常態化（アナーキカル・ガバナンス化）が進行しているようにみえる（Hutchings 2013）。

イタリアの思想家ジョルジョ・アガンベンがグアンタナモを引き合いに例外状態の現代性に言及して以降（Tosa 2009）、米軍によるドローンを使ったイエメンやパキスタンなどでの超法規的殺人や、スノーデン事件によって明らかになったプリズム・プログラムなどのＮＳＡによる国内外を問わない違法盗聴などの事例が示すように、例外状態の常態化は着々と進行している。それは、ジハーディストという非リベラルな敵との戦い、いわゆる「対テロ戦争」という文脈で進んでいる過度な安全保障化が、ドメスティック・レベルで市民的・政治的自由の権利を脅かすようになっているという皮肉な事態でもある。結果として、リベラルな国際主義、またその一つの原則であったはずの法の支配を空洞化させるに至っているとも言える。加えて、トランプ政権の誕生によってリベラル国際主義の危機がさらに深まったが、そうしたリベラル国際主義の黄昏は、キリスト教の世俗化された形としての「人道主義・人権主義」の終焉、そしてネオ・ウェストファリア世界の到来を告げるものかもしれない（Hopgood 2013）。

7　移行パラダイムの終焉――ハイブリッド・レジームの定着化とリベラル・ピースの失敗

ネオ・ウェストファリア世界への移行の流れを加速化させているものとして、国際政治の多極化があることは周知の通りであるが、特に中露を中心とする権威主義体制の主流化の流れは、アメリカ一極支配の終焉に伴うパワーシフトとともにリベラル世界秩序に暗い影を投げかけている。ハンガリー、セネガル、ヴェネズエラ、ナイジェリア、フィリピン、カンボジアなど、デモクラシーから後退している国々は世界中に見られるが（Hopgood 2013）、中でも中露は、バラ革命、オレンジ革命などの「カラー革命」や欧米諸国の民主化支援に対抗する形で、中央アジア、中東やアフリカなどで、友好関係にある国への支援などを通じて権威主義体制の維持・拡大を推し進めるかたちで、権威主義のバックラッシュに大きな役割を果たしている（Kurlantzick 2013: 21）。「アラブの春」が内戦化や独裁への逆行などの形で実質上頓挫した感がある中、中東地域においても、イラン、サウジアラビア、さらにはトルコといった地域大国が、権威主義へのバックラッシュに拍車をかけている感がある。

そうした権威主義体制へのバックラッシュが起きている中で、着目すべき点は、選挙権威主義、競争的権威主義ないしはハイブリッド・レジームと言われるものの定着化といった最近の趨勢である（Ambrosio 2009, 2010; Mitchell 2012: 169–99）。権威主義という概念が全体主義とデモクラシーの中間項として案出されたように、選挙権威主義や競争的権威主義などのカテゴリーは、デモクラシーと権威主義の間の灰色部分の拡大に着目して、使われはじめたものである（Levitsky and Way 2010; Andreas Schedler 2006; Anderas Schedler 2013）。ただ、選挙がある以上、欠陥のあるデモクラシー（たとえばオドンネルが言っていたような委任型デモクラシー）であって、それを権威主義のサブタイプとするのはいたずらに混乱を招くなどの批判もある（Morse 2012）。確かに、権威主義というカテゴリーが、デモクラシー（正常）からの逸脱といったラベリングの側面があることを考慮するならば、その使い方には注意を払う必要があろうが、グレーゾーンの拡大や権威主義化を記述するカテゴリーがあった方が事態を把握しやすいであろう。デモクラシーでもなく権威主義でもないカテゴリーとしてハイブリッド・レジームというカテゴリーを採用すべきであるという主張もあるが（Cameron 2018）、重要な問題は連続するスペクトラムの中をどう区切るかというよりは、現実の動きが連続するスペクトラムの中でどちらにシフトしているか、ないしは、どのあたりに定常的均衡点を見いだしているかであろう。デモクラシーと権威主義体制の中間的形態（ハイブリッド・レジーム）の強まる存在感は、先に触れた先進資本主義諸国におけるデモクラシーの深まる危機とあいまって、民主化移行を前提とする、近代化論の焼き直しに近い単系的な発展モデル、いわゆる「移行パラダイムの終焉」を告げるものとなっており、「権威主義の定着化」といった現実を我々に突きつけているともいえよう（Gilbert and Mohseni 2011）。また「移行パラダイムの終焉」ないし「権威主義の定着化」は、例えば、ロシアのプーチン大統領自身が、自分達の政体を「主権デモクラシー」と自己規定し、欧米のデモクラシーとの差異性を強調しているように（Ambrosio 2014; Carothers 2002）、ある意味で政治制度の多系的進化という構図の（再）可視化と言ってもよい。

政治制度の多系的進化という構図から見えてくる問題の一つは、民主化支援を含むリベラル国際主義の干渉に対するローカル社会側からの抵抗の強さである。平和構築の文脈においても、一九九〇年代以降、民主化、法の支配や人権保障の制度化、自由市場に向けた経済改革などをセットとしたトップ・ダウンのリベラル・ピースのプロジェクトがしばしば頓挫し、リベラル・ピース移行モデルの限界性が認識されるとともに、ローカル・アクターの役割などを重視する「現地主義への転回（local turn）」を経たハイブリッド・ピース（またはポスト・リベラル・ピース）論が出てきた（Ambrosio 2009: 69-103）。それは、比較政治学におけるハイブリッド・レジーム論の隆盛とも相即するところがあるが、実際、平和構築の後に競争的権威主義が次第に定着化するケースがあるように、欧米諸国主導のリベラル国際主義による干渉や支援は、ローカル・レベルの政治エリートによる抵抗などにより、しばしば当初の想定とは全く異なる結果をもたらす。リッチモンドらは、ハイブリッド・ピースをローカル・エージェンシーによる抵抗の証しとしてポジティブに評価しているが、権威主義の定着化という文脈に照らし合わせて考えると、ハイブリッド・ピースは、人権保障や法の支配などを空洞化させかねない、ネガティブな側面もあることに注意を払う必要があろう。

また、リベラル・ピース・プロジェクトの頓挫や権威主義の伝播拡大は、たとえば南オセチア、アブハジア、沿ドニエストルなどのような、未承認国家（para-states）や危険地帯（black spots）といった、領域的主権国家とは異なった政治空間のありかたももたらしている。イスラーム国や南レバノンもそうだが、それは「支配されていない領域（ungoverned territories）」ではなく、テロリスト組織、犯罪組織、ないしはロシアやイランなどの外国からの支援を受けた民族集団などによって実効的に支配されている領域である（Chandler 2010; Ginty 2011; Ginty and Richmond 2013; Richmond and Franks 2009; Richmond and Mitchell 2012）。未承認国家の叢生は、こうした地域が、いわゆるテロリスト組織の温床となり、リベラル国際秩序への深刻な脅威になっているが、それらへの非リベラル的な対応が、結果的に、過剰な安全保障化を引き起こし、自らのリベラリズムそのものを脅かすといった、逆説的な状況をもたらしている。そうした状況が、リベラル・デモクラシーの危機をもたらす遠因の一つになっていることについては、先述した通りである。

8　終わり（の始まり）

リベラル・デモクラシーの危機は、権威主義体制の主流化とともに、リベラル国際主義の危機を深め、多国間主義的枠組みの崩壊、さらには人権レジームの崩壊さえももたらしつつある。第三政党から大統領選挙に出馬したことがあるロス・ペローやパット・ブキャナンなどの単独主義の主張を引き継いでいる以上、トランプ政権が保護主義的な経済政策をとることは当初から必定であったが（Stanislawski 2008）、実際に中国などに対しては高い関税を課す貿易戦争に打って出た。そして米国の単独主義、つまり二国間での貿易交渉によるアンフェアな自国優位性の追求は、さまざまな国際的摩擦を生じさせることになる。多国間主義を重視する国際主義的なリベラリストが指摘している通り、ヘゲモニー国家としては、国際的な制度的枠組みを介して支配した方が、正統性も高く維持でき、より都合が良いのに、あえて単独主義的な方向へと改めて舵を切ることは、ヘゲモニー国家の衰頽をより早め、国際政治の多極化傾向をさらに強めることになる。同様に安全保障政策における同盟政策についても、同じ事が言える。覇権国家アメリカにとって、その衰頽を穴埋めしているのが同盟国の協力であるにもかかわらず、同盟国の負担が少なすぎアンフェアであるという言いがかりをつけて、さらに見ヶメ料を吹っかける形で負担増強を同盟国に強いるようになれば、同盟国との摩擦、時には離反さえ生じかねなくなり、覇権国アメリカが維持してきた同盟網は根本から揺らぐことになる。つまり、皮肉なことに、アメリカ・ファーストの政策を追求することで、経済領域のみならず安全保障領域においても、覇権国家としての制度的インフラストラクチャーは崩壊していくことになる。さらに、トランプ政権のパリ協定からの離脱に見られるように、自己中心の政治的部族主義は、気候変動などの地球環境問題に対する協調的枠組みも崩壊させ、破局への転落を加速させている。

また、右翼ポピュリズム政権の中核的価値に国家主権主義、そしてネガティブな意味での反ヒューマニズム（性差別主義や人種差別主義）がある以上、右翼ポピュリズム政権は、先述したようなレイシズムのユキビキタス化をもたらすと同時に、人権軽視の権威主義体制的性格を強めていくことになる。オバマ政権期においても着々と進んでいた法の宙づりといった例外状態の常態化（ドローン機による超法規殺人や違法なＰＲＩＳＭ・通信監視プログラムなどによるサーヴェイランス）は、レイシズムを基調とする権威主義体制によってさらに加速することになる。右翼ポピュリズムの現在形は、選挙民主主義の制度的枠組みを曲がりなりも維持し完全な独裁への移行を目指していないという点、また帝国主義的拡張とは異なり内向きのショービニズムを特徴とする点で、過去のファシズムとは確かに異なるが（Judith 2016a: 62-88）、ファシズム一歩手前の右翼ポピュリズム体制は、形だけの選挙と権威主義体制の混合体制（競争的権威主義体制またはハイブリッド・レジーム）へと収斂しつつあるように見える（Berman 2016）。ハイブリッド・レジームの常態化は、同時に露骨なマスキュリニズムと弱者蔑視・人権軽視が横行する息苦しい状況のトランスナショナルな拡散・定着化へとつながっていく。それは、政治的リベラリズムの価値を発信し続けたアメリカというソフト・パワー覇権の没落も意味している。

システム危機の現れとしての右翼ポピュリズムのヘゲモニー化とは、簡潔にまとめれば、ミュッデが指摘するように、「長年の非民主主義的なリベラル政策に対するデモクラシーの反リベラリズム的な反応」である（Levitsky and Way 2010）。また、別の見方をすれば、（自由な資本移動等の）ネオリベラル資本主義の脱領域性に対する反動としてデモクラシーを介して現れた再領土化の政治でもある。先述したように、ネオリベラル資本主義システムの危機が深まる過程で、貧富の格差は拡大するとともに、（パナマ文書に示されているように）政治的権力と経済的権力の癒着に伴うオリガーキー化が進み、既存の政党システムは人民の不満・ニーズに対する応答性を喪失し、制度としてのデモクラシーは機能不全に陥ってしまっている中で、下流化する人々の目には、金融緩和などの弥縫策は既得権益を守るための単なる時間稼ぎに、自由競争・自由貿易原則もエリートたちの建前的な信仰として映るようになり、不満の圧力釜は既に噴き出しつつあった。噴き出した不満の一部は、ウォール街占拠運動からサンダース支援運動へといった左翼ポピュリズムへと流れていったが、その流れは、ヒラリーに代表されるネオリベラル・エリートによって遮断されてしまった。

トランプの右翼ポピュリズム政権は、ある意味で、そうしたネオリベラルな統治性そのものの正統性危機を奇貨として生まれたものと言えようが、一％が九九％を支配するオリガーキー的構造そのものは何も変わっていない。それどころか、トランプ大統領は元エクソンモービル会長兼CEOのティラーソンを国務長官に登用したうえ、石油業界の意向を受け気候変動取り組みのパリ協定からの離脱を決めるなど、近視眼的で露骨な利益誘導政治を行うようになった。同時に建前的な平等のレトリックが打ち捨てられ、反平等の差別主義が前面に繰り出されることで、社会の分断、対立はより深まってしまった。しかし、右翼ポピュリズムのヘゲモニー化は、ネオリベラル資本主義システムの危機の表象（スペクター）であることからも、「システムの終局」の始まりともいえる。実際、それが戦争、さらには地球システムの破局へと続いていくのかどうか、予断を許さない状況だ。その過程で危惧されるのは、右翼ポピュリズムが「新しいファシズム（ないしはトラヴェルソの言うポスト・ファシズム）」へとグレードアップしながら、民族等の浄化を目指し不純な分子（異質な移民など）を動物（非人間）に見立てつつ抹殺を推し進めていくようになることである。そうした類としての人間を分割するネガティブなポスト・ヒューマニズムの政治が台頭してきている。

参考文献

Agamben, Giorgio (2005), *State of exception*, trans. Kevin Attell (Chicago: University of Chicago Press（上村忠男、中村勝巳訳『例外状態』未来社、二〇〇七年）).

Ambrosio, Thomas (2009), *Authoritarian Backlash: Russian Resistance to Democratization in the Former Soviet Union* (Farnham: Ashgate).

——(2010), 'Constructing a Framework of Authoritarian Diffusion: Concepts, Dynamics, and Future Research,' *International Studies Perspectives*, 11(4), 375–92.

——(2014), 'Beyond the Transition Paradigm: A Research Agenda for Consolidation,' *Demokratizatsiya*, 22(3), 471–94.

Arditi, Benjamín (2004), 'Populism as a Spectre of Democracy: A Response to Canovan,' *Political Studies*, 52, 135–43.

Berman, Sheri (2016), 'Populism is Not Fascism: But It Could Be a Harbinger', *Foreign Affairs*, 95(6), 39–44.

Boix, Carles C. (2003), *Democracy and Redistribution* (Cambridge: Cambridge University Press).

Brown, Wendy (2015), *Undoing the demos: neoliberalism's stealth revolution* (New York: Zone Books (中井亜佐子訳『いかにして民主主義は失われていくのか——新自由主義の見えざる攻撃』みすず書房、二〇一七年)).

Cameron, Maxwell A. (2018), 'Making Sense of Competitive Authoritarianism: Lessons from the Andeas', *Latin American Politics and Society* 60(2), 1–22.

Canovan, Margaret (1981), *Populism* (New York: Harcourt Brace Janovich).

—— (1999), 'Trust the People! Populism and the Two Faces of Democracy', *Political Studies*, 47(1), 2–16.

Carothers, Thomas (2002), 'The End of the Transition Paradigm', *Journal of Democracy*, 13(1), 5–21.

Chandler, David (2010), *International Statebuilding: The Rise of Post-Liberal Governance* (Routledge).

Connolly, William E. (2017), *Aspirational Fascism: The Struggle for Multifaceted Democracy under Trumpism* (Minneapolis: University of Minnesota Press).

—— (2019), *Climate Machines, Fascist Drives, and Truth* (Durham: Duke University Press).

Derrida, Jacques (1993), *Spectres de Marx: l'État de la dette, le travail du deuil et la nouvelle Internationale* (Paris: Galilée (増田一夫訳『マルクスの亡霊たち』藤原書店、二〇〇七年)).

Dunne, Constance Duncombe and Tim (2018), 'After liberal world order', *International Affairs*,, 94(1), 25–42.

Freedom House (2019), 'Freedom in the World 2019: Democracy in retreat', (Washington, DC: Freedom House).

Gartzke, Erik (2007), 'The Capitalist Peace', *American Journal of Political Science*, 51(1), 166–91.

Germani, Gino (1978), *Authoritarianism, Fascism and National Populism* (Brunswick, NJ: Transaction Books).

Gilbert, Leah and Mohseni, Payam (2011), 'Beyond Authoritarianism: The Conceptualization of Hybrid Regimes', *Studies in Comparative International Development*, 46(3), 270–92.

Giles, Martin (2012), *Affluence & Influence: Economic Inequality and Political Power in America* (Princeton: Princeton University Press).

Ginty, Roger Mac (2011), *International Peacebuilding and Local Resistance: Hybrid Forms of Peace* (Basingstoke: Palgrave Macmillan).

Ginty, Roger Mac and Richimond, Oliver P. (2013), 'The Local Turn in Peace Building: a critical agenda for peace,' *Third World Quarterly*, 34(5), 763–83.

Goodwyn, Lawrence (1978), *The Populist Moment: A Short History of the Agrarian Revolt in America* (Oxford: Oxford University Press).

Hobson, John M. (2012), *The Eurocentric Conceptions of World Politics: Western International Theory, 1760–2010* (Cambridge: Cambridge University Press).

Hopgood, Stephen (2013), *The Endtimes of Human Rights* (Ithaca: Cornell University Press).

Hutchings, Kimberly (2013), 'Liberal Quotidian Practices of World Ordering', in Tim Dunne and Trine Flockhart (eds.), *Liberal World Orders* (Oxford University Press), 157–72.

Ikenberry, G. John (2009), 'Liberal Internationalism 3.0: America and the Dilemmas of Liberal Order', *Perspectives on Politics*, 7(1), 71–87.

—— (2018), 'The End of International Order?', *International Affairs*,, 94(1), 7–23.

Inglehart, Ronald (2018), 'The Age of Insecurity: Can Democracy Save Itself', *Foreign Affairs*, 97(3), 20–28.

Ionescu, Ghiţa and Gellner, Ernest (1969), 'Introduction', in Ghiţa Ionescu and Ernest Gellner (eds.), *Populism: Its Meanings and National Characteristics* (London: Weidenfeld and Nicholson), 1-.

Judith, John B. (2016a), *The Populist Explosion: How the Great Recession Transformed American and European Politics* (New York: Columbia Global Reports).

—— (2016b), 'Rethinking Populism', *DIssent.*

Kazin, Michael (1998), *The Populist Persuasion: An American History* (Ithaca Cornell University Press).

—— (2016), 'Trump and American Populism, Old Wine, New Bottles', *Foreign Affairs*, 95(6), 17-24.

Koivisto, Marjo (2013), 'Liberal World Orders, Reciprocal and Hierachic', in Tim Dunne and Trine Flockhart (eds.), *Liberal World Orders* (Oxford: Oxford University Press).

Kupchan, Charles A. and Trubowitz, Peter L. (2007), 'Dead Center: The Demise of Liberal Internationalism in the United States', *International Security*, 32(2), 7-44.

Kurlantzick, Joshua (2013), *Democracy in Retreat: The Revolt of the Middle Class and the Worldwide Decline of Representative Government* (New Haven: Yale University Prerss).

Laclau, Ernest (2005), *On Populist Reason* (London: Verso（澤里岳史、河村一郎訳『ポピュリズムの理性』明石書店、二〇一八年)).

Levitsky, Steven and Way, Lucan A. (2010), *Competitive Authoritarianism Hybrid Regimes after the Cold War* (Cambridge: Cambridge University Press).

Méby, Yves and Surel, Yves (2002), 'The Constitutive Ambiguity of Populism', in Yves Méby and Yves Surel (eds.), *Democracies and the Populist Challenge* (New York: Palgrave), 3-7.

Milanovic, Branko (2016), *Global inequality: a new approach for the age of globalization* (Cambridge, Mass.: Belknap Press of Harvard University Press（立木勝訳『大不平等——エレファントカーブが予測する未来』みすず書房、二〇一七年)).

Mitchell, Lincoln A. (2012), *The Color Revolutions* (Philadelphia: University of Pennsylvania Press).

Morse, Yonatan (2012), 'The Era of Electoral Authoritarianism', *World Politics*, 64(1), 161–98.

Mouffe, Chantal (2005), 'The 'End of Politics' and the Challenge of Right-wing Populism', in Francisco Panizza (ed.), *Populism and the Mirror of Democracy* (London: Verso), 50–71.

Mouffe, Chantal and Errejón, Íñigo (2016), *Podemos: In the Name of People* (Chadwell Heath:: Lawrence & Wishart).

Mounk, Yascha (2018), *The People vs. Democracy: Why Our Freedom Is In Danger & How To Save It* (Cambridge, Mass.: Harvard University Press（吉田徹訳『民主主義を救え！』岩波書店、二〇一九年）).

Mudde, Cas (2010), 'The Populist Radical Right: A Pathological Normalcy', *West European Politics*, 33(6), 1167–86.

Norris, Pippa and Inglehart, Ronald (2019), *Cultural backlash: Trump, Brexit, and the rise of authoritarian populism* (Cambridge: Cambridge University Press).

Page, Benjamin I. and Gilens, Matin (2017), *Democracy in America? What Has Gone Wrong and What We Can Do About It* (Chicago: The University of Chicago Press).

Piketty, Thomas (2014), *Capital in the twenty-first century* (Cambridge, Mass.: Belknap Press of Harvard University Press（山形浩生ほか訳『二一世紀の資本論』みすず書房、二〇一四年）).

Richmond, Oliver P. and Franks, Jason (2009), *Liberal Peace Transitions: Between Statebuilding and Peacebuilding* (Edinburg: Edinburg University Press).

Richmond, Oliver P. and Mitchell, Audra (2012), *Hybrid Forms of Peace: From Everyday Agency to Post-Liberalism* (Basingstoke: Palgrave Macmillan).

Robinson, William I. (1996), *Promoting Polyarchy: Globalization, US Intervention, and Hegemony* (Cambridge: Cambridge University Press).

Sader, Emir (2011), *The new mole: paths of the Latin American left*, trans. Iain Bruce (London: Verso).

Schedler, Anderas (2013), *The Politics of Uncertainty: Sustaining and Subverting Electoral Authoritarianism* (Oxford: Oxford University Press).

Schedler, Andreas (2006), *Electoral Authoritarianism: The Dynamics of Unfree Competition* (Boulder: Lynn Rienner Publishers).

Schneider, Gerald and Gleditsch, Nils Petter (eds.) (2013), *Assessing the Capitalist Peace* (London: Routledge).

Stanislawski, Bartosz H. (2008), 'Para-States, Quasi-States, and Black Spots: Perhaps Not States, But Not "Ungoverned Territories," Either', *International Studies Review*, 10(2), 366–96.

Sullivan, Eileen P. (1983), 'Liberalism and Imperialism: J. S. Mill's Defense of British Empire', *Journal of the History of Ideas*, 44(4), 599–617.

Taguieff, Pierre-André (1995), 'Political Science Confronts Populism: From a Conceptual Mirage to a Real Problem', *Telos*, 103, 9–43.

Torre, Calros de la (2000), *Populist seductio in Latin America* (Ahen: Center for International Studies, Ohio University).

Tosa, Hiroyuki (2009), 'Anarchical Governance: Neoliberal Governmentality in resonance with the State of Exception', *International Political Sociology*, 3(4), 414–30.

Traverso, Enzo (2019) *The New Faces of Fascism: Populism and the Far Right* (London, Verso).

Weyland, Kurt (2003), 'Neopopulism and Neoliberalism in Latin America: how much affinity', *Thirld World Quarterly*, 24(6), 1095–115.

—— (2013), 'The Threat from the Populist Left', *Journal of Democracy*, 24(3), 18–32.

Wiles, Peter (1969), 'A Syndrome, not a Doctrine: Some Elementary Theses on Populism', in G. Ionescu and

E. Gellner (eds.), *Populism: Its Meanings and National Characteristics* (London: Weidenfeld and Nicholson), 166–79.

Winters, Jeffrey A. and Page, Benjamin I. (2009), 'Oligarchy in the United States', *Perspectives on Politics*, 7(4), 731–51.

Wodak, Ruth (2015), *The Politics of Fear: What Right-wing Populist Discourses Mean* (Los Angels: Sage).

Wodak, Ruth, KhosraviNik, Majid, and Mrall, Brigitte (eds.) (2013), *Right-Wing Populism in Europe: Politics and Discourse* (London: Blumsbury).

第8章　ポスト世俗化時代のジェンダー・ポリティクス

本書の中では、人間中心主義とそこから派生する人間ならざるものに対する種差別主義が、人間社会内における人種差別主義や性差別主義と連関していることが多いということについて繰り返し述べてきた。その意味では、人間同士の争いにおいて、人間中心主義のイデオロギーを反転させた形で、敵を人間ならざるものに見立てる際の契機を提供してきたのは、国家、民族などと並んで宗教的アイデンティティである。特に超越的絶対者（神）からの教えに基礎を置く啓示宗教（ユダヤ教、キリスト教、イスラーム教）は、人間だけに特権的位置を与え人間中心主義的コスモロジーの中核的役割を果たしてきたと言ってよい。そうした人間中心主義的なユダヤ＝キリスト教的自然観が結果的にエコロジー的危機をもたらしたとした、リン・ホワイトの大胆な議論は、幾多の批判はあるものの未だにその含意、有効性は失われていないと思われる（Minteer and Manning 2005; L.J. White 1967）。ユダヤ＝キリスト教的自然観が地球環境システムの危機をもたらす主因ではなくても少なくとも遠因の一つとして働いたことは確かであろう。

さらに言えば、多くの宗教は男性中心主義的世界観を補強する役割も担ってきた。例えば、旧約聖書・創世記では、神が土の塵で人（アダム）を形づくり、その鼻に命の息を吹き入れ、生きる者としての人をつくり、その肋骨で女を造り上げたことになっているとされていることは、男尊女卑の思想が、その宗教思想の根底にあることの現れであると指摘されてきたことである。啓典にも見られる男性中心主義的バイアスは、その人間中心主義とともに、社会のあり方に大きな影響を与えてきたことは、メアリ・デイリーらラディカル・フェミニストが約半世紀にわたって鋭く批判してきたことである（Daly 1973）。そうしたフェミニストによる批判、抵抗などの努力の結果もあり、いわゆるジェンダー主流化、そしていわゆる世俗化の波の中で、二一世紀初頭、男性中心主義については少しずつ力を失いつつあるかのように見えた。

しかし、最近、対テロ戦争といった「世界内戦」の文脈の中で世俗主義（不可視化されたキリスト教）対ジハード主義といったポストコロニアルな政治対立が前景化するようになると、ジェンダーの政治は、ダイバーシティという語に代表されるアイデンティティの流動化（脱領土化）とそれに対する反発としての再領土化の政治（性差別主義、反フェミニズムや反ＬＧＢＴなどのハイパー・マスキュリニズム）と交錯する形で複雑な展開をするようになる。特に構図を複雑化しているのは、性差別主義などの再領土化の政治が、グローバル・サウスにおけるジハード主義という文脈だけではなく、いわゆるグローバル・ノースにおける右翼ポピュリズム台頭という文脈でも起きているということである。本章では、特にリベラルな世俗主義対ジハード主義といった事象に焦点を当てながら、メタ・ヒストリーなどを含めた不可知・不確実に関する「信仰の政治」が抱えている問題について考察していきたい。

1 ポストコロニアル・モメントにおけるマスキュリニティの再編的強化

二〇一四年、パキスタン出身の一七歳（当時）の少女マララ・ユスフザイが、史上最年少者としてノーベル平和賞を受賞した。彼女は、女性の教育を受ける権利を奪ったとしてパキスタン・ターリバーン運動を批判していたことなどから、二〇一二年にターリバーンのメンバーによって銃撃され瀕死の重傷を負ったが、その後、奇跡的に回復し、女性・子どもの権利を守る活動家として欧米社会の全面的なバックアップを得ながらノーベル平和賞を受賞するに至った。しかし、マララ女史が受賞する過程において世界最大の広告代理店エデルマンが大きな役割を果たしていたと指摘されるなど（Mackinnon 2013）、その受賞の政治的背景として、いわゆる対テロ戦争、つまり欧米を基軸とするリベラルな世界秩序対ジハード主義的サラフィズム（いわゆるイスラーム過激派）の対立図式があったことは否めない。マララ女史が批判したのは、パキスタン・ターリバーン運動だけではない。三百人以上の女子生徒を誘拐したナイジェリアのアルカイーダ系政治グループ（ボコ・ハラム）に対しても、彼女は「イスラーム教は平和の宗教で、教育を与えることはイスラーム教の義務だ」と主張し、女子教育を否定するボコ・ハラムに対して批判を加えたように(Mark 2014)、彼女は、女性の教育を受ける権利を否定するイスラーム過激派との戦いの最前線にあえて立ったとも言えよう。「教育こそが、貧困、無知、そしてテロリズムとの戦いのための最良の武器である」といった、マララ女史の声明は、まさに、そうした意味での宣戦布告といってもよいかもしれない。

しかし、ボコ・ハラムのように、女性の教育を受ける権利を否定するだけではなく、女子を誘拐し奴隷とするような、一見すると極めてプレモダン的な政治的現象が、なぜポスト近代または後期近代とも言える現代において起きているのであろうか。ナイジェリアにおける政治的文脈を含めた、この事象についての動向分析的検討については他に譲るとして(Elden 2014; Montclos 2014)、この奇妙なサラフィズムの運動を、歴史、特に進歩史観的な歴史との関係で、どう理解したら良いのかということも考えていく必要がありそうである。男女平等が実現していく歴史過程は、欧米的リベラリズムに依拠した世俗主義的進歩史観のプロットのヴァリエーションであろうが、現在、起きている宗教原理主義に基づく女性の従属化・奴隷化といった現象は、まさに、そうした西欧的リベラリズムを基軸とするグローバリゼーションに対する反動として立ち現れたものと言ってよいであろう。問題は、「マックジハード」とも呼ばれる(Barber 1995)、そうした反動現象を、進歩史観の根本的な挫折を表象するものとして捉えるか、それとも一過性の停滞として捉えるか、ということであろう。さらに言えば、それは、「原理主義の台頭を含むイスラーム復興という大きな時代のうねりを、世俗主義への移行を近代的パッセージと見なしてきた進歩史観の破綻と捉えるべきか、一時的な再魔術化と捉えるべきか」という問題とも言える。脱魔術化を進歩とする世俗的なリベラルな歴史観を否定する立場、つまり宗教的原理主義・保守主義の立場からすれば、男と女は、安定した二値論理、特に優劣関係の定まった二項対立関係にあり、そうした安定した二値関係を基礎にした秩序こそが、あるべき自然な秩序ということになろう。そうした立場から見れば、二項対立関係からフィジカルな面においてはみ出した両性具有（hermaphrodite）の存在は抹殺すべき対象であり、また性的アイデンティティにおいて男女の二値関係からはみ出た性的マイノリティ（ＬＧＢＴ）も秩序に対する重大な脅威として映ることになる。男性優位の安定した二値関係を基礎にした意味秩序を守る立場からすれば、グレーゾーンにある性的マイノリティのアイデンティティを認めていくことだけではなく、そもそも男女平等を実現していくことそのものが、秩序の崩壊でしかなく、進歩というより退歩であるということになろう。

あるべき自然な性的秩序は、その換喩的表現の汎用性の広さゆえに、また意味世界全体の基礎をなすものと理解されるがゆえに、その秩序を壊している勢力に対する反撥は激しいものになる。ポスト・コロニアリズムという文脈においては、自然な性的秩序を崩しているのは、まさに腐敗した欧米的リベラリズムであり、それによる帝国主義的介入であり、それを排斥することがジハードということとなる。たとえば、二〇一五年一月にイスラーム原理主義者たちの襲撃に遭った週刊紙『シャルリー・エブド（Charlie Hebdo）』は、同性愛者にみたてたムハンマドが編集者とおぼしき男性と接吻している図画を掲載した上に、それに「愛は憎悪より強い」という見出しを付して原理主義者たちを揶揄するなど、表現の自由といった大義を振りかざしながら原理主義者たちを挑発したわけだが、原理主義者側から見れば、当然、同紙編集者やそれを支持する者は、コスモスとノモス双方における秩序を壊そうとする腐った欧米リベラリズムを象徴するもの以外の何者でもないということになろう。同様に、原理主義者の目には、マララ女史も欧米の操り人形としてか映らないわけで、実際に、彼女の自伝本は、パキスタンの私立学校などでは禁書扱いとなった（AP 2013）。

欧米による帝国主義的支配・干渉とそれに対する反発・抵抗という二項対立関係が、〈男性／女性〉といったジェンダー秩序関係と交叉することにより、「女性問題」が係争の場となるということは、今まで歴史的に繰り返されてきたことである。文明の使命に沿って前近代的で家父長制的な伝統という野蛮から解放されるべき者は、教育を受ける権利を奪われた女性だけではない。ヴェール着用を強要される女、女性性器切除（Female Gential Mutiliation, 通称ＦＧＭ）を強要される少女、亡き夫を葬る火の中に身を投じて殉じること（サティ）を強いられる妻といったように、そのリストは延々と続く。それは、スピヴァクが皮肉交じりに描いた「白人男性が有色人種の男性（の抑圧）から有色人種の女性を解放する」といった既視感のある図式でもある（Spivak 1988）。欧米中心主義的な進歩史観からすれば、女性の抑圧は、当該社会の前近代性または野蛮性の象徴であり、文明の使命という観点から、その是正を目的とする干渉が正当化されることになる。例えば、アメリカが始めたアフガニスタン戦争の際に、当時のアフリカ大統領の妻ローラ・ブッシュがアフガニスタンの女性の解放を目的とするものであると戦争を正当化する声明を出したのは、その最たる例であろう。他者を解放するというプロジェクトは、往々にして〈文明／野蛮〉といった優越関係が前提になっているわけだが、そうしたパターナリズムは、自らの暴力行使を当然のものとみなす一方で他者の暴力を許されざるものとするような、二重基準をもたらすことになる。そして、エスノセントリックな進歩史観の中で遅れた者（前近代）として位置づけられた他者は、例えばグアンタナモやアブグレイブの事例のような形でホモサケルとして取り扱われるうちに、その取り扱いの酷さ以上の野蛮さ（例えば人質の斬首）をもって反撃を試みることになる。簡潔に言えば、性的二値関係を解体へと向かわせるポストモダン（ないしは後期近代）の時代に現れた「前近代的」原理主義の現象とは、それ自身の「遅れ」の問題ではない。むしろ、原理主義的現象とは、まさにグローバリゼーションの深化を推進する近代システムの捻れた抑圧移譲の帰結として現れた「中心部へのブローバック」と捉えるべきなのであろう。つまり、現実の歴史的展開は、単線的な進歩史観とは全く異なる様相を見せており、むしろハンティントン流の「文明の衝突」的破局史観に近くなってきている。二一世紀に入って活性化する原理主義的思想・運動を目の前にすると、《近代化＝世俗化》といったウェーバー的テーゼは有効性を喪失しているだけではなく、理性中心主義的進歩史観も、その妥当性を失って久しく、現在、われわれは「啓蒙の弁証法」の新たな段階に直面しているようにも見える。

もちろん、ここで言う「啓蒙の弁証法」とは、アドルノ＝ホルクハイマーによる著作にほぼ依拠している訳だが（Horkheimer and Adorno 1947）、そこでのテーゼをあえて単純化すると次のようになろう。「人類は、啓蒙による文明的進歩の道を辿るように見えながら、新たな野蛮状態に陥っている」。その独特なメシア的とも言える破局史観は、アウシュビッツなどの負の歴史的遺産を目の前にした総括でもあるわけだが、とくにアドルノ＝ホルクハイマーによる重要な指摘と思われる点は、「オデュッセイア」などの古代ギリシア叙事詩などを例にとりながら、「啓蒙のプロトタイプの中に、自然的暴力の内面化とその噴出という形で野蛮の契機が用意されていた」ということであろう。そのテーゼは、さまざまな形でパラフレーズが可能だ。本章の扱うテーマとの絡みで言えば、「世俗主義という啓蒙のプロジェクトは、理性による宗教的暴力を克服する試みに見えるものの、そこには政治神学が隠されているだけではなく、その確固たる信念に基づく異質な他者に対する呵責なき暴力を胚胎している」というテーゼも可能であろう。過激なサラフィスト（ジハーディスト）に対して行われている、対テロ戦争という現実は、そうしたテーゼの証左になっているようにも見える。本章では、そうしたポスト世俗化時代の政治に対して、ジェンダー・ポリティクスという補助線を引きながらメタ・ヒストリー（歴史叙述におけるプロット化やイデオロギー的意味付与の諸様式）の政治ないしは新しい世界史像をめぐる競合について考察を加えてみたい。

2　ポスト世俗化時代におけるジェンダー・イシューの位置

フェミニズムは、ある意味で、欧米キリスト教社会における世俗化の流れから派生してきた思想・運動であることは否定できないであろう（Braidotti 2008; Reilly 2011）。つまり、ヨーロッパの歴史的文脈においては、魔女狩りのような悪夢を含めて、家父長制的な性格を強く帯びたキリスト教教会権力との闘いは、フェミニズム思想・運動にとっては最初の試練であった。もちろん、キリスト教社会に限らず宗教的権力と女性の権利主張との拮抗関係は広く認められる問題ではあるが、ヨーロッパにおいては、宗教改革後の諸セクト間の宗教内戦という辛酸を嘗めた後、公的空間における宗教と政治の分離が徐々になされるようになっていった点が特異な点であろう。三〇年戦争に代表される宗教戦争の泥沼（極度のインセキュリティ）こそが、世俗的な近代、つまり理性に基づく秩序（コスモ・ポリス）または確実性を希求する近代的プロジェクトの契機となったという見方があるが（Toulmin 1990: 70）、そのポスト宗教戦争の文脈で世俗主義（secularism）という概念そのものが、無神論とも差別化する形で、また近代国民国家の形成とそれに伴う政治的諸問題を解決する過程で形作られたものであるという点に留意が必要であろう（Asad 2003: 23）。厳密に言えば、世俗化もまたヨーロッパ社会固有の歴史的現象ではあるが、その態様も多様である。たとえば、フランス社会においてはフランス革命などを経て、カトリック権力は旧体制を構成するものとして公的な政治空間から排除されていったということもあり、世俗主義（ライシテ）は公的空間においてヘゲモニックな位置を占めることになった。また市民宗教としてのキリスト教が強く影響力をもつアメリカ社会においてはユダヤ・キリスト教的世俗主義といった形で政教分離（アメリカ憲法修正第一条）を原則としながら「宗教市場」の規制緩和をしていくことで機能分化的な世俗化（実質的なキリスト教再興）がすすめられてきた（Casanova 2006; Hurd 2009: 29-44）。

このように、世俗化の歴史的経緯はそれぞれの社会の文脈によって異なるものの、世俗化の総体的流れは、ちょうどキリスト教社会における存在論的セキュリティの保障機構の一部が国民国家によって代行されていった歴史でもあった（Mavelli 2011）。しかし公的空間における宗教と政治の建前的な分離は、必ずしも家父長制的権力の終焉を意味しなかった。政治と宗教が、それぞれ公的空間と私的空間とに分節化されていくのと併行して、女性は私的空間へと押し込まれることになったからである。公的空間への女性の参加（職場への女性進出や女性参政権の制度化）が認められるようになっていったのは、フェミニズム運動という下からの突き上げと同時に、戦争の総力戦化に伴い女性も動員する必要が出てきたという歴史的事情を忘れてはならないであろう（Goldstein 2001: 318-21, 84-96）。宗教戦争を克服するために案出されたとされる世俗的主権国家は戦争をさらに組織的に展開するようになり、やがて二つの世界戦争を引き起こすまでに至るわけだが、そうした国家理性そして道具的理性による破局の招来により、皮肉なことに、世俗主義の形成とともに宗教的権力の桎梏から解き放たれた女性たちがジェンダー的平等の実現を推し進めていったというストーリーが一般的に共有されていくことになる。

一九六〇、七〇年代の第二派フェミニズムの影響もあり、欧米諸国がジェンダー主流化政策を受け入れるようになると、近代化は世俗化であるとともにジェンダー的平等の推進過程である、といった欧米中心主義的進歩史観が支配的になっていった。そして、ジェンダー的平等の達成度はリベラル・デモクラシーの指標であるという考え方から、ジェンダー的平等を阻むイスラーム社会と欧米のリベラル・デモクラシーとの間に「文明の衝突」が起きているといった見方も出てくることになる（Inglehart and Norris 2003）。そこでは、世俗化やジェンダー的平等化に対して敵対的な勢力、例えばイスラーム過激派と呼ばれるジハード主義的サラフィストは、前近代的で野蛮な「ラディカルな他者」として措定されることになるわけだが、それは、ちょうど冷戦時に「ラディカルな他者」の役割を担っていた共産主義者の代役といった意味合いももつことになる。

しかし、現在、《近代化＝世俗化》といったウェーバー的テーゼが、その有効性を失いつつあることについては、既に先に触れた通りである。たとえば宗教社会学者のピーター・バーガーも認めているように、「近代化＝世俗化」といったウェーバー的な近代化論が通用しなくなっているどころか、再魔術化ないしは脱世俗化とも呼ばれる現象が起きていると言ってもよい（Berger 1999）。そして、チャールズ・テイラーが著書『世俗の時代』において指摘しているように、世俗化とは、宗教と政治が形式上は切り離されながらも神の意志を代替する文明的・道徳的秩序が機能していた「ネオ・デュルケーム的社会形態」から個人の次元で超越的なものを求めるような

「ポスト・デュルケーム的社会形態」への移行であっても、宗教的なもの・スピリチュアルなものを一切認めない「排他的人間主義(exclusive humanism)」が覇権的な位置にあるような社会への移行ではない(Taylor 2007: 486-92)。むしろ北米では、もともと原理主義(fundamentalism)という言葉が適用されていたところのプロテスタント原理主義は根強いばかりか、テレビ説教師(televangelist)などを通じて一層強い影響力をもつようになっているように、テイラーの用語で言うところの、(信仰と政治的共同体を一致させようとするような)「パレオ(古い)・デュルケーム的社会形態」への回帰が起きていると言ってもよい。つまりキリスト教社会においてさえも、宗教の没落・消失といった意味での世俗化だけではなく、社会の機能分化に伴う信仰の個人化(宗教の公的領域からの切り離し)という意味での世俗化もまた認められなくなってきているということである(Casanova 1994)。それゆえにハーバーマスらの議論に代表されるように、公共圏における宗教の問題を再考せざるをえなくなってきている(Habermas et al. 2011)。

そうした趨勢をさらに加速させているのが、東南アジアからサハラ砂漠地域にかけての広いムスリム社会におけるイスラーム復興の大きなうねりと、そうした敬虔なムスリム移民の欧米社会への流入である。その中においては、サウジアラビアによるワッハーブ主義支援等も絡む形で、世俗主義的独裁政治による弾圧や外国の占領支配等に対する抵抗運動としてのジハーディスト的サラフィズムが目立つようになってきている(Meijer 2009: 1-32)。欧米側では、その流れを指し、プロテスタントに付す原理主義というラベルを転用する形で、イスラーム原理主義と呼んだりもするが、原理主義とは、脱文脈的に定義づければ、聖典（の時代）に立ち戻りながら現世の腐敗をなくしていくことで、汚れのない純粋な自己を確立しようとするアイデンティティの政治でもある。ここで注意すべき点は、その汚れのない純粋な原理主義的アイデンティティを希求する政治は、「女性問題」を重要な係争事項にする傾向があるということであろう。冒頭で触れたターリバーンによるマララ狙撃事件やボコ・ハラムによる少女誘拐事件は、その典型例と言えよう。「女性問題」が重要な係争事項になるということは、換言すれば、原理主義的アイデンティティ・ポリティクスにおけるマスキュリニティの危機の現れ、つまり「男性問題」が深刻化しているということであろう。それは、既得権益構造の崩壊過程に対する男性側の反発として立ち現れるわけだが、グローバル・サウスにおける原理主義者たちの多くは、その崩壊過程の主因を、欧米による帝国主義的支配・干渉の強化に求める。結果として、信仰と政治的共同体を一致させる形でのジハード主義の台頭、テイラーの言うところの「パレオ・デュルケーム的社会形態」への回帰現象が引き起こされることになり、そのジハード運動のプロジェクトの中では、着衣（ヴェール）、教育等の女性問題が、信仰共同体防衛の最前線に位置づけられることになる。逆に、景気後退やテロリズムに対する不安からの反移民感情、特にイスラモフォビア（イスラーム嫌悪）の雰囲気にある欧米社会においては、イスラーム社会との関係において、女性やＬＧＢＴの権利を求める解放運動は重要な政治問題となってきた。

原理主義の台頭を含めたポスト世俗化の時代状況下におけるジェンダー・ポリティクスのこう

した状況が示しているものは、ある意味で平準化・平等化に対する反発・揺れ戻しである。ジェンダー平等化は、既得権益を有する男性からすれば悪平等であるだけではなく本来あるべき秩序の崩壊であり、原理主義的反発とは男女優劣関係に沿った秩序の再構築の試みである。サラフィストにとってのメタ・ヒストリーのプロットは、最後の審判というゴールに向けたものであると同時に、地獄への転落を回避するためにも神への信仰が純粋に行われていた黄金の時代への回帰を目指す千年王国運動的シナリオであり、世俗的な進歩主義史観とは明確な対立関係にある。そうした対立関係の中で、ジェンダー問題は、あるべき性的秩序をめぐる争いとしてだけではなく、メタ・ヒストリーのプロットをめぐる抗争の表象としても立ち現れているのである。

3　世俗主義のメタ・ヒストリーと歴史的／性的アイデンティティ

歴史を叙述する際のプロットの重要性といった問題は、何も最近のメタ・ヒストリー論や歴史物語論によって始まった議論ではない。カーもまた『歴史とは何か』の中で、クローチェからコリングウッドの流れを受ける形で、現在の歴史家から過去の歴史を読み込む際のプロットの存在について言及した一人である。カーは、同じ本の中で、事実と解釈または事実と価値との間のバランスの取り方の難しさ、そして歴史を神学や文学に書き変えてしまう危険性について注意を促した上で、「しかし、本当の意味の歴史というものは、歴史そのものにおける方向感覚を見出し、これを信じている人びとにだけ書けるものなのです。私たちがどこから来たのかという信仰は、私たちがどこへ行くのかという信仰と離れ難く結ばれております」（Carr 2001（orig. 1961）: 126）と指摘している。この文で清水幾太郎が「信仰」と訳しているのは原文では belief であるが、どちらかと言うと「信念」という訳の方が近いだろう。いずれにせよ、belief という言葉が示している通り、過去の出発点と未来の行き先についての自らの方向感覚・認識に対する「信念」という形で、そこには自ずと神学的な要素が含まれているとも言える。つまり、カーは、歴史と神学を分けて考える必要性を説きながら、一方で、どこからどこへ行くかといった方向感覚は基礎付け困難な「信念」を抜きにしては歴史を書き得ないと断言しているのである。これは一種の自家撞着とも見えるが、ポスト世俗化時代の現実に照らし合わせながら考えてみると、後者の見方、つまり神学と歴史の間には深い関係性があるという見方こそが説得力をもっているように思われる。ホワイトは歴史物語を隠喩、換喩、提喩、そしてアイロニーといった文学のプロットに照らし合わせて、プロット化、論証、イデオロギー的意味の様式といった概念化の各水準におけるメタ・ヒストリーの類型を示してみせたが（H. White 1973）、同様に、諸々の歴史物語は、メシアニズム的破局史観、循環史観、または発展史観といった神学的プロットによって統制されているという見方も可能であろう。つまり、原理主義者たちの歴史的アイデンティティは、ある種の神学的なメタ・ヒストリーの観点からメシアニズム的未来を志向し、時には来世での救済と表裏一体となった破局史観との親和性が高いのに対して、世俗主義的進歩主義の歴史的アイデンティティは、理性への信仰といった不可視化された神学によって定式化されたメタ・ヒストリーを羅針盤がわりにしながらの発展史観に寄り添っているといってよい。

過去という文書等を通じてしか知り得ない不確かなもの、ましてや未来という誰も知り得ない未知のことを前提にする以上、ある種の思い込み、カーの言うような「信念」がない限り、歴史物語の出発地点と到着地点とを想定することはできないし、また、そうしたプロットに確たる基礎付けを行うことはできない。神学的なプロットの装いをもったメタ・ヒストリーは、ある意味で、そうした思い込み、信念抜きは成立しえない。ジェンダーに関わるグローバル・ヒストリーについても同様である。女性は親族構造を支えるための交換財であったように、人類社会は当初から性差別の政治経済学の論理によって支配されてきたと思われる（Rubin 1975）。欧米を中心に見る限り、その状態からすると、随分と男女平等、さらには性的マイノリティの権利承認といった方向へと向かっているようにも見えるし、そうした進歩史観的見方が現在ではヘゲモニックであるように思われる。さらに先には、反骨のジャーナリスト宮武外骨が『半男女考』で描いてみせたような過激なユートピア（またはディストピア）像がある。

「近世文化の進運にて、女子の思想向上し権利拡大し、其精神と共に体軀も亦昔日の如く孱《せん》弱《じゃく》ならず、活発強健、殆ど男子に近き者を生ぜり、これに反して男子は漸次軟化して女子に似たる者少なからず、斯くして男女相均等に至らば、文化的半男女を産出し、終には生理的にも発達して、世界の人類が悉く真半男女に進化し、受動発動、孕むと孕ますとが交互問題となりて、性的にも対等、即ち無男女無差別が人類進化の究極なるやむ知れずと思惟す、果して然らば、今日の多数決にて畸形と呼ばるゝ半男女は軈《やが》て単性の男或は女を目して畸形と呼ぶに至らんか。」（宮武 1986：388）

この文章は、いわゆる両性具有の事例などを集めてみせた奇書の跋文の一節で、荒唐無稽ではあるが、ここで示されている性的無差別の未来へと向かう方向性そのものは、性的アイデンティティの多様化と平等化を推し進めることを進歩とする価値観からすれば誤ってはいないということになろうか。しかし、このような方向で性的二値関係を解体していくことは、意味秩序の解体という点でも、ある種の存在論的インセキュリティ（ontological security）を引き起こすおそれがある。ここで言う存在論的セキュリティとは、精神科医のロナルド・D・レインや社会学者のアンソニー・ギデンズの用語である（Giddens 1991: 35–69; Laing 1965: 39–43）が、それは、簡潔に言えば、人との信頼関係の中で予測可能性・確実性がある程度保障されている状況の中で、自律的で持続的なアイデンティティが主観的に得られるような状況である。それは、意味論的なレベルでセキュリティが確保されている状態と言い換えてもよいだろう。しかし、実際には「変わらない自分」といった固定化されたアイデンティティは実在せず、アイデンティティは常にプロセスでしかないわけだが、自己のアイデンティティの連続性とそれを取り巻く環境の安定性が壊れていくような極度に不安定な状況に直面すると、存在論的セキュリティが脅かされていると感じるようになる。例えば、性的二値関係の解体を含め、性的アイデンティティの関係性が激しく変わる状況もまた、一部の性的マイノリティにとっては事態の好転にはなろうが、従来の性的二値関係に安住したマジョリティにとっては存在論的インセキュリティが引き起こされたように受け止められることになる。

存在論的インセキュリティに晒された時、人間は政治的共同体や宗教的共同体などを基礎にした集団的アイデンティティに強く依存する傾向をもつが、同様に、性的二値関係の解体等に伴う存在論的インセキュリティを契機に、一部の人たちは宗教的原理主義に沿ったジェンダー的バックラッシュの流れへと身を投じることになる。そこで想定される原理主義者の歴史的／性的アイデンティティは、汚れのない原点への回帰、また性的マイノリティといったアイデンティティは認めない男性優位の厳格な性的二値関係への回帰といったプロットへの自己同一化である。冒頭で触れたマララを狙撃したパキスタン・ターリバーンのメンバーの歴史的／性的アイデンティティは、そのようなものではなかったかと想像するのに難くない。そのようなサラフィスト・ジハード主義者たちの歴史的／性的アイデンティティを、完全に否定し、物理的に抹殺しようとするのが、世俗的でリベラルな欧米社会が中軸となって推進している対テロ戦争である。しかし、男女平等が進んでいない社会はリベラル・デモクラシーの適格要件が欠けており、女性を解放するためにも、そうした抑圧的なアウトロー的な社会に対しては戦争も正当化できるとなると、どちらが、より暴力的で野蛮なのか、わからなくなる。このようなジェンダー・ポリティクスと宗教絡みのポストコロニアル問題との交錯した関係を整理しながら理解するためには、世俗主義という形で不可視化された政治神学の問題を、きちんとおさえておくことが必要であろう。次に、そのことについて考察する。

4 「ラディカルな他者」への《宗教的暴力についての神話》の投影

ジェンダー的秩序をめぐっての当為性をめぐる対立は、今まで何度も述べてきたように、世俗主義（不可視化されたキリスト教主義）対イスラーム主義との対立でもあるわけだが、世俗主義者からすれば、世俗主義が確立している欧米社会は一歩進んだ段階である一方で、宗教と政治が未分化であるイスラーム社会は前近代であるといったことになる。特に現在進められている対テロ戦争という文脈においては、イスラーム社会は世俗主義が確立していないがために過激な宗教的暴力が跋扈するような状況になっているという見方が強められることになる。

しかし、そうした見方は世俗主義というイデオロギーを通したバイアスのかかったものであり、《宗教的暴力についての神話》に基づく誤ったものであるという、ウィリアム・カヴァナーによる興味深い指摘がある。カヴァナーによれば、世俗主義のプロットとして欠かせないものの一つとして、一六、一七世紀ヨーロッパにおける宗教内戦という物語があるが、その代表例として挙げられる三〇年戦争は、主としてブルボン家とハプスブルク家というカトリック系の王朝間の戦いであって、宗教以外のファクターが大きく働いているという（Cavanaugh 2009: 123-80）。つまりホッブズ以来、さまざまなヨーロッパにおける政治思想家の多くが、一七世紀の宗教内戦を克服するために近代主権国家が成立していったというストーリーを繰り返してきたが、それは必ずしも正しくないという。確かに、世俗主義によって政治と宗教とを分けながら成立した主権国家体系は結果的に、第一次、第二次世界戦争さらには冷戦といったものをもたらしたという事実によって、「世俗主義の確立した社会は宗教的社会より平和的である」といった主張は説得力を完全に失っているように思われる。換言すれば、理性への信仰といった「不可視化された神学」によって逆に世界戦争という破局がもたらされたという歴史的事実は、「宗教戦争の問題を解決するために主権国家が形成された」という《宗教的暴力についての神話》を打ち砕いているともいえる。

それにもかかわらず、《宗教的暴力についての神話》に支えられた世俗主義というイデオロギーは、なぜ未だに強く作用しているのであろうか。考えられる仮説の一つは、世俗主義が、ある意味で「不可視化された神」として、神という社会の統合的求心点を代行しながら、政治的共同体としてのアイデンティティを維持する機能を果たしているというものだ。こうした見方は、「現代国家理論の重要な概念は、すべて世俗化された神学概念である」といった、カール・シュミットの議論に負うものである（Schmitt 1985 (orig. 1922): 36）。シュミットの議論によれば、リベラルな議会制民主主義では友・敵関係という政治的なものを完全に封じ込めることができないので、つまり人は神を代行できないがゆえに、例外状態に関する決定を行う主権的権力、つまり独裁が必要となってくる。別の見方をすれば、神という超越的価値を喪失した場合、人びとは、まさに神々の争いのような友・敵関係に直面せざるをえなくなるが、敵を措定し排除することを通じて、政治的共同体の統合性が保たれることになる。

そういう意味で、世俗主義とは、たとえば〈世俗主義＝理性／イスラーム主義＝非理性〉といった二項対立の形で、サラフィストを「ラディカルな他者」として措定しながら、政治的共同体としてのアイデンティティの定礎を行っていくような、事実上の政治神学として機能していると捉えるべきなのであろう。世俗主義が確立するということ、つまり宗教が私的空間のものになるということは、必ずしも無宗教になることは意味しないし、先にも述べたように欧米社会でもポスト世俗化的状況は現出している。しかし、敬虔な信仰が広く行われていたとしても、その信仰形態が内面化・個人主義化していけば、そうした市民宗教だけで政治的共同体を統合していくことは難しい。ネオリベラリズムの危機の進化に伴う様々な政治的アポリアに直面しながらポスト世俗化時代の政治的共同体を統合していくためには、「ラディカルな他者」の措定・排除が必要になってくる。対テロ戦争というグローバル内戦は、まさにそうした世俗主義にとっての「ラディカルな他者」の措定・排除の機制となって作動していると言ってよいであろう。換言すれば、《宗教的暴力についての神話》は、非西欧の他者を野蛮として位置づけ排除するために利用されているということである。

このことと関連して注意しなければならない点は、カヴァナーも指摘していることであるが、《宗教的暴力についての神話》が語られる際の「宗教」とは、その内容が恣意的であり、定義そのものも極めて困難であるということであろう（Cavanaugh 2009: 57–122）。簡潔にカヴァナーの主張を要約すれば、宗教（religion）という言葉は、近代に移行する過程でキリスト教社会において使用されだしたものを、非西洋社会に見られる様々な信仰形態に当てはめたもので、その文脈によって、その内容はいかようにでもなるということになり、宗教という用語を脱文脈的に使うことについては難しいし、その使用法には十分に注意しなければならないということだ。繰り返しになるが、ポスト世俗化時代における現在、特に対テロ戦争という文脈においては、非西洋の宗教が公的領域に入ってくるような動き、特に政治的イスラーム主義は危険の徴として捉えられているということである。例えば、バーナード・ルイスに代表されるような新保守主義に身を置くアメリカのイスラーム研究者は、「欧米は理性に基づく世俗的文明社会なのに対して、イスラーム社会は未だに非理性的な遅れた野蛮な社会である」といったオリエンタリズム的イメージの再生産に勤しんでいるのは周知の通りである（Cavanaugh 2009: 194–98）。超越的なもの（神）の代わりに理性（人間）を中心におく欧米社会にとって、自らの社会の危機が深まるほど、「非理性的で野蛮なラディカルな他者」の措定（その多くを今ではテロリストと呼ぶが）、排除が必要となってくるのである。

そのことと関連して言えば、普遍的な「国際社会」を維持するためには邪悪な「ラディカルな他者」との永久戦争が必要となってくるという見方も可能である。その意味では、対テロ戦争の開始は、終わりがないだけに、為政者にとっては、とても好都合なこととなった。さらに彼らにとって都合の良いことは、絶対的な敵として立ち現れてくるジハード主義的サラフィストは、新聞社を襲撃したり、人質を斬首したり、さらには女性を誘拐したうえに人身売買するなど、「野蛮な」行動にあえてでてくることであろう。これらの「非人間的な」所業を示すことで、彼らを人類の敵とするとともに、自分達は人類社会を代表する者とすることができることになる。しかし、だからと言って、彼らがいると思われる場所に対して事実上の無差別爆撃をして良いのであろうか。ふたたび、人間の名において「ラディカルな他者」に対して非人間的な暴力を行使するといった「ヒューマニズムの逆説」が生じることになるのである。

「もはや人とは思われない者」といった「ラディカルな他者」を創出することを通じたオリエンタリズム的イメージの再生産、また、そうした認識に基づいた対テロ戦争の際に、重要な戦線の一つとしてジェンダー・ポリティクスがあるということは繰り返し述べてきた通りである。女性やLGBTの解放という政治的プロジェクトは、欧米中心の世俗主義（不可視化された政治神学）によるジハード主義的サラフィズムとの戦いに組み込まれてしまっているのである。女性の身体や地位が、「文明の衝突」的闘いの場になってしまっていると言ってもよい（Braidotti 2011: 184）。また、それは、メタ・ヒストリーをめぐる抗争の場ともなっている。そうした二項対立的な「文明の衝突」に巻き込まれる中、フェミニストは深刻なジレンマに直面している。それは、リベラル・フェミニストとして世俗主義的なリベラル帝国の協力者となるか、それともサラフィズムの抑圧的支配に従う敬虔な女性という役割に甘んじるか、という選択肢をつきつけられているという状態である。

それに加えて状況をさらに複雑化させる動きが出てきている。トランプに代表されるように、「リベラル」帝国においても右翼ポピュリズムの台頭と連動して、性差別主義、反フェミニズム、反LGBTといった再領土化のジェンダー・ポリティクスが起きているということである。単純化して言えば、差異性を強調する平等主義に対して秩序再建を掲げる反平等主義（差別主義）の台頭といった政治的構図が、不確実性の増大に伴う存在論的インセキュリティに反応する形で、ドメスティックなジェンダー・ポリティクスの局面においても立ち現れてきているということである。いささか奇妙なことではあるが、ジハード主義はトランプ現象に見られる性差別主義と、「（男にとっての）良き時代への回帰」といったメタ・ヒストリーのプロットを共有していると思われる。そうした回帰史観が、再領土化の政治に深く結びついていることは間違いないが、それが結果として破局的危機をもたらしつつあるようにみえる。さて、回帰でもなく破局でもなく、また線形的な進歩でもないメタ・ヒストリーとは可能なのだろうか。最後に、そのことについて考えてみたい。

5　進歩史観、回帰史観、破局史観、いずれでもないメタ・ヒストリーへ

ウェーバー的な「近代化＝世俗化（脱魔術化）」というテーゼは、その根拠を喪失し破綻をきたしているということだけではない。その近代化論的な進歩史観により、〈世俗主義＝進んだ社会／イスラーム主義＝遅れた社会〉といったオリエンタリズム的な図式がつくりだされ、新しいレイシズムも生み出してきた。ヨーロッパ近代は世俗主義という不可視化された神学と切っても切れない関係にあるのと同様に非西洋という他者との非対称的関係（植民地主義とも言う）と表裏一体の関係（例えばブラック・アトランティック）にあることが、ポスト世俗化の時代において、あらためて確認されたと言い換えてもよい。「世俗主義の確立こそがリベラル・デモクラシーの道である」といったヨーロッパ近代の歴史物語に抗する形で、グローバル・サラフィズムが大きな広がりを見せながら、対抗的なグローバル・ヒストリーを展開しようとしている。メタ・ヒストリーをめぐる抗争が起きているということは、近代が複数形になりつつあるということでもあろうが、その「複数の近代」という割れた鏡には、対テロ戦争という歪んだ像が映っている。

「複数の近代」に象徴されるメタ・ヒストリーをめぐる争いは、まさに異なる信念をめぐる争いである。過去、現在、そして未来を、どういうプロットで描いていくかという問題は、信念、ある種の信仰なしに不可能であるということについては、カーを引用しながら、既に指摘した通

りである。信仰は不可視のものを取り扱うものであり、それは理性では証明することができないと言ったのはトマス・アクィナスであるが、知の領域と思われるメタ・ヒストリーを信仰の領域から完全に切り離すことはできない。端的に言えば、メタ・ヒストリーは常に神学的要素を含んでおり、特に未来（未知）をどう想定するかは信仰によって決まってくるからである（ちなみに、第4章で触れたポスト・ノーマルサイエンスの領域における不確実性の問題についても、同様のことが言える）。たとえば世俗主義に基づく歴史物語そのものもまた、〈信仰／理性〉の分節化こそ未来であるといった信念によって支えられているのであり、問題は、そうした信念が現在、政治的イスラーム主義者という「ラディカルな他者」に対する暴力行使をもたらしているということであろう。

そもそもボコ・ハラムなどに代表される「ラディカルな他者」の問題がなぜ現代の問題として浮上してきたかということを再度確認したい。急速なグローバリゼーションは、時・空間の跛行的圧縮とともに、異質な他者同士を急速かつ緊密に結びつけることで、サラフィストによるジハードなどの強い反発を引き起こしたということがまずある。世俗主義対イスラーム主義の抗争は、ジェンダー・ポリティクスをも闘争場としながら、歴史的アイデンティティの衝突（メタ・ヒストリーを共有しない者同士のぶつかり合い）といった側面も有している。そうした混沌とした状況を前にする限り、近代化とともに世俗主義が確立し、世俗的なリベラル・デモクラシーが普遍的モデルとして世界中に普及し、また個人化が進む過程で女性やＬＢＧＴの権利も制度化されていくといった流れは、淀みはじめているように見える。

目の前に広がりを見せている淀みは、ある意味で、平等化に対する反発としての差別化の強まりといった、ある種のサイクル的変動の一齣を示しているのかもしれない。メタ・ヒストリーの支配的な認識パターンは、現在の状況に大きく影響を受ける。現在が、ある種の上昇局面にあれば、進歩史観が優勢になるであろうし、現在がある種の下降局面にあれば、世紀末的破局史観ないしは循環史観が優勢になるだろう。現在の人新世の危機、グローバル内戦化またネオリベラリズム的統治の危機的状況は、明らかに後者、つまり世紀末的破局史観が支配的になる条件を用意しているように思われる。今まで述べてきたように、ジェンダー・ポリティクスにおいても、原理主義者によるバックラッシュ現象など、進歩史観のイメージは遠のき翳《かげ》りつつあるようにみえる。その靄《もや》を払うようにマララたちを支援するべくジハード主義者の居住する地域に大量の爆弾を投下するといったことを行えば行うほど、我々は「啓蒙の弁証法」的な隘路に再び入りこんでしまうのである。

世俗主義という不可視化された神学を含めて、異なる信仰同士が絶対的敵対関係に陥らないためには、どうしたらよいか。信仰という不可視の領域のものを取り扱う以上、理性による対話によって障壁を乗り越えていく方法には限界がありそうである。世俗主義と同盟関係にあるとされるフェミニズムに関連して言えば、スピリチュアル・フェミニズムやイスラーム主義的フェミニズムといった新しい流れも、その点で一つの可能性を示唆しているように見える（Braidotti 2008,

2011; Mahmood 2005)。ポスト世俗化時代において、信仰する主体としての女性も、世俗主義的で理性中心主義的な主体とは別の仕方で、自由を希求するエージェンシーとしての潜勢力を有するとみることは可能であろう。その潜勢力は、理性中心主義が取りこぼしてしまう感覚や感情などの問題、さらにはケアの倫理といった関係性の問題などを視野にいれていくことで、道徳的判断における新たな倫理的根拠を形成していく可能性をもっている。

そもそも存在論的セキュリティの確保という点で意味世界の基礎付けを必要とする人間としては、未来に対するヴィジョンを含めて、ある種の信仰が必要不可欠である。そうである以上、その信仰が、もう一つの人間の根源的価値である承認や自由といったものと両立する形で構成されなければならない。また信仰と理性の境界は社会的に構成されるものであるという前提に立てば、公的領域と私的領域の境界などと同様に、その時々の時代・社会状況によって再構成されてくるものであろう。逆に言えば、異なる信条体系もまた、信仰と理性の境界と同様に、両者間の対話を通じて、それぞれ変容を遂げる可能性を有している。実際、現在、教条的なサラフィズムの動きとは別に、より柔軟な教義解釈によるポスト・イスラーム主義的転回と呼ばれる動きもある(Bayat 2007, 2013)。そこから、リベラル・イスラーム主義という道も開けつつあるし、現実の展開が単純な世俗主義対イスラーム主義といった二項対立の図式を乗り越えていく可能性があることは否定できないだろう。

歴史の地平は、どのように開けていくのかについては未確定であり、そこには決まったプロットはない。メタ・ヒストリーというプロットは、非決定性を特徴とし、過去の受容、現在の体験、そして未来への期待が交叉しながら幾つもの視角が絡み合う反過去形的な開かれたものである（土佐 2012：312）。だからこそ、他者とのコミュニケーションを開くことによって、その方向性を大きく変えていくことが可能である。本書のテーマであるポスト・ヒューマニズムの政治との絡みで言えば、その他者には、人間ならざるものも含まれていくことになる。本章の主題である世俗主義対ジハード主義という文脈に即して言えば、「ラディカルな他者」を排除しつづけることで成立する世俗的ヒューマニズムも、それに反発する原理主義的なジハード主義も超克する形で、異なる信条体系、異なる文明間の対話を継続しながら、自らの歴史的／性的アイデンティティを変容させつつ希望ある未来の地平を切り拓いていくということになるが、それもまた、一つの信念・信仰によって支えられているということは言うまでもない。同様に人間ならざるものをも包摂しながら人間中心主義をより開かれたものへと変容させ希望ある未来の地平を切り拓いていくというのも、一つの信条のあり方にすぎないということにはなろう。

このことと関連して、「信仰とは超越者と連繫している実存の意識である」と実存主義の立場から信仰を論じたカール・ヤスパースもまた、その著『哲学的信仰』の中で、異なる信仰同士の問題について、次のようなメッセージを残している。「際限なく交わり（Kommunikation）を進めようとする心構えは、知の結果ではなく、人間存在における一つの道に向かおうとする決断である。交わりの思想は、ユートピアではなくて信仰である」（Jaspers 1950: 174）。ポスト世俗化時代においては、自らの理性の限界をしっかりと認識する一方で、他者とのコミュニケーションを限りなく開かれたものにしていこうとする、我々人間の内なる可能性に対する信仰が必要とされている。アドルノの表現を借りて言えば、それは、非同一性を担保する否定弁証法を通じて他者と交わることを志向し続けることでもあろうが、そうした志向性または希望を持ち続けることが、ハンティントン流の「文明の衝突」論的メタ・ヒストリーを回避していくことにもつながっていくことになる（Adib-Moghaddam 2013）。

参考文献

土佐弘之（2012）『野生のデモクラシー』青土社

宮武外骨（1986　初出1922）「半男女考　全」『宮武外骨著作集　第五巻』河出書房新社

Adib-Moghaddam, Arshin（2013）, *A Metahistory of the Clashes of Civilizations: Us and Them Beyond Orientalism*（Oxford: Oxford University Press）.

AP（2013）, 'Malala Yousafzai's Book Banned in Pakistani Private Schools,' *The Guardian*, November 10, 2013.

Asad, Talal（2003）, *Formations of the Secular: Christianity, Islam, Modernity*（Stanford: Stanford University Press（中村圭志訳『世俗の形成』みすず書房、二〇〇六年））.

Barber, Benjamin（1995）, *Jihad vs. McWorld.*（New York: Ballantine Books（鈴木主税訳『ジハード対マックワールド』三田出版会、一九九七年））

Bayat, Assef (2007), *Making Islam Democratic: Social Movemenets and the Post-Islamic Turn* (Stanford: Stanford University Press).

—— (ed.), (2013), *Post-Islamism: The Chaging Faces of Political Islam* (Oxford: Oxford University Press).

Berger, Peter L. (1999), 'The Desecularization of the World: An Overview', in Peter L. Berger (ed.), *The Desecularization of the World: Resurgent Religion and World Politics* (Grand Rapids, Michigan: William B. Eedmans Publishing Company), 1-18.

Braidotti, Rosi (2008), 'In Spite of the Times: The Postsecular Turn in Feminism', *Theory, Culture & Society* 25(6), 1-24.

—— (2011), *Nomadic Theory: The Portable Rosi Braidotti* (New York: Columbia Univerisity Press).

Carr, E. H. (2001 (orig. 1961)), *What is History?* (Hampshire: Palgrave Macmillan（清水幾太郎訳『歴史とは何か』岩波新書、一九六二年)).

Casanova, José (2006), 'Rethinking Secularization: A Global Comparative Perspective', *The Hedgehog Review*, 8 (1-2), 7-22.

Cavanaugh, William T. (2009), *The Myth of Religious Violence: Secular Ideology and the Roots of Modern Conflict* (Oxford: Oxford University Press).

Daly, Mary (1973), *Beynd God the Father: Toward Philosophy of Women's Liberation* (Boston: Beacon Press).

Elden, Stuart (2014), 'The Geopolitics of Boko Haram and Nigeria's 'War on Terror'', *The Geographical Journal*, 180(4), 414-25.

Giddens, Anthony (1991), *Modernity and Self-Identity: Self and Society in the Late Modern Age* (Stanford: Stanford University Press（秋吉美都、安藤太郎、筒井淳也訳『モダニティと自己アイデンティティ』ハーベスト社、二〇〇五年)).

Goldstein, Joshua S.（2001）, *War and Gender: How Gender Shapes the War System and Vice Versa*（Cambridge: Cambrdige University Press）.

Habermas, Jürgen et al.（2011）, *The Power of Religion in the Public Sphere*（New York: Columbia University Press（箱田徹、金城美幸訳『公共圏に挑戦する宗教』岩波書店、二〇一四年））.

Horkheimer, Max and Theordor Adorno（1947）, *Dialektik der Aufklärung: Philosophische Flagmente*.（Amsterdam: Querido Verlag（徳永恂訳『啓蒙の弁証法』岩波書店、一九九〇年））.

Hurd, Elizabeth Shakman（2009）, *The Politics of Secularism in International Relations*（Princeton: Princeton University Press）.

Inglehart, Ronald and Norris, Pippa（2003）, *Rising Tide: Gender Equality and Cultural Change around the World*（Cambridge: Cambrdige University Press）.

Jaspers, Karl（1950）, *The perennial scope of philosophy*, trans. Ralph Manheim（London: Routledge（林田新二監訳『哲学的信仰』理想社、一九九八年））.

Laing, R. D.（1965）, *The Divided Self*（Harmondsworth: Penguin（天野衛訳『引き裂かれた自己』ちくま学芸文庫、二〇一七年））.

Mackinnon, Mark（2013）, 'One year after being shot by the Taliban, Malala Yousafzai is a mighty machine', *The Globe and Mail*, October 8, 2013.

Mahmood, Saba（2005）, *Politics of Piety: The Islamic Revival and the Feminist Subject*（Princeton: Princeton University Press）.

Mark, Monica（2014）, 'Malala Youfzai shows support for Nigerian girls abducted by Boko Haram', *The Guardian*, 14 July 2014.

Mavelli, Luca（2011）, 'Security and secularization in International Relations', *European Journal of International*

Relations, 18(1), 177-99.

Meijer, Roel (2009), 'Introduction', in Roel Meijer (ed.), *Global Salafism: Islam's New Religious Movement* (London: Hurst & Company).

Minteer, Ben A. and Manning, Robert E. (2005), 'An appraisal of the critique of anthropocentrism and three lesser known thems in Lynn White's "The Historical Roots of Our Ecological Cirisis"', *Organization & Environment*, 18(2), 163-76.

Montclos, Marc-Antoine Pérouse de (ed.), (2014), *Boko Haram: Isalmism, Politics, Security and the State in Nigeria* (Leiden: African Studies Centre).

Reilly, Niamh (2011), 'Rethinking the interplay of feminizm and secularism in a neo-secular age', *feminist review*, 97, 5-31.

Rubin, Gayle (1975), 'The Traffic in Women: Notes on the "Political Economy" of Sex', in Rayna R. Reiter (ed.), *Toward an Anthropology of Women* (New York: Monthly Review Press), 157-210.

Schmitt, Carl (1985 (orig. 1922)), *Political Theology* (Chicago: The University of Chicago Press (田中浩、原田武雄訳『政治神学』(未來社、一九七一年)).

Spivak, Gayatri Chakravorty (1988), 'Can the Subaltern Speak?', in Cary Nelson and Lawrence Grossberg (ed.), *Marxism and the Interpretation of Culture* (Urbana: University of Illinois Press), 271-313. (上村忠男訳『サバルタンは語ることができるか』みすず書房、一九九八年)

Taylor, Charles (2007), *A Secular Age* (Cambridge, Mass.: The Belknap Press of Harvard University Press).

Toulmin, Stephen (1990), *Cosmopolis: The Hidden Agenda of Modernity* (Chicago: The University of Chicago Press).

White, Hayden (1973), *Metahistory: The Historical Imagination in Nineteenth-Century Europe* (Baltimore: The

John Hopkins University Press（岩崎稔監訳『メタヒストリー』作品社、二〇一七年）.
White, Lynn Jr. (1967), 'The historical roots of our ecological crisis,' *Science*, 155, 1203-07.

あとがき

二〇一九年はアポロ11号の初月面着陸（一九六九年）から半世紀ということで、船長ニール・アームストロングの伝記を原作とする映画『ファースト・マン』（デイミアン・チャゼル監督）や当時の映像を編纂したドキュメンタリー映画『アポロ11』（トッド・ダグラス・ミラー監督）が公開上映された。それらの映画を見ながら、アポロ11号より一年前の一九六八年、月を初周回して地球に帰還したアポロ8号から撮影された有名な写真、「月面の彼方に宝石のように輝くブルー・プラネット（地球）が昇る光景」をあらためて想起するとともに、フランスの哲学者であるミシェル・セールが書いた一節を思い出していた。

「宇宙飛行士となった人類は、養分をもたらすあらゆる回路網によって母‐地球の胎盤に結びつけられて、羊水のなかの胎児のように、宇宙を漂っている。(1)」

人類は、地球システムという羊水の中で初めて生きさせてもらっている。それは寄生的関係だ。その寄生的関係について、セールは、また次のように書いている。

「寄生者はすべてを取り何も与えない。宿主はすべてを与え何もとらない。支配と所有の権利は結局は寄生性に帰着する。逆に共生の権利は互恵性によって定義される。自然が人間に与えると同様に、人間は自然に帰さねばならない。権利主体となった自然に帰さねばならない。(2)」

サヘラントロプスなどの初期ホミニンの時代から数えれば、人類が地球システムに寄生しながら命を繋いで約七〇〇万年が経つ。雑誌『ネイチャー』に最近出た論文によれば、現世人類は現在のボツワナ周辺で約二〇万年前に誕生したと推定されるということなので、(3)現世人類の歴史は約二〇万年ということなるが、いずれにせよ、地球四六億年の歴史からすれば、人類は新参者に過ぎない。その新参者の人類が行うニッチ構築活動の結果、地球システムそのものが大きく変容することになり、下手すると宿主である地球システム(ガイア)を死滅させてしまうところまできている。その意味では、生態系を含む地球システムに対する人類の寄生的関係は、重大な局面を迎えつつある。

ただ、本書の中、特に第1章でも論じたように、類としての人間だけを見て、人間社会内における寄生的関係を見落とすと全体像を見失うことになる。(第2章でも触れた)批判的動物研究などにおける重要な着眼点、つまり「動物など人間ならざるものに対する暴力は、人間社会内における暴力と連関している」といったことと同様に、人間社会の地球システムへの寄生的関係は、人間社会内における寄生的関係（例えば第5章で論じたような金融拡大局面における債権者／債務者の関係）と深く相互連関している、というのが、本書の全体の見立てである。そのことと関連して、思い出されるのは、エンゲルスが、商業資本の成立過程について説明する時、「生産者たちから交換の労苦と危険を取り除き、彼らの生産物の販路を遠隔の市場にまで拡大し、これによって住民のうちでもっとも有益な階級になる、という口実のもとに、寄食者の、純然たる社会的寄生動物の階級が形成される」[4]といったように、寄生的関係のメタファーを使っていたことである。マルクスの図式では、商業（商人）資本から金融（金貸）資本へと進んでいく過程で、当初のW（商品）－G（貨幣）－W'（商品）の単純商品流通関係が、G－W－G'（G＋ΔG）、さらには商品を介さないG－G'といった関係への転倒、つまり「手段と目的」の転倒の結果としての無限の資本蓄積という自己目的化が起きることになる。さらに産業資本へと進んでいく過程で、資本による

(1) ミシェル・セール（及川馥、米山親能訳）『自然契約』法政大学出版局、一九九四年、二〇四頁。
(2) ミシェル・セール、同書、六二頁。
(3) Eva K. F. Chan et al. "Human origin in a southern African palaeo-wetland and first migrations," *Nature*, 28 October 2019. https:/doi.org/10.1038/s41586-019-1714-1.
(4) エンゲルス（戸原四郎訳）『家族・私有財産・国家の起源』岩波文庫、一九六五年、二一九頁。

労働力の商品化、「自然」の限りない商品化といったように、新たな寄生的搾取関係が展開することになった。それと同時に、果てしない資本蓄積というエンジンにカーボン・サイクルが接続されたことで、つまり経済成長至上主義のために数億年かけて地球に形成された「化石燃料」が百年程度の短期間で大気圏に放出されたりしたことで、宿主であるガイアという地球システムは病みの状態に陥ることになった。

大量の温室効果ガスや有害廃棄物の排出といった人間の諸活動の結果、地球的規模での破局的な状況が現出しつつあるということについては、少なからぬ人たちが感じ始めているだろう。関西地方でも二〇一九年夏、その前年同様に、四〇度近い最高気温が当り前となった。そのことからしても、個人的感覚でも地球温暖化が着々と進んでいることは多くの人々が実感していることであろう。個人的な体験ということでついでに言えば、ここ数年、北海道や信州などの山を登っていて気がつくのは、以前にもまして、温暖化とともに植物相・動物相が緯度だけではなく高度に沿ってシフトしつつあるということだ。狐などが標高三千メートル近くまで現れることが珍しくなくなり、それとともに動きの鈍い雷鳥はその餌食となることもしばしばである。加えてハイマツなどの高山植生も消えつつあり、今世紀末には雷鳥は絶滅するのではないかという予測も出されている。(5) また、樹齢百年近い太い樹木が、台風などによる暴風雨で薙ぎ倒され登山道を彼方此方で塞いでいるのも気になる。倒木に限らず、海水温の上昇に伴う大型で非常に強い勢力の台風の頻繁な到来が頻繁に甚大な被害をもたらしているのはほとんどの人が認めることだろう。実際、二〇一九年一〇月に襲来した台風一九号は宮城県から長野県にかけての広い範囲で河川の氾濫に伴う洪水を引き起こし九一人以上の死者を出した。その際、山梨県南アルプス市でも樹齢千年のケヤキの木が強風により枝分かれしている片方の主幹が折られるということがあったことも小さく報じられていた。寿命ということもあるかもしれないが、百年また千年の間、強風に耐えてきた巨木が次々と倒れているという事実が示していることは、今までになかった気象異変が起きはじめているということであろう。こうした巨大台風を含む気象異変は既に天災ではなく人為的温暖化との複合的災害、ハイブリッド・モンスターと言ってよいであろう。既に地球温暖化という趨勢は不可逆的なターニング・ポイントを超えているのかもしれない。

もちろん、局所の現象で全体を語ることは難しい。ティモシー・モートンが指摘しているように、全体と部分の間には存在論的ギャップがあり、部分で全体を語ることはできないし、全体を捉えることはできないからである。[6] 確かに気候変動をトータルに把握することは難しく、個人は、その兆候をローカルな形で現象学的に知覚しているにすぎない。しかし、そうしたギャップを口

（5）長野県環境保全研究所などの研究グループによる報告。Masanobu Hotta et al. "Modeling future wildlife habitat suitability: serious climate change impacts on the potential distribution of the Rock Ptarmigan *Lagopus muta japonica* in Japan's northern Alps," *BMC Ecology*, 19–23, 10 July 2019. (doi: 10.1186/s12898-019-0238-8).

（6）Timothy Morton, *Being Ecological* (Penguin Random House, 2018), p. 101.

実に、不確実性を政治的に操作して、危機の兆候やそれを表すデータがあるにも関わらず、そのことを無視し続けて、リスクを意図的に過小評価するか、ないしはリスクの存在を知りつつ気づいていないふりをしながら、現状のままで破局へと突き進むという道は避けるべきであろう。

地球温暖化を含む人新世の危機に直面している現在、人間中心主義を超えるポスト・ヒューマニズム（ポジティブな意味でのポスト・ヒューマニズム）への一刻も早い転換が必要とされている。それにもかかわらず、地球システムの危機とも深く連関しているネオリベラル資本主義、その矛盾の所産でもあるリベラル・デモクラシーの危機を奇貨として人種差別主義・性差別主義などを推し進める「新しいファシズム」、いわゆる右翼ポピュリズム（ネガティブな意味でのポスト・ヒューマニズム）が事態をさらに深刻なものにしつつある。寄生的関係ということで言えば、歴史家のウィリアム・マクニールが、人間の集団や階級間の搾取的関係を念頭に、マクロ・ヒストリーを解釈するためのツールとして「マクロ寄生」という用語を使うことを提案しているが[7]、冷戦終焉後の三〇年間にわたるネオリベラリズムの進展とともに、そうしたマクロ寄生的搾取の問題は社会経済的不平等の悪化などのデータにみてとれるように深刻化している。その結果としてリベラル・デモクラシーの危機、「新しいファシズム（またはポスト・ファシズム）」の台頭といった事態が起きているというのが、本書の見立てであった。

狭隘な人間中心主義、その極端な形である自分中心主義、反再帰主義へと棚引く傾向、つまり自分の信条体系に合わない事実を否認するといった認知バイアスの問題は日に日に深刻になりつつある（この点については第7章で詳述した）。反再帰主義の政治は暴走を続けており、実際、二〇一九年一一月、アメリカのトランプ政権は、気候変動への国際的な取り組みを決めたパリ協定からの正式離脱を国連に通告した。そうした類としての人間を分割していく「新しいファシズム」を阻止するためにも、批判的ポスト・ヒューマニズムの思想・運動がより一層必要とされている。批判的ポスト・ヒューマニズムとは、「新しいファシズム」とも共犯関係にある強硬で排他的な人間中心主義を拒否すると同時に、ヒューマニティーという「普遍的価値（そこには人間にだけ特別な道徳的債務と同時に特権を与える超越論的な啓示宗教の信条体系も含まれよう）」の構築過程で排除してきた他者、さらには「人間ならざるもの」をも出来る限り包摂していく、より開かれた「弱い人間中心主義」への変革を志向するものであるということは、序論や第1章で繰り返し述べた通りである。たぶん、我々がまず出来ることは、第3章で見たような食のポリティカル・エコノミーの問題などを念頭に、破壊的な物質代謝活動をあらためて多様な共生が可能な方向で自分達の生活様式を切り替えていく日常的実践であろう。それと同時に、人間社会内の寄生的関係を正していく方向で、つまり不正義に抗する形で「野生のデモクラシー」(8)を推し進める必要もあろう。そこから、ポジティブな意味でのポスト・ヒューマニズムを核とするポスト資本主義社会

（7）ウィリアム・H・マクニール（北川知子訳）『マクニール世界史講義』ちくま学芸文庫、二〇一六年、一二〇～一二一頁。
（8）土佐弘之『野生のデモクラシー』青土社、二〇一二年。

といったオルタナティブへの移行の道筋も見えてくるのではなかろうか。それは、セールが言うような、人間社会と地球システムとの間の偏った寄生的関係から、互恵的で共生的な新たな契約関係への切り替えと言ってもよいだろう。

＊　＊　＊

最後に、本書の各章の論攷を執筆、報告した際には、その機会をくださった方々、そしてコメントを頂戴した方々に、いろいろと恩恵をいただいた。個別の御名前は挙げないが、関係各位にあらためて感謝する次第である。研究助成ということでいえば、本書には日本学術振興会科学研究費補助金・基盤研究（C）（課題番号：16K03471）の交付を受けた研究成果の一部を含む。また、厳しい出版事情の中、本書の出版という貴重な機会を与えてくださった人文書院の松岡隆浩氏には深く感謝する次第である。心より御礼を申し上げる。

二〇一九年一一月　神戸

土佐　弘之

初出一覧（既出の論文については大幅に加筆修正している）

序　論　「ポスト・ヒューマニティをめぐる政治」（書き下ろし）
第1章　「人新世／資本新世の政治」（書き下ろし）
第2章　「批判的安全保障研究における動物論的転回の意味」（神戸大学国際協力研究科『国際協力論集』二五巻一号、二〇一七年）
第3章　「食の脱領域化／再領域化をめぐって」（『唯物論研究』一二五号、二〇一三年）
第4章　「批判的安全保障論から見た3・11」（遠藤誠治、遠藤乾編『安全保障とは何か』岩波書店、二〇一四年）
第5章　「負債の生政治」（初瀬龍平、松田哲編『人間存在の国際関係論』法政大学出版局、二〇一五年）
第6章　「地政学的言説のバックラッシュ」（『現代思想』二〇一七年九月）
第7章　「システム危機の表象としてのスペクター（右翼ポピュリズム）」（『現代思想』二〇一七年一月）
第8章　「ポスト世俗化時代のジェンダー・ポリティクス」（佐藤卓己編『歴史のゆらぎと再編』岩波書店、二〇一五年）

ヤ　行

ラ　行

ワ　行

ハ　行

マ　行

サ 行

タ 行

ナ 行

人名索引

ア　行

カ　行

著者略歴

土佐弘之（とさ　ひろゆき）

1959年、東京都生まれ。東京大学大学院総合文化研究科修士課程修了。現在、神戸大学大学院国際協力研究科教授。専門は国際関係論・政治社会学。著書に『グローバル／ジェンダー・ポリティクス』（世界思想社、2000年）、『安全保障という逆説』（青土社、2003年）、『アナーキカル・ガヴァナンス』（御茶の水書房、2006年）、『野生のデモクラシー』（青土社、2012年）、『境界と暴力の政治学』（岩波書店、2016年）、編著に『グローバル政治理論』（人文書院、2011年）、監訳書に『長い20世紀』（G・アリギ著、作品社、2009年）など。

JIMBUN SHOIN　Printed in Japan
ISBN978-4-409-03107-0 C1010

ポスト・ヒューマニズムの政治

二〇二〇年　一月一〇日　初版第一刷印刷
二〇二〇年　一月二〇日　初版第一刷発行

著　者　土佐弘之
発行者　渡辺博史
発行所　人文書院
〒六一二-八四四七
京都市伏見区竹田西内畑町九
電話　〇七五(六〇三)一三四四
振替　〇一〇〇〇-八-一一〇三

印刷　創栄図書印刷株式会社
装丁　村上真里奈

人新世の哲学
思弁的実在論以後の「人間の条件」
篠原雅武著
四六並二六〇頁
価格二二〇〇円

有限性の後で
偶然性の必然性についての試論
Q・メイヤスー著
千葉・大橋・星野訳
四六上二三六頁
価格二二〇〇円

四方対象
オブジェクト指向存在論入門
G・ハーマン著
岡嶋隆佑監訳
四六並二四〇頁
価格二四〇〇円

明日の前に
後成説と合理性
C・マラブー著
平野徹訳
四六並三七〇頁
価格三八〇〇円

現代思想の転換2017
知のエッジをめぐる五つの対話
篠原雅武編
四六並二〇八頁
価格一八〇〇円

社会の新たな哲学
集合体、潜在性、創発
M・デランダ著
篠原雅武訳
四六並二四〇頁
価格二八〇〇円

プロトコル
脱中心化以後のコントロールはいかに作動するのか
A・R・ギャロウェイ著
北野圭介訳
四六並四二〇頁
価格三八〇〇円

制御と社会
欲望と権力のテクノロジー
北野圭介著
四六並三七〇頁
価格三〇〇〇円

（価格は税抜）

著者略歴

土佐弘之（とさ　ひろゆき）

1959年、東京都生まれ。東京大学大学院総合文化研究科修士課程修了。現在、神戸大学大学院国際協力研究科教授。専門は国際関係論・政治社会学。著書に『グローバル／ジェンダー・ポリティクス』（世界思想社、2000年）、『安全保障という逆説』（青土社、2003年）、『アナーキカル・ガヴァナンス』（御茶の水書房、2006年）、『野生のデモクラシー』（青土社、2012年）、『境界と暴力の政治学』（岩波書店、2016年）、編著に『グローバル政治理論』（人文書院、2011年）、監訳書に『長い20世紀』（G・アリギ著、作品社、2009年）など。

JIMBUN SHOIN　Printed in Japan
ISBN978-4-409-03107-0 C1010

ポスト・ヒューマニズムの政治

二〇二〇年　一月一〇日　初版第一刷印刷
二〇二〇年　一月二〇日　初版第一刷発行

著　者　土佐弘之
発行者　渡辺博史
発行所　人文書院
〒六一二‐八四四七
京都市伏見区竹田西内畑町九
電話　〇七五(六〇三)一三四四
振替　〇一〇〇〇‐八‐一一〇三

印刷　創栄図書印刷株式会社
装丁　村上真里奈

人新世の哲学
思弁的実在論以後の「人間の条件」
篠原雅武著
四六並二六〇頁
価格二三〇〇円

有限性の後で
偶然性の必然性についての試論
Q・メイヤスー著
千葉・大橋・星野訳
四六上二三六頁
価格二二〇〇円

四方対象
オブジェクト指向存在論入門
G・ハーマン著
岡嶋隆佑監訳
四六並二四〇頁
価格二四〇〇円

明日の前に
後成説と合理性
C・マラブー著
平野徹訳
四六並三七〇頁
価格三八〇〇円

現代思想の転換2017
知のエッジをめぐる五つの対話
篠原雅武編
四六並二〇八頁
価格一八〇〇円

社会の新たな哲学
集合体、潜在性、創発
M・デランダ著
篠原雅武訳
四六並二四〇頁
価格二八〇〇円

プロトコル
脱中心化以後のコントロールはいかに作動するのか
A・R・ギャロウェイ著
北野圭介訳
四六並四二〇頁
価格三八〇〇円

制御と社会
欲望と権力のテクノロジー
北野圭介著
四六並三七〇頁
価格三〇〇〇円

（価格は税抜）